natürlich oekom!

Mit diesem Buch halten Sie ein echtes Stück Nachhaltigkeit in den Händen. Durch Ihren Kauf unterstützen Sie eine Produktion mit hohen ökologischen Ansprüchen:

- 100 % Recyclingpapier
- mineralölfreie Druckfarben
- Verzicht auf Plastikfolie
- Kompensation aller CO_2-Emissionen
- kurze Transportwege – in Deutschland gedruckt

Weitere Informationen unter www.natürlich-oekom.de
und #natürlichoekom

Bibliografische Information der Deutschen Nationalbibliothek:
Die Deutsche Nationalbibliothek verzeichnet diese Publikation in der
Deutschen Nationalbibliografie; detaillierte bibliografische Daten sind
im Internet über http://dnb.d-nb.de abrufbar.

© 2021 oekom verlag München
Gesellschaft für ökologische Kommunikation mbH
Waltherstraße 29, 80337 München

Korrektur: Silvia Stammen

Layout und Satz: werkzwei | Lutz Dudek
Umschlaggestaltung: werkzwei | Lutz Dudek
Umschlagabbildungen siehe Seite 251

Druck: AZ Druck und Datentechnik GmbH, Kempten

Alle Rechte vorbehalten
ISBN 978-3-96238-290-2

Karsten Hoffmann · Gitta Walchner · Lutz Dudek (Hrsg.)

24 wahre Geschichten vom Tun und vom Lassen

Gemeinwohl-Ökonomie in der Praxis

Inhaltsverzeichnis

6   **Eine Vision zieht durchs Land ...**
Vorwort von *Christian Felber*

8   **Wie dieses Buch entstanden ist**
Gitta Walchner, Karsten Hoffmann, Lutz Dudek

12   **Die Gemeinwohl-Bilanz: Das Herzstück der Gemeinwohl-Ökonomie**
Gitta Walchner

16   **Die Saat geht auf**
Taifun Tofu · *Karsten Hoffmann*

26   **Der „*Spinner*" und Pionier**
Sonnentor · *Renate Hagmann*

32   **Meine Herzerkrankung war ein Glücksfall**
BKK ProVita · *Bernhard Oberrauch*

38   **Nachhaltigkeit ist kein Müsli**
elobau · *Gitta Walchner*

44   **Es ist schon manchmal zach. Aber im Endeffekt rentiert sich das Ganze**
Gemeinde Kirchanschöring · *Kurt Egger*

52   **Eine Bank geht neue Wege**
Raiffeisenbank Lech am Arlberg · *Gebhard Moser*

60   **Wie der Kooperationsgeist in die Flasche kam**
Randegger Ottilien-Quelle · *Gitta Walchner*

70   **Das Große im Kleinen**
Stadt Stuttgart · *Anna Deparnay-Grunenberg, Bianca Llerandi*

78   **Achterbahnen, Aha-Erlebnisse und Imagozellen in Brüssel**
Anna Deparnay-Grunenberg, Bianca Llerandi

88   **Auf vier Fragen, Anna**
Anna Deparnay-Grunenberg antwortet
Karsten Hoffmann

92   **Hinterm Deich wird alles gut**
Gemeinden Bordelum, Breklum und Klixbüll
Anke Butscher

98   **Pilotprojekte für künftige Generationen**
Marktgemeinden Nenzing und Mäder
Ulrike Amann

104   **Von der Möbel- zur Gemeinwohl-Fabrik**
Kreis Höxter · *Christian Einsiedel*

113   **Gemeinwohl-Matrix 2.0 für Gemeinden**
Anke Butscher

114   **Mit Holz die Wolken kratzen**
Wiehag · *Dr. Isabella Klien*

124   **Gemeinnützigkeit ernst genommen**
Diakonie Herzogsägmühle · *Jörn Wiedemann*

130   **Der Deutschen liebstes Kind: der Wald**
ForstBW · *Ulrich Fellmeth*

138   **Richtungsweisend. Wirklich.**
Polarstern · *Sibylle Reuter*

147   **Vom Kreis der „*Weltverbesserer*" zum Onlinehandel**
Buch7 · *Jörn Wiedemann*

152 **Die 17 Weltnachhaltigkeitsziele**
Mattias Kasper

162 **Gemeinwohl und Finanzwende**
Anna Deparnay-Grunenberg im Gespräch mit *Gerhard Schick*

226 **Wenn die Vorstellung stark genug ist, hält die Realität nicht stand**
Madlen Sanchiño Martínez, Mattias Kasper

240 **Wohin geht die Reise?**
Anna Deparnay-Grunenberg, Christian Felber

244 **Making of ...**

246 **Links und Quellen**

251 **Bildnachweise**

165 **Wendezeit**
Bildung und Schulen · *Tobias Daur*

174 **Als Start-up neue Werte funken**
WEtell · *Ana-Laura Lemke, Daniel Bartel*

180 **Warum noch Kirche im Dorf?**
Kirchengemeinde Rosphetal-Mellnau
Gerlinde Lamberty

186 **Effektiv miteinander**
EM-Chiemgau · *Judith Zahn*

194 **Tue Gutes und rede darüber**
em-faktor · *Karsten Hoffmann*

200 **Überzeugt und unbeirrbar**
Buchbinderei Fuchs · *Mag. (FH) Sabine Lehner*

206 **Wohnen wie andere auch**
Wohnanlage Fasanenhof · *Brigitte Göltz, Gitta Walchner*

214 **Mut steht uns gut!**
VAUDE Sport · *Karsten Hoffmann*

Zum Geleitwohl!

Eine Vision zieht durchs Land …

… und sie steckt ein Unternehmen nach dem anderen an. Sie trägt den Namen Gemeinwohl-Ökonomie und wirkt über Selbstreflexion, Innenschau, Verantwortungsübernahme, Kooperation und Systemtransformation. Anstatt den eigenen Nutzen blind zu maximieren, mehren diese umsichtigen und feinfühligen Organisationen das Gesamtwohl. Viele der Gemeinwohl-Bilanzierer sind schon länger auf dem Weg zu fortschreitender sozialer und ökologischer Verantwortung, ohne den Begriff *Gemeinwohl* im Munde zu führen. Vertraut waren sie mit der *Sozialen Marktwirtschaft* und dem *ehrbaren Kaufmann*, andere wiederum verstehen sich als Teil einer breiteren Bewegung für Nachhaltigkeit und Enkeltauglichkeit.

Gemeinsam trotzen sie dem globalen Trend des Shareholder Value und der Indoktrinierung durch wirtschaftswissenschaftliche Lehrbücher. „Unternehmen versuchen, ihre Gewinne zu maximieren," lautet *„die Theorie der Unternehmung"* im häufig eingesetzten Lehrbuch von Robert Pindyck und Daniel Rubinfeld. Wie kreativ ist das? Wie sinnvoll? Und wie legitim, wenn im Grundgesetz steht, dass *„Eigentum verpflichtet"* und *„dem Wohl der Allgemeinheit dienen soll"*? Das im Ökonomiestudium vermittelte Bild vom Menschen (Homo oeconomicus), Unternehmen (Gewinne maximieren) und der Wirtschaft als Ganzer – es soll eine globalisierte kapitalistische Marktwirtschaft sein – dringt tief in die Köpfe und bis in die Herzen der *Gebildeten*. Diese halten das Gelernte für *normal* oder gar *natürlich* und wenden es in der realen Wirtschaftspraxis an.

Die Bewegung der Gemeinwohl-Ökonomie, die eine Alternative zu diesem *Business as usual* verkörpert, startete vor zehn Jahren in Österreich, Bayern und Südtirol. Seither hat sie sich in 33 Staaten ausgeweitet und wird getragen von Unternehmen jeder Branche, Größe und Rechtsform, Vereinen, Schulen, Hochschulen, Universitäten und in jüngerer Zeit auch immer mehr Gemeinden und Städten: Vielfalt prägt diese Bewegung durch und durch. Zu den Pionieren zählen Urgesteine der Bio-Bewegung und des Fairen Handels, neue Genossenschafter*innen in den Bereichen Bürger*innen-Energie,

Carsharing und Soziales Wohnen; aber auch ganz normale Familienbetriebe, regional verankerte und mittelständische Unternehmen, die vielleicht nicht gleich alles, aber ihren spezifischen Ansatz individuell anders machen, und das so verantwortungsvoll wie möglich. Oft hören wir deshalb auch, dass sie eine Gemeinwohl-Bilanz gar nicht für nötig erachten, weil es auf die gelebte Praxis ankäme und sie ohnehin schon einem Werteverständnis folgten, das dem der Gemeinwohl-Ökonomie ganz ähnlich, wenn nicht sogar damit identisch sei. Das trifft zweifellos zu, und für manch eine Pionierin mag die Gemeinwohl-Bilanz wie eine Fleißaufgabe wirken. Doch ein zweiter wertvoller Effekt ist, dass der Unterschied zu globalen Konzernen sichtbar wird, welche diese intrinsische Wertorientierung nicht haben, die sich lehrbuchkonform verhalten und alle Symptome der Weltgesundheitsorganisation für Psychopathologie erfüllen – wie Empathie-, Skrupel- und Reuelosigkeit. Viele globale Konzerne gefährden die Biodiversität und das Weltklima, sie verletzen die Arbeits- und Menschenrechte, sie untergraben die Demokratie und treiben die Ungleichheit ins Astronomische. Wenn diese eines Tages gezwungen sind, eine Gemeinwohl-Bilanz zu erstellen und rechtliche Anreize – von der kommunalen Wirtschaftsförderung bis zum Weltmarktzugang – von deren Ergebnis abhängen, dann wird sich der volle Wert der Gemeinwohl-Bilanz zeigen. Einem mittelständischen Müller, der zunächst gar nichts von dieser *zusätzlichen Bürokratie* hielt, leuchtete der Vergleich mit dem Weltkonzern Cargill – einem seiner Konkurrenten – unmittelbar ein. Muss dieser Konzern eines Tages eine Ethik-Bilanz ablegen, könnte der Effekt davon sein, dass er in tausend regionale Bio-Mühlen zerfällt.

Als nächsten Schritt auf dem Weg dorthin sehe ich, dass die kleineren und regionalen Pionier-Unternehmen ihr Ökosystem informieren, aktivieren und mitziehen: Stadt und Landkreis, Schulen und Hochschulen, Banken und Finanzierer, Zulieferer und Kund*innen, Medien und Öffentlichkeit. Und dass sie kreative Projekte starten: eine Stiftung, eine Akademie, eine Genossenschaft oder ein Start-up. Mit jeder dieser neuen Facetten wird der Gemeinwohl-Diamant formschöner und funkelnder – und die nachhaltige Zukunft, die wir uns wünschen, nimmt Gestalt an.

Christian Felber
Buchautor und Initiator der
Gemeinwohl-Ökonomie

Wie dieses Buch entstanden ist

Die Sämlinge des Löwenzahns – Symbol der Gemeinwohl-Ökonomie (GWÖ) – verteilen sich mit dem Wind in alle Richtungen. Das Modell einer das Gemeinwohl fördernden Wirtschaft hat inzwischen in verschiedensten Unternehmen und Organisationen Wurzeln geschlagen. Was die Gemeinwohl-Ökonomie in der Praxis bewirken kann? Davon handelt dieses Buch.

Als die Idee zu diesem Buch Ende 2019 entstand, waren wir fest davon überzeugt, dass Geschichten, die Unternehmen und Kommunen aus ihrer gelebten Gemeinwohl-Praxis zu erzählen haben, einen Schatz darstellen, den zu entdecken sich lohnt. So begannen wir, das Projekt zur Erstellung des Buches systematisch zu entwickeln.

Das Buch braucht ein Projektteam

Anfang 2020 kamen drei Menschen online zusammen, um dieses Vorhaben anzugehen: Karsten Hoffmann, Initiator, erfahrener Projektleiter und Projektmanagement-Trainer und seit 2019 GWÖ-Berater; Gitta Walchner, GWÖ-Beraterin und -Auditorin, die schon viele Jahre Unternehmen bei der Gemeinwohl-Bilanzierung unterstützt hat, – unsere *„GWÖ-Expertin"* – und der gemeinwohlbilanzierte Grafik-Designer Lutz Dudek, der jeder Geschichte in diesem Buch einen eigenen, lebendigen Auftritt gegeben hat. Wir drei bildeten das Kernteam des Projekts, entwickelten Konzepte für die Berichte, klärten, worauf es dabei ankommen sollte, und entwickelten erste Skizzen, wie das Buch im Layout aussehen könnte.

Mit dem oekom-Verlag fanden wir einen Partner, dessen Programm und Orientierung gut zu unserem Buchthema passt. Unterstützt durch die GWÖ-Bewegung und durch die Gewinnung von GWÖ-Berater*innen – als Autor*innen der einzelnen Geschichten – gelang es uns, einen Finanzierungsrahmen zu entwickeln, der die Risiken für die Beteiligten klein hält und bei Erfolg allen Beteiligten und der GWÖ-Bewegung zugutekommt.

Branchen, Organisationsformen, Regionen
Die Beispiele in diesem Buch zeigen eine große Vielfalt und Differenziertheit, wie sich erfolgreiches Wirtschaften im Sinne des Gemeinwohls ausdrücken kann.

So legen Produzent*innen – ob von Nahrungsmitteln, Outdoor-Bekleidung, Holzbauten oder elektronischen Bauteilen – nicht nur großen Wert auf eine ökologisch nachhaltige Produktion, sondern auch auf einen regionalen Bezug und fairen Umgang mit den Lieferant*innen. Und das führt wiederum dazu, sich intensiv um die ganze Lieferkette zu kümmern. Bei Dienstleistern – zum Beispiel als Bank, Krankenkasse, als Lieferant*in von Energie oder Telefondienstleistungen – spielten die faire, partnerschaftliche Beratung und Kundenorientierung sowie das ökologische Handeln eine entscheidende Rolle. Ein wenig anders ist es bei sozialen Dienstleistern, hier spielen emotionale Zuwendung, empathische Ansprache, aber auch Vorleben von Werten und *„Beispiel geben" eine* große Rolle.

Die Autor*innen und ihre Geschichten
Gute Beobachter*innen für relevante Aspekte der Gemeinwohl-Ökonomie sind die GWÖ-Berater*innen, die in diesem Buch schreiben. Sie haben häufig nach Ausbildung und/oder Studium lange Berufserfahrung gesammelt, waren meist auch mehrere Jahre beratend oder ausbildend tätig, ehe sie sich als GWÖ-Berater*in haben ausbilden lassen. Sie beschreiben beispielhafte Gemeinden von der Nordsee bis zum Vorarlberg, berichten von Herstellern nachhaltiger Produkte in Deutschland und in Österreich, zeigen, was intelligente Dienstleister in Bayern und Baden-Württemberg für das Gemeinwohl tun, oder geben Einblick in Aktivitäten auf politischer Ebene – vom Gemeinderat bis zum Europäischen Parlament.

Die Geschichten, die hier erzählt werden, handeln von Menschen und ihren Motiven, etwas Neues, Verbessertes zu entwickeln und zur Marktreife zu bringen oder sich in Produktion und Dienstleistung für mehr Gemeinwohl-Orientierung einzusetzen. Denn nur aus diesem inneren Antrieb bringt jemand den Mut und die Beharrlichkeit in die eigene Arbeit ein, die zu konkreten Verbesserungen auf ökologischer und sozialer Ebene führen und die Welt ein wenig besser machen. Die Perspektive der handelnden Menschen gibt Ihnen, liebe Leser*innen, die Möglichkeit, neben praktischem Handeln auch etwas über Motive, Werte, Emotionen und Frustrationen dieser *„Held*innen der Praxis"* zu erfahren.

Diese Erzählweise nennt sich „Storytelling". Deshalb haben wir uns schon in der frühen Phase unserer „Geschichten"-Entwicklung mit Workshops und Tipps von Sigrid Hauer – einer Business-Storytellerin – hilfreiche Unterstützung geholt (siehe auch Seite 244).

Gemeinwohl als offener Prozess
Die Geschichten in diesem Buch zeigen, wie die Gemeinwohl-Ökonomie als Qualitätsmanagement-Werkzeug auf wirtschaftlicher und kommunaler Ebene in der Praxis wirkt und wie sie Unternehmen und Organisationen hilft, sich auf Basis gemeinwohlorientierter Werte gut zu entwickeln.

Daneben haben wir einige weitere Kapitel aufgenommen, die das Modell der Gemeinwohl-Ökonomie vertiefen oder Querverbindungen zu anderen Bewegungen und Konzepten herstellen. So gibt es ein kurzes Kapitel zur Gemeinwohl-Matrix, einen Beitrag zur Bedeutung der 17 Nachhaltigkeitsziele der Vereinten Nationen (SDGs) sowie eine Übersicht ähnlicher Denkansätze und Bewegungen, die zudem eine Vision entwickelt, wie die erfolgreiche Transformation in eine zukunftsfähige Gesellschaft und Ökonomie aussehen könnte.

Dieser erweiterte Blick war und ist den Autor*innen und Herausgeber*innen dieses Buches wichtig. Denn die Gemeinwohl-Ökonomie ist kein fertiges Modell. Sie versteht sich als partizipativer und ergebnisoffener Prozess – als Schritt in eine Welt, in der ein gutes Leben für alle Lebewesen und unseren Planeten möglich wird, – in eine Welt, die es gemeinsam und demokratisch zu gestalten gilt.

Wir fühlen uns verbunden mit den vielen Menschen, die sich weltweit für ein menschliches, faires Miteinander, für globale Gerechtigkeit oder für die Rechte und den Erhalt der Mitwelt einsetzen. Dazu gehören Fridays for Future und alle Bewegungen, die die Klimapolitik auf der Welt endlich wirkungsvoll verändern wollen, genauso wie Initiativen, die lokal und regional neue Formen des Wirtschaftens, der Kultur und der Zusammenarbeit entwickeln.

Wir empfinden große Wertschätzung für Autor*innen wie Maja Göpel, Kate Raworth oder Harald Welzer, die uns helfen zu vermitteln, dass wir nur diese eine Welt haben, für die wir Verantwortung übernehmen müssen, die wir hegen und pflegen müssen und in der wir immer wieder um Zukunftsfähigkeit ringen müssen.

Wir möchten uns bedanken, für die vielen helfenden und ordnenden Gespräche, die wir im Laufe des Projektes mit Aktiven aus der Gemeinwohl-Ökonomie-Bewegung führen konnten. Unser Dank gilt insbesondere den 25 Autor*innen, die sich bereit erklärten, an den Texten zu diesem Buch mitzuwirken. Genauso wichtig ist es uns – auch im Namen der Autor*innen – den zahlreichen Gesprächspartner*innen aus Unternehmen, Organisationen und Gemeinden zu danken, die über Interviews zu ihrem „*Tun und Lassen*" die Basis für dieses Buch gelegt haben. Wir hoffen, dass sie ihre Unternehmen und Organisationen hier treffend dargestellt finden und die richtigen, für sie wichtigen Aspekte aufs Papier gebracht wurden.

Und wir danken besonders Sylvia Schmieder, die als Lektorin unseren Texten noch mehr Lebendigkeit, Klarheit und Kürze gegeben hat (siehe auch Seite 245).

Unser Dank gilt auch Christian Felber, der mit seinem Buch die Idee einer Gemeinwohl-Ökonomie initiiert und mit der GWÖ-Bewegung weiterentwickelt hat.

Schließlich freuen wir uns, wenn das Buch nun viel gelesen, besprochen und diskutiert wird. Wir drei vom Kernteam, aber auch sicher einige der Autor*innen, stehen gerne für Lesungen und Diskussionen zur Verfügung.

Freiburg, Bielefeld, im Dezember 2020
Gitta Walchner, Lutz Dudek, Karsten Hoffmann

Warum erstellen immer mehr Unternehmen freiwillig eine Gemeinwohl-Bilanz? Und was ist das überhaupt? In diesem Buch finden Sie 24 Antworten darauf, wie Unternehmen sich auf den Weg gemacht haben, um ihr Tun und Lassen an Werten zu messen und Gemeinwohl zu etwas Überprüfbarem zu machen.

Der Begriff Gemeinwohl hat eine lange Tradition und erlebt gerade eine Renaissance. Er ist tief in den Verfassungen der demokratischen Länder verankert. Auch das Eigentum ist dem Gemeinwohl verpflichtet und die Politik ganz besonders. Doch was ist *Gemeinwohl?* Können wir einen Politiker vor Gericht verklagen, wenn er *gegen das Gemeinwohl verstößt*? Wir können es derzeit nicht, denn es ist nirgends definiert.

Die Gemeinwohl-Bilanz: Das Herzstück der Gemeinwohl-Ökonomie

Die Gründer*innen der Gemeinwohl-Ökonomie (GWÖ) haben genau das getan. Sie haben ein universal anwendbares Instrument geschaffen, an dem sich alle Arten von Organisationen – von den Unternehmen über soziale Einrichtungen, Kommunen bis hin zu Einzelpersonen – orientieren können, um ihre *Balance* zu finden und ein neues Gleichgewicht zu schaffen zwischen ihrem Geben und Nehmen.

In der ökonomischen Theorie fügt die GWÖ zur dringend notwendigen Diskussion über den Wechsel von einer *Shareholder-value*-Fokussierung zu einer stärkeren *Stakeholder-Orientierung* eine weitere Dimension hinzu. Zum einen geht es um die Zielstellung – Geld ist nur Mittel zum Zweck, das eigentliche Ziel des Wirtschaftens ist das Gemeinwohl –, zum anderen um die Erweiterung der Gruppe der Stakeholder sowohl auf gesamtgesellschaftliche Interessen als auch den Einbezug der natürlichen Umwelt und den Erhalt unserer Ressourcen.

Oder kurz gesagt: Die Wirtschaft muss dem Leben dienen und nicht umgekehrt. Schluss mit den Phantasien von unendlichem Wachstum und der Dominanz von sogenannten Wirtschaftsinteressen vor

Gesundheit, sozialem Zusammenhalt und dem Schutz unserer Umwelt. Durch Corona haben wir alle gesehen, wie verletzlich unsere globalen Systeme geworden sind und wie wichtig es ist, soziale und ökologische Ressourcen zu stärken und nicht wegzurationalisieren.

Um den Anspruch zu erfüllen, unsere Wirtschaft anders auszurichten, hat die GWÖ den Begriff Gemeinwohl in vier Grundwerte eingeteilt, die – ähnlich wie die Glücksökonomie in Bhutan – die persönlichen Bedürfnisse von Menschen in den Mittelpunkt stellen. Und – oh Wunder – es stellt sich heraus, dass gelingende Beziehungen mit anderen Menschen uns am glücklichsten machen. Wo bleibt da der *Homo oeconomicus*? Hoffentlich auf der Strecke! Unsere persönlichen Beziehungen gelingen dann am besten, wenn wir uns auf Werte wie Vertrauen, Wertschätzung, gegenseitige Unterstützung, Offenheit, Mitsprache und einen gerechten Ausgleich verlassen können. Diese Erfahrungswerte werden in der Gemeinwohl-Bilanz in den vier Grundwerten Menschenwürde, Solidarität und Gerechtigkeit, Ökologische Nachhaltigkeit sowie Transparenz und Mitbestimmung erfasst und anhand konkreter Kriterien überprüft, wie diese mit den Berührungsgruppen Lieferant*innen, Geldgeber*innen, Mitarbeiter*innen, Kund*innen und dem gesamtgesellschaftlichen Umfeld gelebt werden.

Daraus entsteht eine Matrix mit 20 Unterthemen
Für jedes der 20 Themen werden im Schnitt bis zu 50 Punkte vergeben. So kann die Matrix als Rundumblick genutzt werden, um Aussagen darüber zu treffen, inwieweit ein Unternehmen Gemeinwohl-Orientierung schon umgesetzt hat. Nachdem das Unternehmen seinen Bericht erstellt hat, reicht es ihn zur Auditierung ein. Um eine objektive und vergleichbare Bewertung zu gewährleisten, wird sie von externen Auditor*innen überprüft und die Ergebnisse werden in einem Testat dokumentiert. Der Bericht zusammen mit dem Testat bilden die Gemeinwohl-Bilanz. Um größtmögliche Transparenz zu gewährleisten, wird sie veröffentlicht.

Auch Negativpunkte können in der Bewertung vergeben werden. Wer zum Beispiel die Menschenrechte oder ILO-Kernarbeitsnormen verletzt, feindliche Übernahmen durchführt, Atomstrom erzeugt, Gewinne in Steueroasen deklariert und dadurch Steuern minimiert, erhält bis zu 200 Minuspunkte pro Themenfeld.

Gemeinwohl-Matrix 5.0 für Unternehmen

	MENSCHENWÜRDE	SOLIDARITÄT UND GERECHTIGKEIT
LIEFERANT*INNEN	Menschenwürde in der Zulieferkette — A1	Solidarität und Gerechtigkeit in der Zulieferkette — A2
EIGENTÜMER*INNEN UND FINANZPARTNER*INNEN	Ethische Haltung im Umgang mit Geldmitteln — B1	Soziale Haltung im Umgang mit Geldmitteln — B2
MITARBEITENDE	Menschenwürde am Arbeitsplatz — C1	Ausgestaltung der Arbeitsverträge — C2
KUND*INNEN UND MITUNTERNEHMEN	Ethische Kund*innenbeziehungen — D1	Kooperation und Solidarität mit Mitunternehmen — D2
GESELLSCHAFTLICHES UMFELD	Sinn und gesellschaftliche Wirkung der Produkte und Dienstleistungen — E1	Beitrag zum Gemeinwesen — E2

Die Themen der Matrix werden auf die jeweiligen Branchen und die konkreten Gegebenheiten der Unternehmen angewandt.

Die Nulllinie stellt in diesem Bewertungsmodell den gesetzlichen Standard dar, bzw. das durchschnittliche Verhalten am Markt. Arbeitsbücher, die unter Creative-Commons-Lizenz von der Webseite der GWÖ heruntergeladen werden können, führen Unternehmen durch die verschiedenen Aspekte.

Für die Weiterentwicklung und die Erstellung der Handbücher ist seit Gründung der GWÖ das Matrix-Entwicklungsteam zuständig. Die bisherige Auswahl der Indikatoren und die Erläuterungen in den Handbüchern sind die Früchte einer intensiven Arbeit, an der viele Menschen mit Erfahrung, Expertise und Kreativität mitgewirkt haben. Das Team arbeitet auf rein ehrenamtlicher Basis.

Inzwischen gibt es seit Juni 2017 die Matrix 5.0, das heißt, auch für das Team ist es ein Prozess der ständigen Weiterentwicklung und Durchdringung der Themen. Und obwohl die GWÖ normative Vorgaben macht und bewertet, sind diese Vorgaben kein Dogma. Es ist ein ausdrückliches Ziel der GWÖ, dass die Eckpunkte der Matrix in Zukunft demokratisch in Bürgerkonventen bestimmt werden.

https://gwoe-praxis.de/handbuecher

ÖKOLOGISCHE NACHHALTIGKEIT		TRANSPARENZ UND MITENTSCHEIDUNG	
Ökologische Nachhaltigkeit in der Zulieferkette	A3	Transparenz und Mitentscheidung in der Zulieferkette	A4
Sozial-ökologische Investitionen und Mittelverwendung	B4	Eigentum und Mitentscheidung	B4
Förderung des ökologischen Verhaltens der Mitarbeitenden	C3	Innerbetriebliche Mitentscheidung und Transparenz	C4
Ökologische Auswirkung durch Nutzung und Entsorgung von Produkten und Dienstleistungen	D3	Kund*innenmitwirkung und Produkttransparenz	D4
Reduktion ökologischer Auswirkungen	E3	Transparenz und gesellschaftliche Mitentscheidung	E4

Wie im Einzelnen bewertet wird, lässt sich an den verschiedenen Bewertungsstufen ablesen, die von 1 bis 10 gehen. Dabei unterscheidet man vier wesentliche Bewertungsbereiche:

1 = erste Schritte
Genaues Hinschauen, mit Wirkungen auseinandergesetzt und erste Analysen/Planungen vorgenommen

2 bis 3 = fortgeschritten
erste Umsetzung, die gute Tat

4 bis 6 = erfahren
breite Umsetzung im Unternehmen und Managementsystem, sichtbare Wirkung, Erfolge

7 bis 10 = vorbildlich
Zusätzlich innovative, visionäre Lösungen, umfassende und nachhaltige Umsetzung

Wie diese genau aussehen werden, wird sich in Zukunft erweisen. Inzwischen wurde vom Arbeitskreis Gemeinden eine eigene Matrix entwickelt, die spezifischer auf die Bedürfnisse der Gemeinden zugeschnitten ist (siehe Seite 113).

Rund wird das Modell der GWÖ jedoch erst durch die Wertschätzung der Unternehmen durch politische Institutionen, die die Rahmenbedingungen dafür schaffen, dass gemeinwohl-orientierte Unternehmen am Markt nicht benachteiligt werden, weil sie nicht – wie andere Unternehmen dies häufig tun – sozialökologische Kosten auf die Gesellschaft abwälzen. Die Wirtschaftsakteur*innen sollen schließlich dafür belohnt werden, dass sie sich human, wertschätzend, kooperativ, solidarisch, ökologisch und demokratisch verhalten und organisieren. Auch hierzu gibt es bereits erste Ansätze, wie es im letzten Kapitel *„Wohin die Reise geht"* (Seite 240) beschrieben wird. Grundlage hierfür ist die Gemeinwohl-Bilanz, die den unternehmerischen Erfolg in einer neuen Bedeutung messen kann.

Bei der Erstellung der Gemeinwohl-Bilanz können sich Unternehmen von zertifizierten GWÖ-Berater*innen unterstützen lassen.

https://gwoe-praxis.de/beratung

Der systematische Ansatz der Gemeinwohl-Bilanzierung ist eine 360-Grad-Perspektive, ein Kompass, den die Unternehmen schätzen gelernt haben: Die große Aufgabe, unsere Wirtschaft nachhaltig auszurichten.

Friedrich Schill aus Südbaden, Taifun-Landwirt der ersten Stunde, hat Besuch von einem Taifun-Mitarbeiter.

Die Saat geht auf

Lebensmittelbranche

Taifun-Tofu GmbH
rund 270 Mitarbeitende
30 % Frauenanteil
8 Auszubildende
42 Jahre Altersdurchschnitt
38,4 Mio. Euro Umsatz

www.taifun-tofu.de

1986 tat sich in einem Freiburger Keller Geheimnisvolles. Wolfgang Heck und Klaus Kempff versuchten, Tofu zu produzieren. Sie nahmen Sojabohnen, wässerten sie in einem großen Topf über Stunden, vermahlten sie mit Wasser, kochten das Gemisch im Dampfkochtopf auf und siebten die Faserstoffe heraus – so entstand eine eiweißreiche Flüssigkeit, die *„Sojamilch"*. Diese versetzten sie mit Gerinnungsmitteln, wodurch die *„Sojamilch"* ausflockte. Es entstand Molke und der hochwertige Tofubruch. Dieser wurde schließlich in feste Blöcke gepresst, und der Tofu war fertig. Als nach vielem Experimentieren so endlich – nach Wochen – alles passte, schafften sie es, zunächst vier Kilogramm Tofu in der Woche zu produzieren, den sie frisch auf dem Freiburger Wochenmarkt verkauften.

Zwei junge Männer taten sich da zusammen, um ihr „eigenes Ding" zu machen. Sie gründeten ein Unternehmen, das sich auf die Herstellung von Tofu konzentriert, ein eiweißreiches Produkt aus der Sojabohne, das seit Jahrhunderten in Asien bekannt ist. Die Marke Taifun war geboren. Kern der Idee war und ist es, einen positiven Beitrag zur Welternährung zu leisten, der schon ein Jahrzehnt früher durch den Bericht des Club of Rome über die Grenzen des Wachstums thematisiert wurde und heute aktueller ist denn je. Als eiweißreiche Nahrung direkt aus der Sojapflanze leistet Tofu einen wichtigen Beitrag zur Welternährung. Viel aufwendiger ist es, Soja als Tierfutter zu verwenden, um Fleisch zu erzeugen. Der CO_2-Fußabdruck ist bei der Fleischproduktion etwa zwanzigmal so hoch.

Anfang 1987 eröffnete die neue Markthalle und Wolfgang Heck verkaufte dort ihren Tofu und übernahm die Verantwortung für den Dauer-Verkaufsstand. Zugleich wurde ein größerer Raum für die Tofuproduktion angemietet. Bald darauf entstanden die ersten vakuumverpackten Produkte. Ein entscheidender Fortschritt, denn jetzt konnte Taifun-Tofu in den Naturkostfachhandel eingeführt werden. Bio war er von Anfang an. Bis 1990 wuchs die wöchentliche Produktion auf 500 Kilogramm, und Taifun-Tofu bezog Produktionsräume im Industriegebiet Freiburg-Nord.

Taifun erweitert sein Führungsteam und sein Angebot
Den aktuellen Taifun-Geschäftsführer Alfons Graf reizte neben der innovativen Produktidee das vom Unternehmerngründer Wolfgang Heck intendierte Anliegen, eine andere Art des Zusammenarbeitens umzusetzen. Die Maximierung des Umsatzes sollte nicht im Vordergrund stehen, vielmehr der Aufbau einer Arbeitskultur und Unternehmensorganisation, die auf die Mitarbeiter ausgerichtet sein sollte.

Alfons Graf fing 1995 als Leiter der Qualitätssicherung und Produktentwicklung bei Taifun an. Damals gab es neben Naturtofu schon einzelne Artikel wie Tofuwürstchen, Räuchertofu und Tofu-Bratlinge, bei denen der fast neutrale Geschmack des Naturtofu durch Gewürze und weitere Zutaten aus kontrolliert biologischem Anbau in verschiedene Richtungen bereichert wurde. Die Räucher-Technologie, ein Verfahren zur Geschmackserweiterung, das Taifun bis dahin noch als externe Dienstleistung bezogen hatte, wurde von Alfons Graf im eigenen Hause nach den Qualitätsansprüchen von Taifun realisiert.

Wolfgang Heck in der Freiburger Markthalle

„Wir haben es uns zur Aufgabe gemacht, Tofu mit seinem östlichen Gesicht in die westliche Welt zu ‚übersetzen'. ... Es ist ein ständiges Lernen, um die ‚Idee des Tofu' zu begreifen. Wir tun das auf eine zeitgemäße Weise und sind mutig, ihn auf vielfältige Art zu kombinieren, ohne das Wesen des Tofu zu verändern."

www.taifun-tofu.de

„Soja war die erste gentechnisch veränderte Nahrungspflanze, die in Europa zugelassen wurde. 1996 erhielten die erstmals in den USA und Argentinien angebauten Gen-Pflanzen in Europa die Importgenehmigung"

Aus einem Flugblatt von Greenpeace zu Gentechnik

Nur zeitweise geöffnet, stabilisiert die Straußenwirtschaft mit eigenen und anderen regionalen Produkten die wirtschaftliche Situation des Hofes.

Gefahr aus Übersee

Alfons Graf hatte sich im neuen Job gut etabliert, da entwickelte sich im Herbst 1996 auf dem Weltmarkt Bedrohliches: Aus Nordamerika wurden die ersten genmanipulierten Sojabohnen im Hamburger Hafen angeliefert – und die Händler vermischten bewusst konventionell erzeugte und genmanipulierte Sojabohnen, sodass die Herkunft nicht mehr nachweisbar war. Genmanipulierte Pflanzen waren in Deutschlands Bio-Szene schon damals ein absolutes No-Go. Deshalb erschütterte diese Nachricht Taifun tief. Wie sollte sich das Unternehmen aus diesem Dilemma befreien?

Bio-Landwirte auf neuen Wegen

Es war Ende der 1990er Jahre, als Friedbert Schill über seine Dachswanger Bioland-Mühle darauf angesprochen wurde, ob er nicht auch Soja anbauen wolle. Dabei gehe es nicht um Futtersoja für Tiere, sondern um Bio-Soja zur Tofu-Herstellung der Firma Taifun. Für ihn bedeutete das eine weitere Anbaumöglichkeit, und es reizte ihn auch das Neue, also ließ er sich gerne darauf ein.

Ich treffe Friedbert Schill auf seinem Hof in March, knapp zehn Kilometer nördlich von Freiburg. Sein Schill-Hof ist auch eine bekannte Straußenwirtschaft. Wir sitzen sehr schön überdacht, aber doch luftig, sodass wir ins Grüne sehen. Vor mir sitzt ein ausgeglichen und entspannt wirkender Mann. Da wir fast gleich alt sind, kommen wir schnell zum Du, was zur Stimmung und zu den Gesprächsinhalten passt. Im Jahr 1980 hat Friedbert Schill den Hof als 26-Jähriger von seinen Eltern übernommen. Frisch verheiratet kamen bald zwei Söhne zur Welt, die heute bereits einen Großteil der Hofarbeit managen. Er selbst hat schon als junger Mann – mit aktiver Unterstützung seiner Frau – den Betrieb in einen Bioland-Hof verwandelt. Seine Eltern ließen ihn machen. In seiner Ausbildung hatte er vorher je ein halbes Jahr in Kanada und in Australien in der Landwirtschaft gearbeitet. So lernte er auch Soja als Anbaualternative kennen.

Was bedeutet Landwirtschaft nach Bioland? Auf jedem einzelnen Acker werden bewusst abwechselnde Fruchtfolgen (Getreide, Hülsenfrüchte, Kleegras etc.) angebaut. *„Weg vom ewigen Mais!"*, sagt Schill. Für die Fruchtfolgen ist die Soja eine interessante Hülsenfrucht, die als sogenannte Hackfrucht aber auch Pflege benötigt, um das Unkraut kleinzuhalten. Als abwechselnde Frucht wird sie etwa alle vier Jahre auf dem gleichen Acker angebaut.

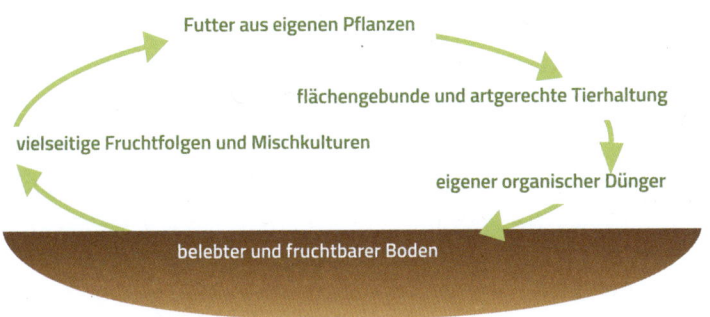

Ein möglichst geschlossener Nährstoffkreislauf ist die Grundlage für den Bio-Landbau.

Ernte-Rituale und Soja-Gespräche

Friedbert Schill erzählt, dass ihn nach der ersten oder zweiten Ernte Taifun-Mitarbeiter Martin Miersch zu einer kleinen Feier einlud. *„Ernte-Übergabe"* nannte er sie, und sie sollte in einem kleinen Labyrinth im Eingangspark von Taifun stattfinden. Er solle ein Säckchen Sojabohnen nehmen, durch das Labyrinth laufen und dabei über das Jahr nachdenken: Wie es ihm ergangen sei mit der Saat und dem Aufwachsen der Soja, und dann das Säckchen an einen Taifun-Mitarbeiter übergeben ... Da hat er geschluckt. Was soll denn das sein? Und dann hat er es dennoch gemacht. Den Sinn hat er unmittelbar verstanden: Das sei ein überwältigendes Erlebnis gewesen, habe die eigene Leistung erfahrbar gemacht. Er habe Wertschätzung erlebt, sich selbst als Teil eines Ganzen. Tränen habe er damals in den Augen gehabt, und danach war klar: *„Das ist die Firma, mit der ich gerne zusammenarbeiten will."* Wenn er jetzt ein Päckchen Tofu von Taifun sieht, dann ist das wie ein Stück von ihm.

Dieses Ritual wird bis heute jährlich wiederholt – auch für die Mitarbeiter*innen von Taifun, die daran beteiligt sind, ist diese Feier im Spätherbst wichtig, denn sie sehen und lernen diejenigen persönlich kennen, die ihnen den Rohstoff für den Tofu liefern.

Nach dem Ritual saßen sie zusammen zum *Soja-Gespräch*. Wolfgang Heck erläuterte Taifuns Zukunftspläne und Anforderungen, und was das alles konkret für den Anbau bedeute. *„Er hat uns immer mitgenommen in den Prozess",* betont Friedbert Schill. Auch über den Sojapreis im darauffolgenden Jahr wurde offen geredet, sodass jeder Landwirt sich entscheiden konnte, ob er wieder mitmachen will oder nicht. Probleme wurden gemeinsam gemeistert. Das Jahr 2003 war ein Trockenjahr, die meisten geernteten Sojabohnen waren klein und so verschrumpelt, dass sie nicht für die Tofu-Erzeugung verwendet werden konnten. Taifun hat die Sojabohnen dennoch abgenommen, mit einem Preisabschlag in Richtung Futter-Soja. In einem anderen Jahr ging der Sojapreis weltweit nach unten, auch der von Bio-Soja. Immer wurde gemeinsam und in Fairness besprochen, wie man darauf reagieren wollte, und das ist bis heute so.

„Es wäre zu wenig, wenn ich sagen würde: Ich bin zufrieden", sagt Friedbert Schill. *„Stattdessen sage ich lieber: Ich bin dankbar!"*

Die eigene Lieferkette auf- und ausbauen

Qualitatives Vorbild für regionale Soja-Landwirte waren die Lieferungen aus Kanada. Das war sauber abgepackte Ware in Zwanzig-Kilo-Säcken, kräftige und runde Bohnen in höchster Bio-Qualität. Aus dieser Quelle bezog Taifun dann auch das Saatgut für die neu gewonnenen Vertragsbauern in Südbaden, in Frankreich und Österreich.

Die ersten Ernten brachten oft noch zu kleine Sojabohnen hervor. Der Erfahrungsaustausch in den spätherbstlichen *Soja-Runden*, die fachliche Betreuung durch Taifun-Mitarbeiter*innen und die Anstrengungen der Landwirte halfen, die Ergebnisse zu verbessern.

Im Jahr 2005 wurde eine Rekordernte von 600 Tonnen Tofu-Soja in Europa eingefahren. Auch um die Auswirkungen lokaler Trockenheit zu minimieren, arbeitet Taifun heute mit rund 100 Vertragsbauern zusammen, die auf rund 1.800 Hektar im Süden und Osten Deutschlands, in Niederösterreich und in den französischen Regionen Elsass und Jura anbauen. Seit 2017 müssen keine Sojabohnen mehr aus Nordamerika zugekauft werden.

Die versuchsweise Zusammenarbeit mit brasilianischen Demeter-Bauern in den Jahren 2003 bis 2005 scheiterte, da die kleinen Bio-Anbaufelder oft Nachbarn hatten, die genmanipuliertes Soja erzeugten, wodurch es zu nachweisbaren Fremdübertragungen im Bio-Soja kam.

Die Unterschiede in der Soja-Produktion

Werden dafür viele Quadratkilometer Urwald gerodet, um darauf Millionen Tonnen Futter-Soja zu produzieren – als Monokulturen, unter Auslaugung des Bodens, mit Kunstdünger, reichlich Spritzmitteln und anderen negativen Auswirkungen?

Oder wird Bio-Soja angebaut, in höchster Qualität, mit wechselnden Fruchtfolgen unter Erhalt der Humusschicht und besten ökologischen Randbedingungen, um daraus für den Menschen wertvolle Eiweißnahrung zu erzeugen?

Für die Bio-Soja-Tofu Lösung brauchen die Landwirte nur ein Zehntel der Fläche und erhalten die Bodenqualität. Nicht zuletzt wird das Leid der Massentierhaltung vermieden.

Ein gutes Beispiel für Qualität statt Quantität in der Landwirtschaft – zur klimatauglichen Transformation der Wirtschaft.

13,3 kg CO_2 je kg Rindfleisch

~1 kg Rindfleisch

Taifun forscht zu Sojasaaten und entwickelt die Labor-Tofurei

1997 wurde Taifun auf einen jungen Agraringenieur aufmerksam, der schon in den 1990ern Mitglied im Sojaförderring gworden war und begonnen hatte, Bio-Landwirte zum heimischen Soja-Anbau zu beraten: Martin Miersch. Schließlich schuf Taifun für ihn eine neue Stelle: Er sollte das neue Soja-Entwicklungszentrum leiten. In dieser Rolle wurde er auch der Ansprechpartner für alle Taifun-Vertragslandwirte. Die ersten Jahre seiner Tätigkeit waren bestimmt durch Saatgutauswahl, Pflegeberatung und Analysen für die wachsende Zahl von Soja-Vertragsbauern in den umliegenden Regionen. Später forschte das Soja-Entwicklungszentrum nach Sojasorten, die auch bei niedrigeren Temperaturen akzeptable Ergebnisse erzielten.

Die Zusammenarbeit mit der Universität Hohenheim mündete 2011 in ein dreijähriges Forschungsprojekt, an dem vier Universitäten und drei weitere Forschungsinstitute beteiligt waren. Der Beitrag von Martin Miersch und seinem Team war die Einrichtung einer eigenen Labor-Tofurei. Gemeinsam optimierten sie das Verfahren, aus wenigen Sojabohnen zügig einen Test-Tofu herzustellen. So wurde die Soja-Forschung nicht nur erheblich kostengünstiger, sondern bei umfangreichen Forschungsprojekten auch zeitlich besser durchführbar.

Taifun war Teil des Forschungsprojekts im Bundesprogramm Ökologischer Landbau: *Ausweitung des Soja-Anbaus in Deutschland durch züchterische Anpassung sowie pflanzenbauliche und verarbeitungstechnische Optimierung.*

In drei Jahren und nach 1.300 Durchläufen konnte der Aufwand für einen Test-Tofu von 120 Personal-Minuten und 400g Sojabohnen auf nur noch 45 Personal-Minuten und 80g Sojabohnen reduziert werden.

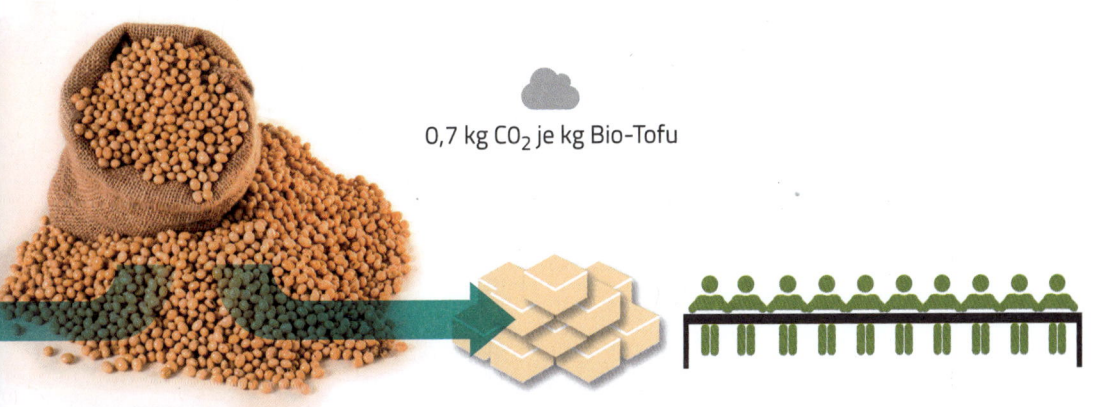

0,7 kg CO$_2$ je kg Bio-Tofu

7–10 kg Sojabohnen   ~12–16 kg Bio-Tofu

Veränderungen in der Führung

Im Jahre 2011 wurde Alfons Graf neben Wolfgang Heck weiterer Geschäftsführer. 2014 folgte der nächste Schritt: Heck gründete eine Unternehmensstiftung und brachte sämtliche Geschäftsanteile von Taifun darin ein. Die Stiftung arbeitet gemeinwohl-orientiert für den Erhalt und die Weiterentwicklung des Unternehmens. Unter anderem fördert und unterstützt sie ethisches Zusammenleben, das auf Prinzipien der gerechten Verteilung bestehender Ressourcen, dem Bewahren von Gesundheit und Lebensfreude sowie der Gleichwertigkeit von Mann und Frau beruht. Heck übernahm von da an die Funktion des Stifters. Ihn ersetzte die langjährige Mitarbeiterin Elisabeth Huber in der Geschäftsführung. Gemeinsam mit Alfons Graf bildet sie seitdem die Führungsspitze.

Alfons Graf, Christian Felber, Wolfgang Heck (v.l.)

Erste Gemeinwohl-Bilanz

Im November 2014 präsentierte sich die Taifun-Führung zusammen mit dem Autor und Begründer der Gemeinwohl-Ökonomie, Christian Felber, und fünf weiteren Unternehmen vor der Presse als künftige Ersteller*innen einer Gemeinwohl-Bilanz. Fünf Arbeitsgruppen mit insgesamt 20 Mitarbeiter*innen diskutierten und erarbeiteten im Laufe von fünfzehn Monaten die erste Gemeinwohl-Bilanz von Taifun.

Freiheit steht in der Unternehmensvision von Taifun-Tofu für schöpferische Entfaltung, offenes Denken und Handeln. Sie bedeutet auch Achtsamkeit allem Leben und Wirken gegenüber. An den vier Säulen – Verantwortung, Wandlungsfähigkeit, Ökologie und Qualität – werden die Verbindungen zu den Werten der Gemeinwohl-Ökonomie deutlich.

VERANTWORTUNG
Durch unser Denken und Handeln setzen wir Ursachen und erzeugen Wirkungen. Wir sind uns dessen bewusst und tragen die Verantwortung.

WANDLUNGSFÄHIGKEIT
Leben ist Wandel und lebendig sein bedeutet Veränderung. Mit dieser Einsicht entwickeln wir uns ständig weiter.

ÖKOLOGIE
Wir pflegen einen respektvollen Umgang mit der Natur und setzen uns für lebenserhaltende Umweltbedingungen ein.

FREIHEIT

QUALITÄT
Die Verwirklichung von Qualität sehen wir als Optimierungsprozess, der für alle Bereiche des Unternehmens gilt.

> *Als wir vor ein paar Jahren auf die Gemeinwohl-Ökonomie stießen, fiel uns auf, dass sie viele unserer Überzeugungen sehr gut bündelt.*
>
> **Elisabeth Huber und Alfons Graf,**
> *Geschäftsführung von Taifun-Tofu*

4 Kilogramm Tofu pro Woche
1986

500 Kilogramm Tofu pro Woche
1990

Im Ergebnis der ersten Gemeinwohl-Bilanz von Taifun Tofu wurden folgende Aspekte besonders herausgestellt:

Region und Bio-Anbau stärken
- Taifun-Produktion setzt nur zertifizierte Bio-Rohwaren ein
- Taifun engagiert sich stark für den heimischen Soja-Anbau
- Mitarbeit am Forschungsprojekt zur Ausweitung des Soja-Anbaus in Deutschland
- Langfristige Partnerschaften mit den Soja-Erzeuger*innen
- Faire Preisbildung und gemeinsame Festlegung vor Aussaat

Gesundheit am Arbeitsplatz
- Ergonomische Gestaltung der Arbeitsplätze, wo möglich
- Unterstützung durch Physiotherapeutin, regelmäßig Kursangebot Rückenschule
- Sicherheitsfachkraft für Arbeitssicherheit
- Täglich ein günstiges vegetarisches/veganes Bio-Mittagessen und Obst

Faire Bezahlung in allen Lohngruppen
- Die Spreizung zwischen geringstem und höchstem Einkommen im Unternehmen beträgt das Vierfache

Fairer Kundendialog
- Zuhören mit offenem Herzen und Interesse
- Bezahlung Vertrieb unabhängig vom Umsatz
- Impulse von Kund*innen und Reklamationen werden sehr ernst genommen

Kooperation statt Konkurrenz
- Kooperation mit der Universität Hohenheim für Sojasorte für ganz Deutschland
- Entwicklung eigener Sojasorte, setzt Maßstäbe für alle
- Sojanetzwerk wird auch von Bundesministerium unterstützt

Grundbedarf an hochwertigen Lebensmitteln sichern
- Pflanzliche, eiweißreiche Nahrung direkt statt übers Tier
- über 30 Jahre aktiv als ein Wegbereiter der Bio-Bewegung
- Beitrag zu CO_2-Reduktion und Klimaschutz, indirekt fürs Tierwohl

Aber es gibt auch noch Schwachpunkte, die Taifun verbessern kann: Eine Alternative zur Verpackung des Tofus in Kunststofffolien und bessere Lösungen für den Drei-Schicht-Betrieb zu finden.

erste Öko-Audit-Zertifizierung in Freiburg

12 Tonnen Tofu pro Woche

35 Mitarbeiter*innen

1997   1999

Soja-Forschung: Das Projekt „1000 Gärten"

2016 mündete die Forschungsarbeit in ein großes Projekt, für welches Taifun über tausend Freiwillige suchte. Das Ziel der Initiative: die Züchtung neuer, klimatisch angepasster und für die Tofuherstellung geeigneter Sojasorten, um den Anbau in Deutschland voranzutreiben und die Sortenvielfalt zu fördern. Überall in Deutschland kamen verschiedene Sojasamen zur Aufzucht in private Gärten. Es meldeten sich über 2.000 Engagierte, von denen mehr als 1.300 die Forschungsreihe ganz durchgeführt und verwertbare Ergebnisse geliefert haben. So zum Beispiel Tabea Löblein aus Teningen bei Freiburg. „Es war Arbeit," sagt sie: „Immer wieder nach den Sojabohnen schauen, säen, vereinzeln, messen, zählen usw." Aber es hat ihr Freude gemacht; so sehr, dass sie sich bei der zweiten Aktion 2018 wieder beteiligte.

Die entstehenden Sorten sind frei von Patenten, das heißt, Züchterinnen und Züchter können das Saatgut weiterentwickeln. Mit der innovativen Züchtungsmethode des Projekts *1000 Gärten* konnten viele Gärtner*innen ihren persönlichen Beitrag für eine nachhaltige Forschung leisten, und die interessierte Öffentlichkeit konnte alles mitverfolgen. Das Projekt förderte so die Unabhängigkeit der Landwirte von weltweit agierenden Saatgut-Monopolisten.

Die erste eigene Tofu-Sojasorte *Tofina* wird zugelassen

Ende 2019 konnte Taifun die Zulassung ihrer ersten selbst entwickelten Sojasorte *Tofina* feiern. Tofina bringt besonders gute Eigenschaften für die Tofu-Herstellung mit und ist perfekt auf den Anbau in Deutschland abgestimmt: Statt wie bisher auf 24 Prozent können durch Tofina jetzt auf 70 Prozent der Ackerfläche Deutschlands Sojabohnen angebaut werden.

„Ich bekam zwölf Tütchen mit unterschiedlichen Sojasamen zugesendet, die ich in jeweils eine zwei Meter lange Reihe an einen sonnigen Platz setzen sollte. Später sollte ich u.a. die Länge der Schoten und die Höhe der Pflanzen messen und bei der jeweiligen Ernte am Ende die Schoten und die Bohnen zählen, alles sauber protokollieren und die Ernte wiederum in zwölf getrennten Tütchen zurücksenden."

Tabea Löblein, *Teilnehmerin am Projekt „1000 Gärten"*

Innovationspreis Bio-Lebensmittel-Verarbeitung

Einführung Umweltmanagementsystem nach ISO 14001

90 Mitarbeiter*innen

Biomarke des Jahres

160 Mitarbeiter*innen

2005   2009   2011

Deutscher Nachhaltigkeitspreis geht an Taifun

Taifun hat den Deutschen Nachhaltigkeitspreis 2020 in der Kategorie *Kleine und mittlere Unternehmen* gewonnen. Das Unternehmen leiste mit seinen pflanzlichen Bio-Lebensmitteln ganz ohne Gentechnik *„einen wichtigen Beitrag zur Ernährung der wachsenden Weltbevölkerung"*, lautete die Begründung. Zudem lobte die Jury die Vorreiterrolle im europäischen Soja-Anbau, den Einsatz von Umwelttechnologien wie Photovoltaik oder Wärmerückgewinnung und die energiesparende Herstellung. Außerdem hoben die Juror*innen Taifuns Maßnahmen gegen Lebensmittelverschwendung positiv hervor: So werden zum Beispiel ausgemusterte Produkte neu gelabelt, um diese vor der Mülltonne zu retten.

Ausblick

Die Nachfrage nach den Produkten von Taifun steigt weiter, sodass die Produktion mit der bestehenden Infrastruktur selbst bei vollem Drei-Schicht-Betrieb nicht mehr gedeckt werden kann. Das Management arbeitet kurzfristig an Erweiterungslösungen und plant mittelfristig ein zweites Produktionswerk.

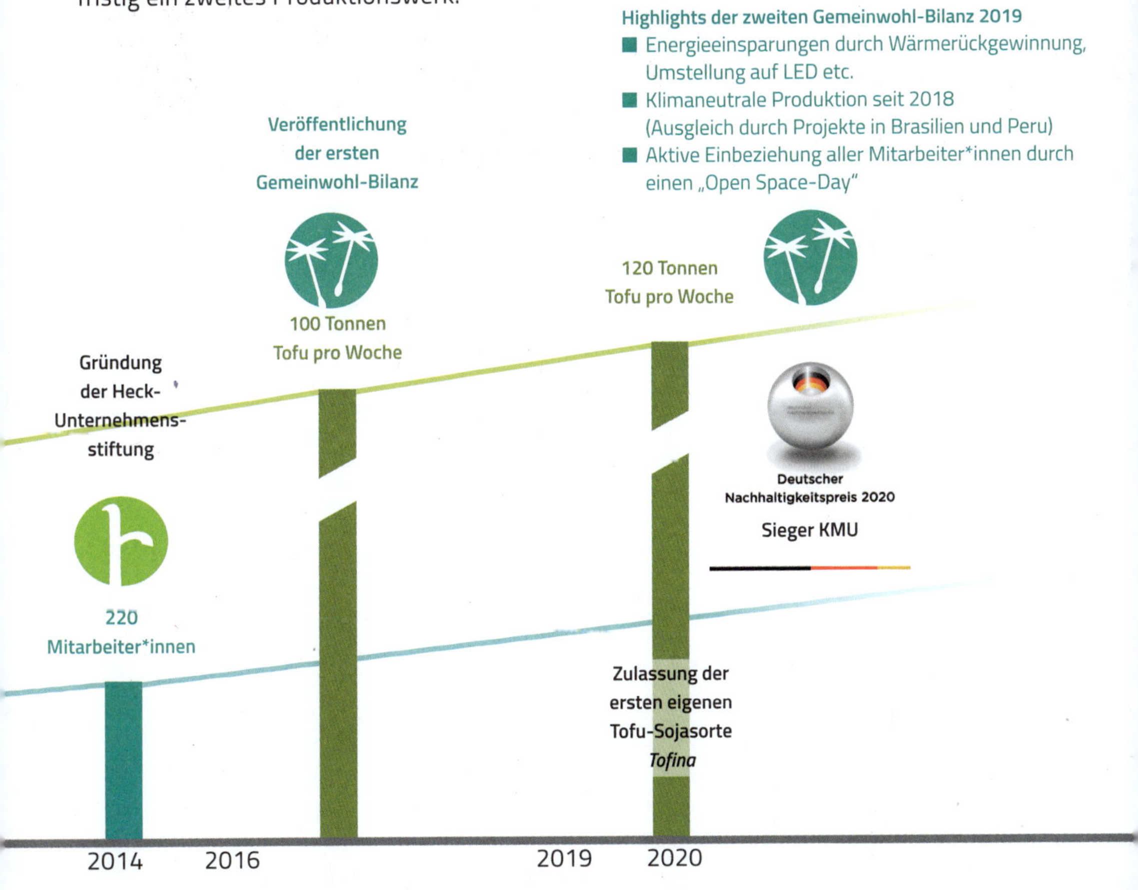

Über den Autor
Dr. Karsten Hoffmann
Dipl. Math., Dr.-Ing., 10 Jahre Unternehmensberatung (IT-Projekte), 20 Jahre selbstständig als Projektmanager (PM) und PM-Trainer, seit 2020 GWÖ-Berater, lebt in Freiburg im Breisgau.

Highlights der zweiten Gemeinwohl-Bilanz 2019
- Energieeinsparungen durch Wärmerückgewinnung, Umstellung auf LED etc.
- Klimaneutrale Produktion seit 2018 (Ausgleich durch Projekte in Brasilien und Peru)
- Aktive Einbeziehung aller Mitarbeiter*innen durch einen „Open Space-Day"

Gründung der Heck-Unternehmensstiftung

220 Mitarbeiter*innen

Veröffentlichung der ersten Gemeinwohl-Bilanz

100 Tonnen Tofu pro Woche

120 Tonnen Tofu pro Woche

Deutscher Nachhaltigkeitspreis 2020
Sieger KMU

Zulassung der ersten eigenen Tofu-Sojasorte *Tofina*

2014   2016   2019   2020

Zusammenarbeit auf Augenhöhe und Freude am Tun schafft Sinn und Erfüllung ohne Altersgrenzen.

Der „*Spinner*" und Pionier

Nahrungsmittelbranche

Sonnentor Kräuterhandelsgesellschaft

1988 gegründet

65 % Eigenkapital

52 Mio. Euro Umsatz

67 % Exportquote, hauptsächlich nach Deutschland

900 Bioprodukte

Verpackungen sind 91 % rückführbar in einen Rohstoffkreislauf

Einkommensspreizung 3,7

2.000 Bewerbungen jährlich, davon die Hälfte initiativ

www.sonnentor.com

Kennen Sie Sprögnitz im Waldviertel? Hier ist die Kräuterhandelsgesellschaft Sonnentor zu Hause. Die Natur hat dieses Unternehmen hervorgebracht und geprägt. Das Waldviertel ist das nordwestliche der vier Viertel Niederösterreichs, die Wien umschließen. Es ist eine karge Hochebene mit Höhen bis tausend Meter, mit überwiegend Granit- und Gneisplateaus, Hochmooren und großen Fichtenwäldern. Granitblöcke finden sich an vielen Stellen, wie der Blockheide – einige davon als Wackersteine, die, verbunden mit den oft vorhandenen mystischen Nebelschwaden, Ursprung vieler Sagen und Märchen sind.

Das Klima ist kalt und rau, mit wenig Niederschlag. Relativ zur Seehöhe weist das Waldviertel die tiefsten Jahresmitteltemperaturen aller bewohnten Orte Österreichs auf, wobei die Umgebung von Zwettl nochmals einen Ausreißer nach unten darstellt. Der Temperaturrekord beträgt minus 36,6 Grad Celsius. Die Vegetationszeit ist kurz und von häufigen Früh- und Spätfrosten gekennzeichnet. Trotzdem ist das Waldviertel das zweitgrößte Ackerbaugebiet Österreichs, und die Erträge sind aufgrund der hervorragenden Bodenqualität hoch.

Wirtschaftlich hat das Waldviertel seit dem Zweiten Weltkrieg unter dem Eisernen Vorhang gelitten. In der Textilindustrie und in den Glashütten gingen viele Arbeitsplätze verloren. Es kam zu einer bis heute andauernden Abwanderung der Bevölkerung. Heute setzt man auf sanften Tourismus, außerdem auf landwirtschaftliche, spezielle Produkte wie Graumohn, Wollprodukte oder Fische, mit direkter Vermarktung in den Wiener Raum. Trotzdem verliert das Waldviertel noch immer bis zu 900 Bewohner im Jahr.

Johannes Gutmann wurde unweit von Sprögnitz in Brand bei Waldhausen als fünftes Kind einer typischen Waldviertler Kleinbauernfamilie geboren, wo Kinder früh mit anpacken müssen, weil die mühevolle Arbeit gerade einmal zur Selbstversorgung reicht. Nach der Matura an der Handelsakademie im nahen Zwettl und einem kurzen Abstecher an die Wirtschaftsuniversität in Wien beschließt Johannes Gutmann, seinen Lebensmittelpunkt zu Hause im Waldviertel aufzubauen. Doch nach wichtigen Erfahrungen in verschiedenen Branchen und Tätigkeiten wurde er nach vier Jahren arbeitslos.

Die Idee: Biobauern brauchen Unterstützung beim Verkauf
In dieser Phase reifte der Entschluss, eigene Ideen selbstbestimmt als Unternehmer umzusetzen. Damals beobachtete er die ersten Biobauern in der Region: Sie bauten Kräuter, Mohn und Kümmel an, was damals sehr ungewöhnlich war. Sie sprachen von sinnvoller Landwirtschaft, harmonischen Kreisläufen und wertvollen Lebensmitteln. Das klang einleuchtend und nachvollziehbar. Ein wichtiger Faktor fehlte jedoch: Die Bauern hatten keine Zeit und oft kein Talent für den Verkauf ihrer Produkte. Hier fand Gutmann seinen Platz.

Gemeinsam mit den Biopionieren der Familie Kainz, die einen der ersten Demeter-Betriebe in Österreich führt, der Familie Zach, die viel Erfahrung im Kräuteranbau mitbrachte, und Familie Bauer wurde 1988 der Grundstein für Sonnentor gelegt. Hundert Prozent Bioware, Kooperation auf Augenhöhe, Wertschöpfung mit Wertschätzung – das Leitbild und die Unternehmensvision von Sonnentor waren gefunden.

Altes Wissen wieder würdigen – Handarbeit schont Umwelt und sichert Arbeitsplätze.

„Von Raunzern habe ich mich nie beirren lassen. Die waren ohnehin überzeugt: Das wird nie etwas! Bitte! Was du dir antust! Wenn das ginge, hätte es schon einer vor dir gemacht …"

Johannes Gutmann
Gründer Sonnentor

Selbstversorgung und frischeste Produkte durch den in Permakultur betriebenen eigenen Bio-Bauernhof

Die ersten Hürden und wichtige Ideen

Der Anfang war steinig. Gutmann hatte sich eigentlich vorgenommen, jedes Jahr einen Arbeitsplatz zu schaffen. Doch das war finanziell nicht möglich. So hat er viele ältere Menschen auf den Bauernhöfen ermutigt, Teemischungen per Hand abzufüllen. Eines Tages kam Oma Zach auf die Idee, Blüten in die Sichtfenster zu stecken. Das vermittelte den Kund*innen sinnlich und direkt, was die Mischungen enthielten: Blüten, Sonne, Wohlbefinden … Die Natur liefert die besten Rezepte.

Wie funktioniert das Unternehmen Sonnentor?

Laut Lehrmeinung der Wirtschaftswissenschaftler hat Sonnentor eigentlich viel zu viel Eigenkapital: 65 Prozent. Der Branchenschnitt beträgt nur fünfzehn Prozent. Auch die Personalkosten sind zu hoch. Wie kann Sonnentor dennoch erfolgreich auf dem Markt bestehen?

Das Unternehmen gehört Johannes (93 Prozent) und seiner Frau Edith (7 Prozent) Gutmann. *„Finanzielle Unabhängigkeit ermöglicht eigenständige Entscheidungen."*, sagt Johannes Gutmann. Der Jahresumsatz steigt kontinuierlich – auf derzeit 52 Millionen Euro, mit einem Exportanteil von 67 Prozent. Der Großteil des Gewinnes wird ins Unternehmen reinvestiert – von April 2017 bis März 2019 etwa 2,5 Millionen Euro. Dazu gehören neben Investitionen in IT, Produktion und Logistik auch solche, die einen Mehrwert für das Gemeinwohl darstellen:

Der Kindergarten *Sonnenscheinchen* – ein Projekt von Edith Gutmann – ermöglicht ein entspanntes Arbeiten für die Eltern, während ihre kleinen Schätze in der Nähe betreut werden und Natur und Umwelt im Jahreskreis kennenlernen. *„Wir möchten schon den ganz Kleinen zeigen, wie wichtig es ist, in Kreisläufen zu denken, und dass weniger auch mehr bedeuten kann."* Der neue permakulturelle Frei-Hof und die Betriebsküche mit täglich frischem und kostenlosem Bio-Essen unterstützen diese Vision.

Investition in eine unabhängige Zukunft

Von CO_2-neutral zum negativen CO_2-Fußabdruck

Handarbeit, nachhaltige Fortbewegung, biologischer Anbau, eine 8.000-Liter-Regenwasserzisterne, das Bürogebäude in Passivbauweise, Rückführung von 91 Prozent der Verpackungen in den Rohstoffkreislauf und der Einsatz erneuerbarer Energien halten den ökologischen Fußabdruck von Sonnentor klein. Trotzdem lassen sich CO_2-Emissionen nicht zu 100 Prozent vermeiden. Der CO_2-Verbrauch am Produktionsstandort, der noch nicht eingespart werden kann, wird zu 100 Prozent kompensiert. In Zusammenarbeit mit der Ökoregion Kaindorf in der Steiermark unterstützt Sonnentor dort den bewussten Humusaufbau. So wird nicht nur CO_2 im Erdreich gebunden, es entstehen nährstoffreiche und gesunde Böden.

Seit März 2019 wird mit der auf dem Hallendach installierten Photovoltaikanlage ein Drittel des Strombedarfs von Sonnentor erzeugt. Mit *„Crowd Sunding"* konnten sich Kund*innen durch Kauf eines *„Vorauskauf-Gutscheins mit Rabattgewährung"* mit 400 Euro an der Finanzierung beteiligen. 500 Gutscheine wurden vergeben. Dafür erhielten die Kund*innen von Sonnentor Einkaufsgutscheine im Wert von 500 Euro, aufgeteilt auf fünf Jahre. Die erste Auszahlung erfolgte am 30. April 2019. Die guten Erfahrungen mit dieser Form der Finanzierung machen weitere Projekte möglich – 2020 werden *„Zukunftsscheine"* ausgegeben, die Sonnentor den Bau von ökologischen und nachhaltigen Ferienunterkünften in der Region ermöglichen.

Zusammenarbeit schafft Vertrauen und Stabilität

Kooperation auf Augenhöhe mit den inzwischen rund 1.000 Anbaupartner*innen weltweit schafft Vertrauen, Stabilität und Zusammenhalt. Gelebte Transparenz heißt aber auch, Kund*innen in die Produktentwicklung und -gestaltung einzubinden. Deshalb werden heute in den Sonnentor-Verkaufsläden ausschließlich die eigenen Produkte angeboten. Diese Läden sprechen für sich: Sie stellen mit ihren wärmenden Farben und verlockenden Düften eine Oase der Sinne dar – einen Ort, an dem man gerne verweilt, an dem man sich und seinen Lieben etwas Gutes tut.

Aromatischen Tee zu genießen gehört auch für Johannes Gutmann zu den Freuden im Alltag.

Weit über das Waldviertel hinaus entstanden neue Partnerschaften mit Anbaugebieten in zwölf europäischen Ländern. Kakao und Kaffee kommen aus Nicaragua und Peru. Inzwischen werden mehr als 900 Bio-Produkte in über fünfzig Länder versendet. In 31 Sonnentor-Geschäften in Österreich, Deutschland und Tschechien kann man die duftende Kräuter- und Gewürzwelt genießen. Im Jahr kommen über 40.000 Besucherinnen und Besucher in die Sonnentor-Erlebniswelt im Waldviertel.

Mit einem Marktanteil von rund fünfzig Prozent war Sonnentor im Jahr 2010 österreichischer Marktführer im Bereich des Biofachhandels mit Kräutern, Tee und Gewürzen und stand im selben Jahr in Deutschland in dieser Produktgruppe an dritter Stelle. Johannes Gutmann selbst pflegt übrigens einen bescheidenen Lebensstil. Seine uralte Lederhose mit Hosenträgern und die rote Brille sind längst Markenzeichen geworden.

Johannes Gutmann war maßgeblich an der Gründung der Gemeinwohl-Ökonomie beteiligt, deren Werte er bereits seit den Anfängen seines Unternehmens lebt. Kein Zufall, dass Sonnentor als eines der ersten Unternehmen eine Gemeinwohl-Bilanz erstellte. Mit aktuell 725 Punkten gehört es nach wie vor zu den Leuchttürmen der Gemeinwohl-Bewegung.

Das Geheimnis des Erfolges

Entgegen allen Ratschlägen hat Johannes Gutmann viel gewagt: Er hat sein Unternehmen kompromisslos auf seinen Werten aufgebaut. Das brachte ihm früh den Ruf ein, ein *„Spinner"* und *„weltfremder Utopist"* zu sein, der wenig Ahnung von wirtschaftlichen Zusammenhängen und Grundprinzipien habe. Heute sagt er: *„Wer spinnt, gewinnt"*, und hat ein Buch dieses Titels geschrieben.

Inzwischen setzen sich seine Werte allmählich auch anderswo durch: der respektvolle Umgang mit der Natur. Die Konzentration auf Biowaren. Eine sinnvolle Tätigkeit in Gemeinschaft. Zusammenarbeit statt gnadenloser Konkurrenz. Wertschöpfung mit Wertschätzung der Mitarbeitenden und der Partnerbetriebe. Und nicht zuletzt die unaufhörliche Suche nach weiteren Verbesserungen für Mensch und Umwelt.

Über die Autorin
Renate Hagmann
Wirtschaftsstudium, Unternehmensberaterin mit Fokus auf ganzheitliche Nachhaltigkeit nach dem Motto *„Gutes tun, nicht nur daran denken"*. Wirtschaft kann voller Freude, ungemein kreativ und erfüllend sein – wenn wir sie so gestalten.

Meine Herzerkrankung war ein Glücksfall

Kranken- und Pflegeversicherung

BKK ProVita

255 Mitarbeiter*innen

122.915 Versicherte

268,9 Mio. Euro Leistungsausgaben

www.bkk-provita.de

2003 wurde Andreas Schöfbeck nach einer Bypass-Operation eröffnet, dass der Notarzt in den nächsten Wochen oder Monaten, in denen er noch zu leben hätte, sein ständiger Begleiter sein würde. Die schwere Herzkrankheit rüttelte an seinem Leben. Der Schock saß tief, doch Andreas gab nicht auf. Er führte ein großes Unternehmen und war es gewohnt, nach Lösungen zu suchen. Diesmal betraf es ihn selbst, und so begann bei ihm ein Prozess der Bewusstwerdung und Selbstreflektion, der zu tiefen Veränderungen führte.

Andreas ist Vorstand der BKK ProVita, einer Betriebskrankenkasse in Bayern bei München. 2014 hat er die erste Gemeinwohl-Bilanz begonnen, mit Unterstützung der Berater*innen Jörn Wiedemann und Beate Smaranda Keller.

"Bei der BKK ProVita haben wir uns viele Gedanken gemacht, wie das Zusammenleben in der Gesellschaft funktioniert. Ich wollte, dass wir nicht nur lamentieren und reden. Deshalb haben wir angefangen, uns mit der Gemeinwohl-Ökonomie auseinanderzusetzen. Als Krankenkasse haben wir große Wirkungsmöglichkeiten. Mein Ziel ist es, gesunde Kinder in einer gesunden Umwelt und einem intakten Umfeld heranwachsen zu sehen, und auch sozial benachteiligten Kindern die Möglichkeit zu geben, sich gesund zu entwickeln. Ich möchte eine Ernährung voranbringen, die nicht nur für die Menschen gut ist, sondern auch für das Tierwohl, und die zugleich einen erheblichen Beitrag für die Verlangsamung des Klimawandels darstellt."

Andreas Schöfbeck
Vorstand BKK ProVita

Der Anfang war nicht leicht. Andreas Schöfbeck ahnte, dass er in seinem Unternehmen noch nicht viel Verständnis für sein Vorhaben der Gemeinwohl-Bilanzierung erwarten konnte, und startete deshalb zunächst ohne breite Beteiligung, mit einem engen Kreis von Mitarbeiter*innen. Doch auch da musste er gegen Skepsis kämpfen. Bei der ersten Projektgruppe haben sich die Mitarbeiter*innen via Internet über die Gemeinwohl-Ökonomie informiert. Ein Kollege meinte, das seien ja kommunistische Ansätze. Mittlerweile unterstützt ihn genau dieser Kollege in wesentlichen Themen. Die Strategie, Schritt für Schritt vorzugehen, um langsam ein Verständnis aufzubauen, führte zum Erfolg.

*Früher glaubten die Mitarbeiter*innen, durch die Nachhaltigkeit hätten wir Probleme, am Markt zu bestehen. Jetzt nehme ich mehr Unterstützung wahr. Sie sehen, dass sich unser Unternehmen gut entwickelt. Sie machen die Erfahrung, dass das, was vor ein paar Jahren fremd, schräg und „strange" war, sich bewährt hat und erfolgreich macht. Die Gemeinwohl-Bilanz hat auch zu diesem Erfolg beigetragen. Wir sehen, dass Menschen, denen Gemeinwohl und Nachhaltigkeit wichtig sind, uns als Kasse wählen. Auch einige unserer Mitarbeiter*innen haben – von der Gemeinwohl-Bilanz angeregt – ihr eigenes Verhalten geändert."*

Andreas Schöfbeck
Vorstand BKK ProVita

Andreas Schöfbeck ist stolz darauf, dass die BKK ProVita derzeit die nachhaltigste Krankenkasse Deutschlands ist. Er möchte Vorreiter bleiben und sieht die Gemeinwohl-Bilanz als Instrument, das eigene Unternehmen kennenzulernen und Handlungsabläufe zu definieren. So hat das Unternehmen angefangen, eine CO_2-Bilanz zu erstellen, und dabei gelernt: Siebzig bis achtzig Prozent des ökologischen Fußabdrucks von ProVita ist bedingt durch die Arbeitswege

Die moderne Hauptverwaltung der BKK ProVita wurde 2011 fertiggestellt.

„Durch Vorbeugung wollen wir verhindern, dass Menschen überhaupt krank werden. Das soll auch unser Name zum Ausdruck bringen, den wir uns 2014 – neu gegeben haben: BKK ProVita ist die Kasse für das Leben."

Andreas Schöfbeck
Vorstand BKK ProVita

der Mitarbeiter*innen. Kompensieren ist nur der zweitbeste Weg, weiß der Chef. Der beste ist die Vermeidung. Deshalb arbeiten schon seit drei Jahren einige unserer Mitarbeiter*innen von zu Hause. Das hat sich bewährt.

Als der Neubau der Hauptverwaltung anstand, bezog der Vorstand die Mitarbeiter*innen in seine Entscheidungen ein. Sie wussten, was das Gebäude braucht – sie benutzen es ja täglich –, und so war es im Interesse des gesamten Unternehmens, diese Wünsche ernst zu nehmen. Ihre Vorschläge wurden zum Großteil umgesetzt. Beispiele: Keine Teppichböden, da fleckenempfindlich, unhygienisch und schlecht für Allergiker. Rollläden gegen zu viel Sonne. Fenster, die das Lüften erleichtern. Keine Oberlichter, stattdessen individuelle Beleuchtung. Mittagsruheräume mit Liegen.

Herausragend an dieser Krankenkasse ist ihre Orientierung an der Gesundheitsförderung und Prävention. Krankheiten sollen gar nicht erst entstehen, was dem Gesundheitswesen viele Kosten spart. Analog zum alten chinesischen Gesundheitswesen gilt bei der ProVita: Der Arzt wird bezahlt, wenn er die Leute gesund erhält. Leider wird diese Ausrichtung vom aktuellen Gesundheitssystem nicht honoriert, obwohl sie der Nachhaltigkeitsstrategie der Deutschen Bundesregierung entspricht. Deshalb setzt sich die BKK ProVita dafür ein, dass diese Strategie auch umgesetzt wird.

Ein Beispiel ist das Programm *Bunter Ball*, das mit dem *UEFA Children Award* prämiert wurde. Hier begleitet die ProVita Grundschulklassen und vermittelt im Sportunterricht über Bewegung und spielerische Aktivitäten soziale und emotionale Intelligenz. Ein weiteres Programm, das gerade in Vorbereitung ist, widmet sich der frühkindlichen Bindung. Der Anstoß dazu kam von Prof. Dr. Karl Heinz Brisch. Gemeinsam mit dem Landesverband der Betriebskrankenkassen will die ProVita werdenden oder jungen Eltern zeigen, wie eine solche Bindung entstehen kann – auch wenn sie selbst nicht das Glück hatten, sie in ihrer Kindheit zu erfahren.

„Kinder mit einer gut entwickelten frühkindlichen Bindung können im Leben besser bestehen und werden weniger krank, dafür gibt es genügend wissenschaftliche Belege", betont Andreas Schöfbeck. Auch die Erkenntnisse der Neuroimmunologie belegen die finanzielle Sinnhaftigkeit dieser Maßnahmen.

Doch Nachhaltigkeit ist in einem Unternehmen öffentlichen Rechts nicht leicht umzusetzen. Staat und Politik, auch die Europäische Union, proklamieren zwar regelmäßig deren Wichtigkeit, in der Umsetzung gibt es aber immer wieder Stolpersteine. Die untergeordneten Behörden sind oft noch nicht so weit, diese Strategie in ihr eigenes Regelwerk zu integrieren. Sie sind von den Leitsätzen einer vorwiegend am finanziellen Erfolg ausgerichteten Wirtschaft geprägt.

Ein Beispiel: Nach dem Sozialgesetzbuch sind die Kassen verpflichtet, wirtschaftlich und sparsam zu handeln. Stünde dort auch *nachhaltig*, wäre Andreas eine große Sorge genommen. Im Bundeskanzleramt ist Nachhaltigkeit fest verankert und spielt eine große Rolle. Dort gibt es einen Staatssekretärsausschuss für nachhaltige Entwicklung, dessen Aufgabe es ist, dieses Thema in die öffentliche Verwaltung zu bringen. Leider wird aber der gleiche Maßstab noch nicht bei Körperschaften des öffentlichen Rechts angelegt. Hier wäre eine Klarstellung von seiten des Gesetzgebers dringend notwendig. Andreas wünscht sich: *„Im Sozialgesetzbuch sollte formuliert sein, dass wir zur Wirtschaftlichkeit, Sparsamkeit, Gemeinwohl-Orientierung und Nachhaltigkeit verpflichtet sind."* Prävention darf die Kasse fördern, aber die Zuweisungen aus dem Risiko-Strukturausgleich für einen Gesunden sind geringer als für einen Kranken. Wenn die ProVita dafür sorgt, dass ihre Versicherten gesund bleiben, bekommt sie also weniger Zuweisungen. So erreicht der Benefit die Kasse nur bedingt.

Bis jetzt bleibt Krankenkassen nur die Möglichkeit, sich im Wettbewerb zu differenzieren. Sie können Nachhaltigkeit als Wettbewerbsmerkmal nutzen. In Zeiten des Klimawandels und der Bewegung *Fridays for Future* genießt dieses Thema so großes Interesse, dass die Ausrichtung der ProVita von vielen Kunden als Vorteil gewertet wird. Dies hat auch der Präsident der Aufsichtsbehörde erkannt: *„Ich bin ihm sehr dankbar, dass er die Zeichen der Zeit jetzt so bewertet"*, sagt Andreas.

> *„Es ist normal, dass der Vorreiter für eine gute Sache Widerstände erfährt und höhere Hürden nehmen muss. Wenn man in einem System Grenzen verschieben will, und das möchte ich ja, dann braucht man oft auch juristische Unterstützung."*
>
> Andreas Schöfbeck
> *Vorstand BKK ProVita*

Weitere Beispiele für umgesetzte Nachhaltigkeit, die auch der Allgemeinheit Geld sparen

Die BKK ProVita handelt klimaneutral. Dazu erstellt sie seit 2016 regelmäßig einen CO_2-Fußabdruck und neutralisiert ihre Emissionen durch die Förderung von Umweltschutzprojekten mit Gesundheitsbezug. Gleichzeitig reduziert sie ihren CO_2-Ausstoß unter anderem durch Reduzierung von Flugreisen, Homeoffice-Lösungen, Nutzung von Ökostrom und Elektroautos.

Sie fördert Artenvielfalt durch die Ansaat einer Wildblumenwiese bei der Hauptverwaltung und durch Blühpatenschaften als Werbeprämie für neue Mitglieder.

Sie setzt sich für pflanzliche Ernährung ein und klärt über deren Vorteile für Gesundheit und Umwelt auf.

Sie verwendet Umweltschutzpapier und ungiftige Toner. Die meisten Toner sind so giftig, dass man das Papier danach nicht mehr recyceln kann. Die von ProVita verwendeten Materialien sind gut zu recyceln.

Ernährungswegweiser für Krankenhäuser und andere Gesundheitseinrichtungen

Die BKK ProVita hat bereits drei Gemeinwohl-Berichte verfasst und sich dem externen Audit der Gemeinwohl-Ökonomie gestellt. Wie ist es dazu gekommen?

Andreas Schöfbeck erzählt von der Erfahrung, die alles änderte: *„Früher war ich ein ganz normaler Manager, der die Kostenoptimierung im Fokus hatte. Ich habe eine typische Krankenkassen-Karriere mit der typischen Ausbildung hinter mir, ich war vorher schon zwanzig Jahre bei einer anderen Krankenkasse. Meine schwere Herzkrankheit 2003 war letztlich ein Glücksfall, denn sonst wäre ich weitergerannt wie vorher und wahrscheinlich nicht mehr am Leben. Danach habe ich mich viel mit Gesundheit von Menschen befasst und meine eigene Ernährung geändert. Ich habe gelesen, dass sich in den Herzkranzgefäßen auch Arteriosklerose zurückbilden kann und habe meine Ernährung auf vegan umgestellt. Mit der Neuausrichtung und Umfirmierung in BKK ProVita im Jahr 2014 und einer daraufffolgenden dreiwöchigen Auszeit ist mir mit Unterstützung meiner Frau Petra bewusst geworden, dass ich Grenzen verschieben kann. In der Wissenschaft ist so viel schon bekannt ... Da habe ich mir zur Aufgabe gemacht, dazu beizutragen, dass die Allgemeinheit mehr Zugang zu all dem bekommt."*

Über den Autor
Bernhard Oberrauch
Architekt, Baubiologe, Bauphysiker, GWÖ-Auditor und -Berater, Redaktions-Mitglied AK Gemeinden, Mitglied des Vorstandes im Dachverein für die Gemeinwohl-Ökonomie in Italien

Am Anfang hatte Andreas ein paar gute Ideen, aber noch kein Konzept. Dann lernte er Helmut Lind kennen, den Vorstandsvorsitzenden der Sparda-Bank München e.G. Der erzählte ihm von der Gemeinwohl-Ökonomie, und ihm war rasch klar, dass sie ein geeignetes Instrument für die BKK ProVita ist. Besonders hat ihm gefallen, dass sie durch ihren Fragenkatalog Impulse gibt und Veränderungen anstoßen möchte. *„Und so ist eines nach dem anderen entstanden."*

Aktuell feiert Andreas Schöfbeck sein vierzigjähriges Dienstjubiläum. Gefragt, welche Wünsche er äußern würde, wenn ihm in einer Lichtung im dunklen Wald eine gute Fee begegnen würde, sagt er: *„Das, was ich bei der BKK ProVita mache, sollte sich als Standard in ganz Deutschland etablieren."* Nach einem längeren Gespräch äußerte er noch einen zweiten Wunsch: *„Möglichst viele Menschen sollen reflektieren und erkennen, dass dringend Veränderungen nötig sind. Sie sollen eine andere Einstellung zur Gesundheit und zur Umwelt erlangen und entsprechend handeln. Bei vielen meiner Mitarbeiter*innen hat sich schon viel verändert – wo am Anfang Skepsis war, ist jetzt Unterstützung."*

Nachhaltigkeit ist kein Müsli

Die international agierende ensian group und elobau Stiftung mit Sitz in Leutkirch agiert unter der Marke **elobau**.

Das Unternehmen fertigt moderne Steuerungs- und Mess-Systeme durch Einsatz berührungsloser Sensorik, ist in 38 Ländern vertreten und beschäftigt weltweit rund 950 Mitarbeiterinnen und Mitarbeiter.

www.elobau.com

Wie es bei elobau mit dem Wandel anfing

Für Michael Hetzer, den Geschäftsführer von elobau, war schon 2009 klar, dass der Klimawandel in vollem Gange ist. Nicht nur, dass der Schnee im Allgäu jedes Jahr weniger wurde – es gab viele Anzeichen. *„Ich musste etwas tun. Gerade als Unternehmer hat man Hebel in der Hand, um Dinge zu bewegen."* Dabei ging es ihm nicht darum, dem Unternehmen einen grüneren Anstrich zu verpassen oder hier und da ein paar Einzelmaßnahmen zu ergreifen. Es ging um eine Neuausrichtung des Unternehmens in allen Facetten.

Alles kommt auf den Prüfstand

Heute wird Nachhaltigkeit bei elobau auf jede Tätigkeit, jede Ressource und jedes Produkt bezogen. Es geht darum, dem ökonomischen, ökologischen und sozialen Kreislauf nur so viel für das unternehmerische Handeln zu entziehen, wie man ihm an anderer Stelle wieder zuführt. Dieses ganzheitliche Konzept ist inzwischen tief in der Unternehmens-DNA verwurzelt. Und auch weiterhin wird intensiv daran gearbeitet, Prozesse in den verschiedenen Unternehmensbereichen immer wieder kritisch zu reflektieren und zu verbessern.

Die Hightech-Produkte von elobau berücksichtigen die Aspekte Ergonomie, Effizienz, Langlebigkeit und Sicherheit. Jedes Produkt wird von der Entwicklung an nachhaltig geplant. Das Unternehmen untersucht Materialkonzepte, alternative Werkstoffe und Konstruktionsmethoden und setzt ein, was die Nachhaltigkeit verbessert. Im hauseigenen Prüflabor werden Umwelteinflüsse simuliert, um so eine möglichst lange Lebensdauer der Produkte zu gewährleisten: Nicht weniger als 20.000 Betriebsstunden müssen es sein. Das entspricht einer Lebensdauer von etwa zehn Jahren.

elobau verzichtet bewusst auf alle gefährlichen und giftigen Stoffe in Produkten und beobachtet konstant, ob weitere Materialien als problematisch (nach den gesetzlichen Verordnungen zum Umgang mit Gefahrstoffen) eingestuft werden.

Die Sensoren von elobau helfen beispielsweise, Düngemittel und Saatgut zu reduzieren und damit bei gleichem, bei Düngemitteln sogar höherem Nutzwert Ressourcen zu sparen. Das führt zu einer geringeren Belastung von Böden und Trinkwasser mit Nitrat. Ihre Basistechnologie ist per se langlebig, da sie ganz ohne Versorgungsspannung auskommt.

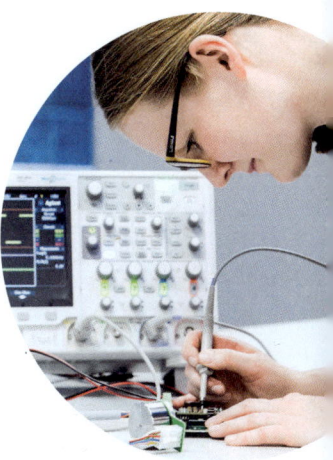

Der lange Weg vom Familienunternehmen zum Verantwortungseigentum: Alle Prozesse im Unternehmen werden in Bezug auf ganzheitlich nachhaltiges Handeln immer wieder kritisch reflektiert und verbessert.

Die Teile sind modular gestaltet und trennbar. Das ermöglicht Reparaturen und eine Wiederverwertung nach Sorten. Vor allem Teile mit hohem Verschleiß werden so entwickelt, dass sie austauschbar sind. Produkte werden in der Regel verschraubt und nicht vergossen (verklebt). elobau bietet auch standardisierte Einzelteile, was nicht nur Energie und Ressourcen schont, sondern den Kunden auch teure Wiederanschaffungen erspart. Ersatzteile können zwischen zehn und zwanzig Jahre lang nachgeliefert werden. Auch das Recycling ist unkompliziert.

Apfelleder statt Plastik
2019 führte elobau die branchenweit erste modulare Armlehne aus biobasierten, also erdölfreien Kunststoffen und *„Apfelleder"* (aus Überresten der Apfelverwertung) erfolgreich ein. Sie wird als

Steuerungskonsole in Traktoren genutzt. Gerne hätte die Geschäftsführung für dieses Projekt Kooperationspartner aus der Industrie gewonnen, aber es gab kein Interesse. Bei der Entwicklung kooperierte elobau mit dem Institut für Biokunststoffe und Bioverbundwerkstoffe. Die Armlehne steht sowohl funktionell als auch in ihrer Langlebigkeit einer konventionell gebauten in nichts nach.

Inzwischen werden alle Produkte des Unternehmens klimaneutral gefertigt. Das Unternehmen setzt auf selbst erzeugte, erneuerbare Energien und gewinnt mehr Strom, als es verbraucht. So wird der Großteil der vermeidbaren Treibhausgas-Emissionen reduziert. Darüber hinaus bilanziert elobau sämtliche Emissionen nach dem Greenhouse Gas Protocol, dem führenden internationalen Bemessungsstandard, und zwar entlang der gesamten Wertschöpfungskette. Das bedeutet, dass elobau auch diejenigen Emissionen betrachtet, die bei Zukaufteilen, Transporten, aber auch beispielsweise durch die Mitarbeitermobilität entstehen. Die in der Klimabilanz verbleibenden Treibhausgas-Emissionen kommen größtenteils aus der vorgelagerten Wertschöpfungskette. Diese unvermeidbaren Emissionen werden vollumfänglich kompensiert.

elobau war 2016 in der Kategorie der mittelgroßen Unternehmen mit 500 bis 5.000 Beschäftigten für den Deutschen Nachhaltigkeitspreis nominiert. Damit zählt es zu den Top 5 der nachhaltigsten, mittelgroßen Unternehmen in Deutschland.

elobau ist der Überzeugung, dass eine intakte Ökologie und eine sozial ausgewogene Gesellschaft die Grundlage für einen langfristigen wirtschaftlichen Erfolg sind. Man steht hinter der Forderung der Gemeinwohl-Ökonomie, dass Geld und Märkte den Menschen dienen sollen und nicht umgekehrt. elobau hat sich zum Ziel gesetzt, in jeder Hinsicht nachhaltig zu sein, und das in einer Branche, die dem Prinzip Nachhaltigkeit traditionell eher reserviert gegenübertritt. „Das können wir uns nicht leisten!", bekam Hetzer von anderen Unternehmen zu hören, als er sein Konzept auf Einladung des Verbands der deutschen Maschinen- und Anlagenbauer vor Kollegen darstellte.

Umso mehr hat Michael Hetzer sich gefreut, als einige Kollegen nach seinen vielfältigen Vorträgen auf ihn zukamen und sagten: *„Ich mache jetzt auch was! Ich habe einen Nachhaltigkeitsmanager eingestellt ..."* Deshalb arbeitet er an einem Konzept, das seine Unternehmerkollegen auf ihrem Weg zu mehr Nachhaltigkeit unterstützen soll.

Die Selbstenteignung

Zum Gesamtkonzept der Nachhaltigkeit gehört für ihn auch die Eigentumsfrage. Eintausend Menschen arbeiten für das Unternehmen –, warum soll es nur einem gehören? Aber es war nicht nur diese Logik, die zu seinem Entschluss führte, *„quasi sich selbst zu enteignen".* Emotional bewegt hat ihn eine Aussage seines jüngsten Sohnes, damals acht Jahre alt: *„Wenn mein Bruder das nicht macht, muss ich das ja machen. Es ist ja ein Familienunternehmen."* Gemeint war die Unternehmensführung – und es klang nicht sehr glücklich. Hetzer hatte diesen Druck früher selbst gespürt, und er wollte ihn seinen Kindern nicht antun.

Er hätte sein Unternehmen leicht verkaufen können, wöchentlich fragten Investoren aus aller Welt nach. Aber das kam für Michael Hetzer nicht infrage. Stattdessen überführte er elobau 2016 in ein Doppelstiftungsmodell. Die Stiftungslösung garantiert die Selbstständigkeit des Unternehmens für alle Zeit, das heißt, es kann nicht verkauft werden. Zehn Prozent des Gewinns fließen an die gemeinnützige elobau-Stiftung, die mit dem Geld Projekte in den Bereichen Umweltschutz, Bildung und Integration entwickelt oder unterstützt. Die Entscheidungen im Unternehmen werden im Idealfall durch viele Unternehmer*innen im Unternehmen, nämlich die Mitarbeiter*innen, getroffen. Der Beirat der Stiftung dient als Sparringspartner der Geschäftsführung und der Mitarbeiter*innen, entscheidet bei großen Investitionen mit und setzt die Geschäftsführer ein und ab.

Michael Hetzer
Geschäftsführer elobau

Er hatte es sich ganz einfach vorgestellt, eine Stiftung zu gründen. *„Man vergibt einen Auftrag an einen Experten, und spätestens nach einem Jahr ist der Antrag durch ..."* Doch die Verhandlungen mit den Behörden zogen sich über sechs Jahre. Eigentlich wollte er nur sein Unternehmen den Menschen, die darin arbeiten, und der Region sichern. Es dem *„Turbokapitalismus"* entziehen und in Verantwortungseigentum überführen. Aber etwas anderes als Gewinnorientierung für wirtschaftlich tätige Unternehmen kennt das deutsche Recht nicht. Inzwischen gibt es zwar viele Unternehmen, die nach einer anderen Sinnhaftigkeit streben, als Profit zu machen – aber es wird ihnen noch immer verwehrt oder schwer gemacht.

Die gemeinnützige elobau Stiftung hält 99 Prozent der Anteile an der elobau-Gruppe, die Hetzer Stiftung ein Prozent. Bei den Stimmrechten verhält es sich genau umgekehrt, die gemeinnützige elobau Stiftung hat ein Prozent, die Hetzer Stiftung 99 Prozent der Stimmrechte.

Mithilfe mehrerer Experten konnte er schließlich eine Lösung finden, die darin lag, dass zwei Stiftungen gegründet wurden: eine Unternehmens- und eine Familienstiftung. Erst nach der Gründung kam er mit Armin Steuernagel in Berührung, dem Mitbegründer der Purpose Stiftung und unermüdlichen Lobbyisten für die Möglichkeit einer anderen Rechtsform für sinnhaftes Unternehmertum. Purpose-Unternehmen gehören sich selbst und ihr Ziel ist es, einen sinnhaften Zweck zu verfolgen, der der Gemeinschaft nutzt. Dafür gibt es bisher noch keine entsprechende Rechtsform. Immerhin stammt das GmbH-Gesetz noch aus der Kaiserzeit! Um anderen Unternehmen den Weg leichter zu machen, engagiert sich Hetzer in der Purpose-Bewegung.

Mithilfe dieser Doppelstiftung können auch die Bereiche Bildung, Integration und Nachhaltigkeit gefördert werden. Es wurden bereits viele Projekte angestoßen. So wird das Gymnasium in Leutkirch dahingehend gefördert, dass neue Lehrmethoden ausprobiert werden, weg vom Frontalunterricht. Dafür hat die Stiftung in ganz Deutschland und auch in den angrenzenden deutschsprachigen Ländern recherchiert, um eine geeignete Form zu finden, Kinder früh in Selbstverantwortung zu bringen und gleichzeitig den Unterricht so zu konzipieren, dass Schule den Kindern Spaß macht und weniger Druck aufbaut. Das Urteil der Kinder fällt sehr klar aus: *„Wir wollen es uns gar nicht mehr anders vorstellen!"*

„Anstrengend war es schon ..."

Die neue Rechtsform geht auch mit einer sich verändernden Unternehmenskultur einher. In einer Mitarbeiterbefragung hatten viele Beschäftigte ihre Unzufriedenheit mit dem Entlohnungssystem geäußert. In der Tat war es intransparent und wurde von vielen auch als ungerecht wahrgenommen. Die Erwartung war zunächst, dass die Geschäftsleitung ein neues, besseres System ausarbeiten möge. Doch die Geschäftsführung spielte den Ball zurück: Freiwillige aus der Produktion nahmen das neue Entlohnungssystem in die eigenen Hände. Das Ergebnis hat alle gestärkt und ihnen sowohl mehr Selbstvertrauen als auch Vertrauen zu *ihrem* Unternehmen gegeben.

Auch Silke Sulzer, Feinmechanikerin in der Produktion, hatte sich als Freiwillige gemeldet. *„Zuerst fiel es mir schwer, als ‚Kleine' mit den ‚Großen' zu sitzen und zu reden. Aber dann habe ich doch gemerkt, dass ich was bewegen kann."* Sie hat sich daran gewöhnt, frei sagen zu können, was sie denkt, und mitzuhelfen, neue Wege zu gehen: *„Früher ging beim Lohn viel mit ‚Nasenfaktor' und ‚wer mehr schleimt, der kriegt mehr'."* Auch über die Verteilung einer jährlichen Prämie wurde debattiert. Sie ist stolz darauf, dass jetzt die Jahresprämie nicht mehr nach dem Jahresbrutto berechnet wird, sondern pro Kopf. *„Schließlich tun alle was dafür, dass der Umsatz gemacht wird!"* Rückblickend sagt sie über den ganzen Prozess: *„Aber anstrengend war es schon …"*

Und Michael Hetzer? Wie schafft er es, all die selbst gestellten Aufgaben zu bewältigen? Hat er nicht manchmal Zweifel, dass es ihm zu viel wird? *„Nein, dazu bin ich angetreten. Aber die Probleme sollen möglichst dort gelöst werden, wo sie entstehen, und ich habe mir Freiräume geschaffen, ohne das geht es nicht."*

Über die Autorin
Gitta Walchner
Nach einer zehnjährigen Tätigkeit als Schauspielerin und einem Studium der Betriebswirtschaft arbeitete sie in verschiedenen Unternehmensberatungsfirmen, u.a. sieben Jahre bei KPMG. Seit 2011 engagiert sie sich für die Gemeinwohl-Ökonomie und ist seit 2012 Auditorin der GWÖ.

Die elobau Nachhaltigkeitsbroschüre hat eine klare Botschaft: Für Nachhaltigkeit, die wirksam ist, braucht es ein Gesamtkonzept.

Es ist schon manchmal zach. Aber im Endeffekt rentiert sich das Ganze

Der Weg von Kirchanschöring zur ersten GWÖ-bilanzierten Gemeinde in Deutschland

„Viele Kubikmeter Beton verbaut, viele Laufmeter Straße gebaut und möglichst viel Geld auf dem Rücklagenkonto. Dann ist man eine erfolgreiche Gemeinde. Was man letztendlich für die Leute vor Ort gemacht hat, an sozialer Infrastruktur oder Ähnlichem, das ist mit den gängigen Mitteln ganz schlecht messbar."

Das sagt Hans-Jörg Birner, seit 2008 Bürgermeister der Gemeinde Kirchanschöring, auf die Frage, warum er für seine Gemeindeverwaltung eine Gemeinwohl-Bilanz erstellt hat. Gemeinsam mit meiner Kollegin Isabella Klien habe ich Kirchanschöring im Jahr 2018 durch den Bilanzierungsprozess begleitet. Für diesen Text bin ich zwei Jahre später wieder hingefahren und habe Interviews mit einigen Beteiligten geführt: Mit dem Bürgermeister, mit Mitarbeiter*innen der Gemeinde, mit Bürger*innen und Lieferanten. Sie erzählen hier gemeinsam mit mir das Warum und Wozu, das Wie und mit wem, das *„Großartig!"* und das *„Ah, geh!"*.

Kirchanschöring ist ein Ort mit gut 3.400 Einwohner*innen im oberbayrischen Landkreis Traunstein. Die Kommune hat schon seit Jahren ein nachhaltiges Gemeindeentwicklungskonzept; Flächenbedarf, soziale Strukturen im Ort, regionales Wirtschaften und dergleichen sind hier schon länger ein Thema. Hans-Jörg Birner ist – wenig überraschend für eine ländliche Gemeinde in Bayern – von der CSU. Die CSU hat mit sechs von sechzehn Sitzen auch die Mehrheit im Gemeinderat, dicht gefolgt von der *Freien Wählergemeinschaft* mit fünf Sitzen. Die Entscheidung, eine Gemeinwohl-Bilanz für die Gemeindeverwaltung zu machen, hat er als Bürgermeister allein getroffen, aber er wurde dabei von allen Parteien in der Gemeindevertretung unterstützt.

Hans-Jörg Birner
Bürgermeister Kirchanschöring

„Ich weiß, woanders ist das anders. Da kommt man sehr schnell in die Diskussion Kommunismus und ähnliches. Diesen Leuten muss man erklären, was da dahintersteckt, und sie vielleicht daran erinnern, welche Aufgaben die Kommunen laut Verfassung haben. Die GWÖ-Bilanz ist eine Darstellung nach außen, wie eine Kommune ihre verfassungsmäßige Aufgabe erfüllt – nichts anderes."

In der Tat kommt der Begriff Gemeinwohl in der Bayerischen Verfassung von 1946 recht häufig vor: *„Die gesamte wirtschaftliche Tätigkeit dient dem Gemeinwohl"* heißt es da beispielsweise im Artikel 151(1).

So weit, so gut. Die politischen Akteur*innen waren also leicht überzeugt. Tatsächlich umsetzen mussten den Prozess aber der Bürgermeister und die Mitarbeiter*innen der Gemeindeverwaltung. Im November 2017 fand der erste GWÖ-Workshop mit dem Projektteam in Kirchanschöring statt. Da stießen wir als Berater*innen durchaus auch auf Skepsis. Michaela Stockhammer ist seit über vierzig Jahren in der Gemeinde tätig:

Michaela Stockhammer
Verwaltungsmitarbeiterin im Bereich Sozialwesen

„Ich war zu neunzig Prozent negativ eingestellt, muss ich sagen. War ich! Es gibt ja manchmal Projekte, die so zach sind und dann im Sande verlaufen. Das haben wir schon alles gehabt, das habe ich schon alles mit durchgezogen. Da hab ich dann gesagt: Ewig schade um die Zeit."

Zuerst galt es also, den Teilnehmer*innen nahezubringen, was Gemeinwohl-Ökonomie überhaupt ist, und was da mit Bericht, Matrix und Bilanzierung auf sie zukommt.

„Weil ich viele Ideen umsetzen will, ist meine Verwaltung vielleicht ein kleines bissl leidgeplagt, weil sie immer wieder mit neuen Situationen konfrontiert werden. Und jetzt schon wieder was Neues. Da hat man dann viel Überzeugungsarbeit leisten müssen: Was ist das überhaupt, was bringt uns das? Und da haben sie gesehen, das kann ja auch eine Chance sein, ihre Ideen, die der Bürgermeister nie so recht hören wollte, einzubringen. Aus den größten Skeptikern wurden richtige Fans."

Hans-Jörg Birner
Bürgermeister Kirchanschöring

In einem GWÖ-Bericht werden alle Bereiche dargestellt, die in der Gemeindeverwaltung eine Rolle spielen, die also auch im Rechnungsabschluss aufscheinen. In der GWÖ-Matrix wird die Berücksichtigung der Werte Menschenwürde, Solidarität, ökologische Nachhaltigkeit, soziale Gerechtigkeit, demokratische Mitbestimmung und Transparenz in Bezug auf die jeweilige Berührungsgruppe, zum Beispiel Lieferant*innen, Mitarbeiter*innen, Bürger*innen, dargestellt. Das hörte sich nach viel Arbeit an, und die war es dann auch. Es wurden beispielsweise für die Berührungsgruppe Lieferant*innen alle Betriebe angeschrieben, um deren wertegeleitetes Handeln zu erfragen. Der Saliterwirt, das Wirtshaus in Kirchanschöring, hat auch so einen Brief bekommen – was wurde denn da gefragt?

„Wo wir das Zeug kaufen, ob das jetzt aus der Region ist und ob da nicht Leute ausgebeutet werden. So was wird da gefragt. Wir kaufen eh alles in der Region, was halt möglich ist. Südfrüchte gibt es bei uns nicht, da wird halt dann geschaut, dass man so zertifiziertes Zeug zukauft."

Michael Steinmassl
Bio-Gemüsebauer

„Ich bin Lieferant der Gemeinde, die schenken von uns Geschenkkörbe her und so weiter. Und ich bin aufgefordert worden, meinen Betrieb zu beschreiben aus der Sicht der Gemeinwohl-Ökonomie: Also wie beziehe ich Waren und wie gehe ich mit Mitarbeitern um und so weiter."

Leider waren nicht alle Lieferanten so kooperationsbereit, den Fragebogen zu beantworten – oder jedenfalls nicht ohne mehrfache Nachfrage. Manche waren auch einfach nur genervt. Nicht so der Bio-Michi:

„Nein, ich habe es spannend gefunden, sich einmal intensiv mit dem Thema auseinanderzusetzen. Man weiß ja viel selber und entscheidet auch meistens richtig, aber wenn man mal versucht, das so zu beleuchten, das schadet nicht. Und ich habe dieses Schreiben auch auf unserer Homepage veröffentlicht."

Auf Basis der Rückmeldungen und internen Erhebungen wurden Punkte dafür verteilt, wie man die jeweiligen Werte bisher berücksichtigt hat, in der Arbeit mit der Berührungsgruppe Lieferant*innen. Null Punkte bedeutet gar *„nicht damit beschäftigt"*, vier Punkte heißt *„besser geht nicht"*.

Bis zum letzten von insgesamt fünf Workshops im Juni 2018 haben wir Berater*innen mit den Teilnehmer*innen für alle Berührungsgruppen durchgesprochen, wie diese zu bewerten sind, und jeweils Fragen und Schwierigkeiten geklärt. Da gab es einige:

„Also, das Allerschwierigste war die Art der Umsetzung. Es gibt ja dieses Handbuch, und das war für uns wirklich schwer zu lesen. Manche haben gesagt, da brauchen wir ja ein Fremdwörterbuch, damit wir verstehen, was da überhaupt gemeint ist. Da waren wir vielleicht zu weit weg vom Thema oder zu sehr Praktiker. Das war durchaus auch interessant, aber für die, die das dann bearbeiten mussten, war das oft sehr mühsam. Darum war es so wichtig, dass wir die Berater hatten, die dann auflösen mussten, was überhaupt gemeint ist."

Hans-Jörg Birner
Bürgermeister Kirchanschöring

Auch ich als Berater hatte manchmal meine liebe Not mit dem ersten Handbuch der GWÖ für Gemeinden. So war es teilweise sehr schwierig, Aktivitäten und Projekte der Berührungsgruppe D (Bürger*innen) oder E (Gesellschaftliches Umfeld außerhalb der Gemeinde) zuzuordnen, weil viele beide Bereiche betrafen. Die Bewertung der Gehälter macht für die Gemeinde auch wenig Sinn, weil sie Mitarbeiter*innen gesetzlich nach einem fixen Tarifvertrag bezahlen muss, da gibt es keinerlei Spielraum.

Die gute Nachricht: Im August 2020 kam ein neues Arbeitsbuch *Gemeinwohl-Bericht für Gemeinden 2.0* heraus, in das viele Erfahrungen aus Kirchanschöring eingeflossen sind. Und: Es wurde nach den Kriterien der einfachen Sprache überarbeitet und ist nun deutlich leichter verständlich.

Aber zurück zur konkreten Arbeit am Bericht in Kirchanschöring. Bewerten darf oder muss man die eigene Leistung in der GWÖ ja selbst. Das ist oft gar nicht so einfach:

Hans-Jörg Birner
Bürgermeister Kirchanschöring

„Diesen Wettbewerbsgedanken hat man erst mal rausbringen müssen. Dass ja im Grunde alles, was man an Punkten zusammenbringt, schon positiv ist. Da geht es nicht darum, auf Biegen und Brechen 783 Punkte zusammenzubringen, sondern ehrlich zu schauen, wo sind wir denn, wo stehen wir, und jeder Punkt ist ein Pluspunkt."

Anfangs skeptische Mitarbeiter*innen wie Michaela Stockhammer haben im Laufe der Arbeit auch die Freude daran entdeckt:

Michaela Stockhammer
Gemeindemitarbeiterin

„Das hätte ich mir nicht gedacht, dass das so motivierend sein kann. Wenn ich das selbst zusammengestellt habe, wo ich mir vorher gedacht habe, das weiß ich ja alles. Aber dann hab ich gesehen, Mensch, das haben wir schon gemacht und das auch, und das könnten wir eigentlich noch dazu nehmen ... Man beschäftigt sich mit der Thematik nochmal intensiver, und das wirkt sich auf alle Fälle positiv aus."

Am Ende des Prozesses stand noch das Audit, in dem die Bewertungen von einem externen Prüfer auf ihre Angemessenheit überprüft wurden. Das Audit für Gemeinden wird derzeit neu überarbeitet und so kam den Kirchanschöringern manche Detaildiskussion noch nicht ausgereift vor. Insgesamt wurde die Selbstbewertung der Gemeinde durch den Auditor noch ein wenig verbessert.

Den feierlichen Abschluss bildete dann eine Präsentation der Bilanz und des Berichtes für die Bürger*innen der Gemeinde im November 2018.

Hans-Jörg Birner
Bürgermeister Kirchanschöring

„Das war auch noch ein guter Weg, dass am Ende nicht wir, also Berater und Bürgermeister, vorne gestanden sind und die Ergebnisse vorgestellt haben, sondern dass die Mitarbeiterinnen und Mitarbeiter das selbst präsentieren durften. Für den einen oder anderen war das eine Überwindung, aber am Ende waren alle wirklich stolz."

In gedruckter Form hat der Bericht 132 Seiten und ist auf der Website der Gemeinde Kirchanschöring abrufbar. Da steckt sehr viel Arbeitszeit drin:

Michaela Stockhammer
Gemeindemitarbeiterin

„Es war manchmal auch zach. Immer wieder Zeit aufwenden und zusammensitzen; weil man ist ja eingedeckt ohne Ende, und dann soll man wieder was ausarbeiten und denkt sich, mei, eigentlich habe ich gar keine Zeit dafür. Aber im Endeffekt rentiert sich das Ganze."

Das sieht auch Bürgermeister Birner so und erzählt von Projekten, die seither entstanden sind:

„Ausgezahlt hat es sich auf jeden Fall: Bewusstseinsbildung und Motivation in der Verwaltung. Der Effekt nach außen, nicht nur innerhalb der Gemeinde, sondern in der Region. Wir haben ja auch die ‚integrierte ländliche Entwicklung', wo ich als Bürgermeister von Kirchanschöring der Vorsitzende sein darf. Das sind sieben Gemeinden, die sich für die Regionalentwicklung zusammengeschlossen haben. Da bauen wir jetzt eine Plattform auf, für gemeinsame, nachhaltige Beschaffung für die Verwaltungen.

Wir haben auch ein Regionalwerk in Gründung mit sechzehn Gemeinden, wo wir das Thema Energie zurück in die öffentliche Hand bringen wollen: Wärme, Strom, Breitband sollen die Kommunen wieder selber machen.

In Kirchanschöring selbst führen wir Bürger*innenratsprozesse ein, zur Meinungsbildung und Ideenfindung. Man merkt, dass all das durch die Gemeinwohl-Bilanzierung viel mehr Dynamik bekommen hat."

Treffen des Kirchanschöringer Bürger*innenrrats zum Thema *Ausbau der Kinderbetreuung*

Unlängst wurde auch ein Pilotprojekt mit dem Amt für ländliche Entwicklung abgeschlossen: *Anders Wohnen in Kirchanschöring*. Dabei geht es darum, vom flächenintensiven Einfamilienhaus wegzukommen. Es entstand ein neues Ortsentwicklungskonzept, und es haben sich auch zwei Baugruppen gefunden. Das Nachfolgeprojekt *Resiliente Siedlungsentwicklung* ist bereits gestartet. Gerade dieses Thema ist wohl in allen Gemeinden hochsensibel und viel diskutiert. Sophia Reitschuh ist Mutter von zwei kleinen Kindern und wohnt in Kirchanschöring:

„Wir sind aktuell eine Familie, die auf Grundstückssuche ist, und es gibt ja das Projekt „Anders Wohnen", wo man versucht, Flächen zu sparen. Man weiß, das ist richtig, dem Flächenfraß entgegenzuwirken, aber eigentlich möchte man doch seine 600 Quadratmeter Grund mit seinem Einfamilienhäuschen darauf haben. Das ist echt schwierig. Uns gefällt es in Kirchanschöring und wir möchten auch gerne dableiben, aber man wird vielleicht als junge Familie dadurch gezwungen wegzuziehen. Andere Gemeinden stellen im Jahr vierzig bis fünfzig Parzellen zur Verfügung, für junge Familien. Die Leute, die das entscheiden, haben ihr Haus und ihren Garten. Da ist es einfach zu sagen, die anderen müssen jetzt damit zurechtkommen, dass nicht mehr so viel Fläche zur Verfügung gestellt wird. Das sehe ich kritisch in Kirchanschöring."

Sophia Reitschuh
Bürgerin

Sophia Reitschuhs reflektierter Einwand ist absolut nachvollziehbar: Es ist eben selten etwas eindeutig richtig oder falsch, schwarz oder weiß – das gilt auch für die GWÖ. Die junge Mutter arbeitet übrigens seit zwei Jahren für die Gemeinde. Den GWÖ-Prozess 2018 hat sie aber noch als *einfache Bürgerin* mitbekommen und steht dem Ganzen sehr positiv gegenüber.

Hans-Jörg Birner ist mittlerweile Sprecher der Bürgermeister*innen im Landkreis Traunstein geworden und in wichtigen Gremien vertreten. Sehr häufig ist er eingeladen, um bei regionalen und überregionalen Veranstaltungen über seine Erfahrungen mit gemeinwohlorientierter Gemeindearbeit zu berichten. Es gibt inzwischen mehrere GWÖ-zertifizierte Gemeinden in Deutschland, und die meisten davon haben sich vorher in Kirchanschöring umgehört. Was rät Herr Birner denn aus seiner Erfahrung einer Bürgermeisterin oder einem Gemeinderat, die sich für die Gemeinwohl-Ökonomie interessieren?

Hans-Jörg Birner
Bürgermeister Kirchanschöring

„Die Erwartungshaltung erst einmal nicht zu hoch zu schrauben. Die GWÖ bildet nur ab, wie die Situation ist, und zeigt Chancen auf. Das ist ein jahrzehntelanger Prozess, man muss geduldig sein. Die GWÖ ist ein Anfang, eine Chance, das Thema ins Bewusstsein zu bringen und die richtigen Fragen zu stellen. Am Ende brauche ich dann auch ein Gemeindeentwicklungskonzept, das alle Aspekte integriert."

Was bringt eine GWÖ-Bilanz für die Gemeinde?

➡ Eine Darstellung nach außen, wie eine Kommune ihre verfassungsmäßige Aufgabe erfüllt.

➡ Bewusstseinsbildung und Motivation für alle Mitarbeiter*innen: Über Sinn und Werte von Entscheidungen nachzudenken und dann Handlungsanleitungen zu entwickeln, bringt Wertschätzung und Selbstwirksamkeit.

➡ Neue Dynamik für komplexe Aufgabenstellungen wie z.B. resiliente Siedlungsentwicklung

➡ Vorarbeit für die Erstellung eines Gemeindeentwicklungskonzeptes: *„Wo steh ich denn überhaupt?"*

➡ Die Gemeinde kann zum Vorbild werden, für die eigenen Bürger*innen, Unternehmen, Vereine und sonstige Institutionen im Ort, aber auch für die Region und darüber hinaus.

Für uns Berater*innen war dieser erste Gemeinde-GWÖ-Prozess auch sehr aufregend: Wir haben gehofft, dass die Idee der Gemeinwohl-Ökonomie von allen verstanden wird, und waren sehr froh, durch die ersten Beratungserfahrungen unsere Konzepte an der Realität einer Gemeinde abgleichen zu können. Wir haben viel gelernt, und jetzt, nach diesen Interviews, habe ich das herrliche Gefühl, bei etwas Großem dabei gewesen zu sein.

Das letzte Wort wollen wir Michaela Stockhammer überlassen:

„Die Geschichte hat einmal der Herr Egger erzählt, von dem Waldarbeiter, der mit der Arbeit nicht mehr nachkommt. Als man ihm sagt, dass er ja keine scharfe Schneide an seinem Werkzeug hat, meint er: ‚Ich komme ja vor lauter Arbeit nicht dazu, sie zu schärfen.' Ja und da wird's mühsam, man ist in so einem Dreh drinnen, man muss das machen und das machen und das machen, aber dass man das Messer auch ab und zu schärfen muss und sich die Zeit nehmen muss, um das zu tun, das ist das A und O. Und das vergesse ich nicht mehr."

Über den Autor
Kurt Egger ist selbstständiger Bautechniker in Seekirchen am Wallersee und mit seinem Betrieb seit 2012 extern auditiert. Seit 2015 ist er als GWÖ-Berater zertifiziert und aktives Mitglied im Arbeitskreis Gemeinden, der sich mit der Erstellung und Aktualisierung des Handbuchs für Gemeinden befasst. Seit 2019 ist er als Gemeindevertreter für die Liste *Lebenswertes Seekirchen* aktiv.

Aus den Interviews in Kirchanschöring, die Eva Schmidhuber von der *Radiofabrik – Freier Rundfunk Salzburg* aufgezeichnet hat, ist auch eine Radiosendung entstanden. Die Sendung ist unter diesem Link online nachhörbar: https://cba.fro.at/475437

Eine Bank geht neue Wege

Finanzbranche

Raiffeisenbank Lech am Arlberg eGen

1901 gegründet als Genossenschaftsbank

524 Mitglieder

353 Mio. Euro Bilanzsumme

49,5 Mio. Euro Eigenmittel

3,38 Mio. Euro Ergebnis der gewöhlichen Geschäftstätigkeit

719 Mio. Euro Kundengeschäftsvolumen

27 Mitarbeiter*innen

60 % Frauenanteil

43 Jahre Durchschnittsalter

17 Dienstjahre im Durchschnitt

www.lechbank.com

Es war der 29. September 2012, und hier oben in Lech am Arlberg waren die Morgen bereits empfindlich kühl. Eine Gruppe Menschen stand bei Regen und Nebel vor der Raiffeisenbank Lech und wartete auf den Bus, der sie zum Kloster Marienberg in Mals (Südtirol) bringen sollte. Drei Stunden später standen alle 30 Mitarbeiter*innen der Raiffeisenbank Lech vor den weißen Klostermauern, die sich durch den grauen Nebelschleier abzeichneten. Im Kloster angekommen erwartete Günther Reifer vom *terra institute* die Gruppe und geleitete sie in den geräumigen und einladenden Seminarraum. Das Abenteuer konnte beginnen.

Im Grunde hatte der Weg dieser Gruppe schon im Frühling desselben Jahres seinen Anfang genommen. Die drei Vorstandsmitglieder und interessierte Mitarbeiter*innen der Raiffeisenbank Lech besuchten damals eine Veranstaltung im Bildungshaus St. Arbogast in Götzis/Vorarlberg mit dem ungewöhnlichen Titel „*Gemeinwohlvortrag*". Günther Reifer stellte dort das von Christian Felber initiierte neue Wirtschaftsmodell der Gemeinwohl-Ökonomie vor. Nur drei Wochen später, am 22. Juni 2012, war es fix: Die Raiffeisenbank Lech würde als erste österreichische Bank eine Gemeinwohl-Bilanz schreiben.

Kann eine Bank gemeinwohl-orientiert sein?

Der Börsencrash 2008 in den USA und die Auswirkungen auf die europäischen Banken waren damals noch nicht einmal vier Jahre her, und Bankvorstand zu sein war in diesen Tagen eine besondere Herausforderung. Das Image der Banken war angeschlagen, das Vertrauen in die Finanzwelt schwer beschädigt. Die Kunden stellten unangenehme Fragen. Viele der Banker gingen damals auf Tauchstation, hofften dass alles bald vorbei sein und der Staat schon helfen würde. Aber in Lech am Arlberg, dem weltbekannten Skiort, tickten die Uhren anders. Hier arbeiteten die damaligen Vorstands-Direktoren Markus Amann, Bernd Fischer und Markus Walch daran, ihren Kunden zu zeigen, dass ihre Bank neue Wege geht.

„Begonnen hat alles mit der Auffrischung des Leitbildes. Akribisch wie Banker nun mal sind, keine Kleinigkeit, sondern ein fast zwei Jahre lang andauernder Prozess, in den alle Mitarbeiter*innen einbezogen wurden. Schlussendlich verständigte man sich auf neun Werte:

Bernd Fischer
ehemaliger Vorstand

VERTRAUEN, VERANTWORTUNG, HEIMATVERBUNDENHEIT, DISKRETION, ZUVERLÄSSIGKEIT, KOMMUNIKATION, ZIELSICHERHEIT, RESPEKT und ACHTSAMKEIT.

Schon während dieses Prozesses spürten wir, dass wir auf dem richtigen Weg waren. Es war schnell klar, dass wir weiter an unserer Wertewelt arbeiten möchten. Aber auch, dass sich diese immateriellen Werte nicht über die klassische Bilanz oder unseren Geschäftsbericht kommunizieren lassen. Also machten wir uns auf die Suche nach einem Weg, mit dem es uns gelingen sollte, unsere Werte nach außen zu transportieren."

„Durch den Gemeinwohl-Vortrag in St. Arbogast kam die Raiffeisenbank Lech mit diesem Wirtschaftsmodell näher in Kontakt. Wir haben sofort gespürt: Dieses Modell entspricht unseren Vorstellungen."

Georg Gundolf
Vorstand

Damit die Gemeinwohl-Idee nicht nur eine Vision blieb, tagten die Mitarbeiter*innen der Raiffeisenbank Lech nun im Kloster Marienberg. Es folgte eine intensive Zeit der Analyse und der kreativen Ideen. Jede Ecke der Bank wurde durchleuchtet.

„Passt das Leitbild, haben wir die richtigen Lieferanten, was macht das Geld, wenn wir es „investieren", wo kommt es her, wo geht es hin, sind unsere Mitarbeiter*innen mit ihren Arbeitsplätzen zufrieden, wissen unsere Kunden, was sie bei uns „kaufen", welche Spuren hinterlässt unsere Bank in Lech, in Vorarlberg, in Europa?"

Das waren die Fragen, mit denen sich die Mitarbeiter*innen in Workshops und Diskussionsrunden auseinandersetzten. Zu Beginn schien der Berg an neuen Aufgaben schier unüberwindlich. Durch die klare Struktur der Gemeinwohl-Matrix fand man einen gangbaren Weg. Matrix und Arbeitsbuch bildeten Landkarte und Reiseführer. Im April 2013 war es so weit: Die erste Gemeinwohl-Bilanz war fertig.

Die lange Geschichte abseits bekannter Wege

Die Raiffeisenbank Lech ist schon immer eigene Wege gegangen. Gesellschaftliche Werte standen seit ihrer Gründung im Mittelpunkt des Handelns. Schon in den Statuten von 1901 heißt es, dass *"… sich die Genossenschaft für die Stärkung und Entwicklung der heimischen Wirtschaft und des Gemeinwesens in unserem unmittelbaren Lebensraum"* einzusetzen hat. Dies ist bis heute die Mission der Raiffeisenbank Lech. Ein mutiger Schritt, denn die Finanzwelt da draußen funktioniert heute ganz anders als zu Zeiten von Friedrich Wilhelm Raiffeisen. Es geht nicht mehr darum, Not zu lindern und das Gemeinwesen zu stärken. Von der heutigen Finanzwelt wird erwartet, dass sie Rendite erwirtschaftet. Hohe Dividenden für die Aktionäre müssen her, damit der Börsenkurs steigt. Nicht langfristige Entwicklung ist das Ziel, sondern kurzfristige Gewinne. Geld bringt Geld hervor, und der Bezug zur realen Welt ist vielfach verloren gegangen.

Die Mitarbeiter*innen mussten nicht, wie sonst üblich, jene Finanzprodukte verkaufen, bei denen die Bank einen zusätzlichen Bonus bekommt. Das lehnten die Vorstände kategorisch ab. Im Vordergrund stand der individuelle Kunde mit seinen Wünschen und Bedürfnissen. Es ging den Vorständen darum, ein Instrument zu finden, mit dem man neben der klassischen Handelsbilanz, die ausschließlich monetäre Werte abbildet, auch gesellschaftliche Werte und die Unternehmensphilosophie darstellen kann.

Steinmauer – Kunstprojekt am *Grünen Ring*

Taurin – Kunstprojekt am Grünen Ring

Die Tatsache, dass die Raiffeisenbank Lech eine Genossenschaftsbank ist, die den Lecher und Warther Bürger*innen gehört, war eine gute Ausgangsbasis für die Erstellung der Gemeinwohl-Bilanz. Gewinne fließen nicht an die Eigentümer ab, sondern bleiben in der Bank und stärken somit die Eigenkapitalbasis.

Mehr Raum, mehr Zeit – für wertvolle Beziehungen
Lech am Arlberg hat sich in den vergangenen Jahrzehnten zu einer bedeutenden Tourismusdestination entwickelt, die von Gästen aus der ganzen Welt geschätzt wird. Diesen Umstand hat sich die Raiffeisenbank Lech zunutze gemacht und ihr Geschäftsfeld, durch die Etablierung eines hochqualifizierten Private Banking, erweitert.

„Unsere Gäste schätzen die Individualität, die persönliche Beziehung und die fachliche Kompetenz der Berater*innen, wenn es um die Veranlagung von Geld geht. Wir nehmen uns Zeit. So viel Zeit, wie der Kunde braucht, unabhängig vom Volumen. Eine langfristige gelungene Kundenbeziehung ist das Ziel."

*Günter Smodic
Private Banking Berater*

Kundenberater*innen erhalten keine Provisionen und haben keine quantitativen Zielvorgaben. Sie entscheiden vollkommen frei im Sinne der Bedürfnisse der Kunden. Und dennoch gibt es klare Einschränkungen, seit man sich für die Erstellung einer Gemeinwohl-Bilanz ausgesprochen hat. Aktien etwa von Rüstungsunternehmen, Glücksspielkonzernen oder der Atomenergie Industrie werden nicht mehr gehandelt. Diese Titel entsprechen nicht unserem Werteverständnis im Sinne einer ethischen Veranlagung.

„Natürlich gehen dadurch hin und wieder Geschäfte verloren. Wir stehen jedoch zu diesem klaren Bekenntnis. Meistens gelingt es uns, die Kunden von unserer Veranlagungsphilosophie zu überzeugen, und sie investieren gerne in nachhaltige, ethische Produkte. Wir verfügen über eine große Produktpalette, und auch die Kunden möchten wissen, wo ihr Geld wirkt, welche positiven Einflüsse es nimmt. Sie fragen immer öfter nach diesen Produkten."

*Georg Gundolf
Vorstand*

Gegen den Ausverkauf der Heimat

Auch im Firmenkundengeschäft ging man schon früher eigene Wege. Knapp 80 Prozent der Firmenkunden sind Hotels, Pensionen, Restaurants oder touristische Infrastrukturbetriebe, das ist der Struktur des Tourismusortes geschuldet. Da musste man schon früher kreativ sein, risikobereiter als andere Banken. Mutig und zuversichtlich statt ängstlich und zaghaft, aber nie blindlings und immer gut kalkuliert.

Aber auch hier hat man durch die Auseinandersetzung mit der Gemeinwohl-Bilanz bemerkt, dass die eigene Wertehaltung mit einigen Investitionen nicht mehr zu vereinbaren war. Besonders die immer stärker werdende Nachfrage nach Ferienwohnungen machte den Bankern Kopfzerbrechen.

Markus Walch
Vorstand

„Wir haben uns darauf verständigt, keine Ferienwohnungskäufe mehr zu finanzieren. Natürlich können wir diese Entwicklung dadurch nicht aufhalten, aber solche Geschäfte entsprechen nicht unserer Philosophie. Dadurch entgeht uns zwar einfach verdientes Geld, aber es bringt uns auch neue Kunden, die diese Haltung respektieren und genau deshalb mit uns zusammenarbeiten möchten."

Impressionen
vom *Grünen Ring*

Initiative Lebensraum Lech

Mit dieser Initiative möchte die Raiffeisenbank Lech dem Förderauftrag, der bereits in den Statuten aus dem Gründungsjahr 1901 verankert ist, Ausdruck verleihen. Hier werden Energien gebündelt, Aktionen erarbeitet, Projekte aktiv angestoßen und umgesetzt, damit die Region ein lebendiger und zukunftsfähiger Lebensraum auch für kommende Generationen bleibt. Ein beträchtlicher Teil der Gewinne fließt dadurch wieder ins Gemeinwesen zurück und weckt Interesse, auch alternative Wege einzuschlagen.

Kunstprojekt *„TÜRE"*
Jugendtür am *Grünen Ring*

„Wir sehen die Initiative Lebensraum Lech nicht als Marketingidee, sondern als ernst gemeintes, klar definiertes, gewichtiges und eigenes Geschäftsfeld. Es ist natürlich als Non-Profit-Projekt verankert, das war uns sehr wichtig! Es geht um ein klares Bekenntnis zu unserer Region. Ein Investment, dessen Gewinn die Qualitätssteigerung unseres Lebensraumes ist."

Georg Gundolf
Vorstand

Veranstaltungen und Workshops für Erwachsene und Kinder sind ein Teil davon, aber auch die aktive Mitarbeit an Projekten wie dem „Grünen Ring". Die Unterstützung von heimischen Vereinen und wertvollen Veranstaltungen für die Region. Nicht nur finanziell, sondern auch durch beträchtlichen persönlichen Einsatz durch die Mitarbeiter*innen der Raiffeisenbank Lech. Für viele einfach eine Selbstverständlichkeit, denn man hilft zusammen hier oben am Berg.

Die Initiative Lebensraum Lech wurde 2006 ins Leben gerufen und hat in den vergangenen 14 Jahren knapp 300 Veranstaltungen in den Themenbereichen Kreatives, Sport, Gemeinschaft, Handwerk, Tradition, Kulinarik und Wissenschaft generationenübergreifend organisiert oder unterstützt. Jährlich nehmen rund 700 Menschen an den Veranstaltungen und Projekten teil. Dafür nimmt die Bank pro Jahr rund 150.000 Euro in die Hand.

„Wir verstehen uns auch als offenes Kreativ-Lub und unterstützen Menschen aus Lech, Zürs und Warth bei der Umsetzung ihrer innovativen Ideen. So konnten wir schon einigen Start-ups auf die Füße helfen."

Klaudia Fischer
Initiative Lebensraum Lech

Die Summe kleiner Schritte

Am 16. Mai 2013 fand das erste Audit statt. Allen war die Anspannung anzumerken. Wird die Bewertung den strengen Kriterien des Auditors standhalten? Natürlich packte die Banker der Sportsgeist: Hier in Lech finden Weltcup-Skirennen statt. Hier werden Sieger gekürt, und Verlierer gehen geschlagen nach Hause. Andererseits wurde gerade im Zuge des Bilanzierungsprozesses klar, dass es nicht darum geht, dass die Bank viele Punkte erzielt. Es geht um das Gemeinwohl, also darum, dass alle, die Bürger*innen und die Unternehmer*innen hier in Lech, die Kund*innen aus aller Welt, aber auch die Mitarbeiter*innen, als Sieger aus dem Rennen gehen.

Nach einem intensiven Tag mit dem Auditor Christian Loy, der selbst aus der Finanzwelt kommt, stand es fest: Sie hatten gewonnen! Mit wie viel Punkten? Das stand nicht mehr zur Debatte.

Seit 2013 erstellt die Raiffeisenbank Lech nun im Zweijahresrhythmus eine Gemeinwohl-Bilanz. Immer werden möglichst alle Mitarbeiter*innen eingebunden. Die erzielten Gemeinwohl-Punkte zeigen auf, ob die Projekte, die sie sich vorgenommen haben, erfolgreich umgesetzt werden konnten.

Auch für die Mitarbeiter*innen hat sich viel verändert. Es gibt diverse gesundheitsfördernde Angebote wie einen Fitness-Check, Weiterbildungsangebote für Persönlichkeitsentwicklung, individuelle Arbeitsplatzanpassung unter der Begleitung einer Physiotherapeutin und mehr Auswahl beim gesunden Mittagessen. Jährlich erheben alle Mitarbeiter*innen ihren ökologischen Fußabdruck, wodurch der Zusammenhang zwischen persönlichem Lebensstil und Nachhaltigkeit deutlich ins Bewusstsein rückt. Die Zertifizierung der Bank zum familienfreundlichen Betrieb war ebenfalls ein wichtiger Schritt. Der Energiebedarf der Bank wurde gezielt reduziert: LED-Leuchtmittel, die Anpassung der Klimaanlage sowie die Umstellung auf Ökostrom, mit dem die Mitarbeiter*innen auch die neuen Elektrofahrzeuge für den privaten Gebrauch betanken können, halfen auf diesem Weg.

Seit 2016 findet außerdem ein über die Sektorengrenzen hinweg wertvoller Erfahrungsaustausch mit der Dornbirner Sparkasse statt, die sich ebenfalls für die Erstellung einer Gemeinwohl-Bilanz entschieden hat. In enger Zusammenarbeit wurden seither unterschiedliche Themenbereiche aufgearbeitet, Kennzahlen abgestimmt

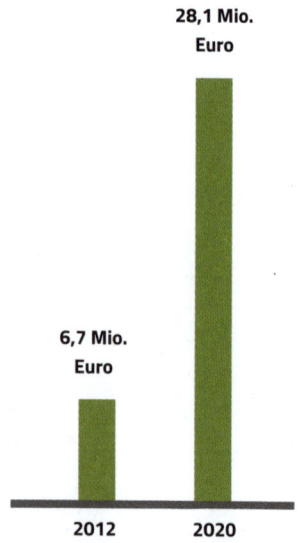

Entwicklung des Volumens nachhaltiger Veranlagungen

und die Gewichtung einzelner Aspekte definiert. Daraus entstanden sind zum Beispiel die Einführung eines Fragebogens für Finanzpartner*innen und die Erarbeitung eines Code of Conduct.

„Unseren Kunden gefällt unser Schritt. Gewinnmaximierung ist für uns kein Unternehmensziel. Unsere Entscheidungen werden am stärksten von ortsbezogenen Überlegungen bestimmt. Wir verstehen die Verpflichtung für das Gemeinwohl als Leitgedanken unseres Handelns und unserer Kommunikation, nicht als Ideologie."

Mag. Stefan Schneider
Vorstand

Was sagt das Umfeld?

„Auch wir als Aufsichtsrat stehen hinter dieser freiwilligen Selbstverpflichtung. Wir haben uns dazu bereit erklärt, den Nachhaltigkeitsgedanken einzuhalten, und versuchen, uns in diesem Rahmen ständig zu verbessern. Wir geben damit ein klares Bekenntnis zu unserer ökonomischen, ökologischen und sozialen Verantwortung ab. Dies ist für uns ein weiterer Baustein, wenn es um die nachhaltige Entwicklung unserer Region geht. Nicht vom Gesetzgeber verordnet, sondern bewusst gewählt."

Julia Huber
Aufsichtsratsvorsitzende

Die Motivation der Mitarbeiter*innen und ihre Identifikation mit dem Unternehmen ist durch die Orientierung zum Gemeinwohl gestiegen. Auch die Qualität und Intensität der Kundenbeziehungen hat sich spürbar verbessert. Klingt das nicht alles nach einem Märchen oder nach einem Luxus, den sich eben nur eine Bank leisten kann? Georg Gundolf kontert mit einer Gegenfrage: „Ist es wirklich Luxus, sich dem Allgemeinwohl zu verpflichten? Können wir es uns in Zukunft leisten, nicht so zu handeln?"

Über den Autor
Gebhard Moser
Betriebswirt, zert. Aufsichtsrat, Unternehmensberater seit 1991 (Controlling, Coaching; Strategie) seit 2015 GWÖ-Berater, lebt in Vorarlberg.

Wie der Kooperationsgeist in die Flasche kam

Lebensmittelbranche

Randegger Ottilien-Quelle GmbH
Gottmadingen-Randegg

22 Mitarbeiter*innen
20,5 Vollzeitäquivalente
keine Saison- oder Zeitarbeitende
19 Jahre durchschnittliche Betriebszugehörigkeit

www.randegger.de

Ins Tun kommen

Am frühen Morgen zwischen fünf und sechs Uhr läuft Clemens Fleischmann immer die gleiche Strecke. Er joggt zehn Kilometer für seinen Sohn und für seine Leistungsfähigkeit. Was ihn dabei *„fertig macht"*: der viele Plastikmüll, der überall herumliegt. Eines Tages beschließt er, sich nicht mehr darüber aufzuregen, dass so viel weggeworfen wird, um am nächsten Tag noch einmal daran zu verzweifeln, dass der Müll noch immer dort liegt. Er sammelt ihn jetzt auf. Nicht nur auf seiner Joggingstrecke, sondern überall, wo er hinkommt, auch im Urlaub. Aber jeden Tag liegt neues Plastik auf seinem Weg. Es zerfällt und kommt in den Boden, ins Wasser, in die Luft. Wir essen und trinken es. Es schadet der Umwelt und unserer Gesundheit.

Was ihn positiv stimmt: Es gibt immer mehr Initiativen, die sich gegen die Plastikflut engagieren, wie zum Beispiel das *Bodensee clean up*. Für diese jährliche Veranstaltung zur Reinhaltung des Bodensees sammelten 2019 über achthundert Teilnehmer*innen aus drei verschiedenen Ländern 10.415 Liter Müll von den Ufern des Bodensees. Sie bekamen Gratisgetränke von der Randegger Ottilien-Quelle. Deren Mitinhaber und kaufmännischer Geschäftsführer in vierter Generation ist: Clemens Fleischmann.

Auch in seinem Unternehmen achtet er auf einen sparsamen Umgang mit Plastik, oder er vermeidet es ganz. Für seinen Nachhaltigkeitseinsatz bekam Randegger Ottilien-Quelle 2006 den Aesculap-Umweltpreis für Umwelt und Klimaschutz – da war gerade eine Pelletsanlage installiert worden, die warmes Wasser für die Flaschenwaschmaschine produziert. Später wurde sie durch eine Photovoltaikanlage ergänzt. Für dieses Engagement gab es noch weitere Preise: 2006 den Agenda Preis der Stadt Singen, 2017 den Ethikpreis der Ethik Society, nicht nur für den Schutz der Umwelt, sondern auch für soziales und kulturelles Engagement im Bereich Jugend und Musik.

1892 kaufte die Familie Fleischmann die Ottilien-Quelle. Schon damals wurde die Glasflasche verwendet. 1995 wurde durch eine zusätzliche Bohrung die Wasserkapazität auf 561.600 Liter pro Tag erweitert. Es werden alkoholfreie Erfrischungsgetränke wie Mineralwasser, Fruchtsaftgetränke, Limonaden und Schorlen hergestellt.

Die Freiheit, nicht wachsen zu müssen
Doch das Unternehmen Randegger Ottilien-Quelle tut noch mehr: Es hat den Mut zu wirklich ungewöhnlichen Entscheidungen. Es setzt ganz bewusst nicht auf Wachstum. Obwohl Anfragen aus ganz Deutschland vorliegen, werden ausschließlich Kund*innen im Umkreis von fünfzig bis sechzig Kilometern beliefert. Das stärkt nicht nur die regionalen Wirtschaftskreisläufe, es werden dadurch auch wertvolle Ressourcen und CO_2 eingespart. Vor allem wegen des Gewichts wird ja die Ökobilanz von Glasflaschen bei längeren Transportstrecken immer schlechter – und auch die Kundenbetreuer*innen müssen auf diese Weise nur kleine Strecken zurücklegen. Selbst Anfragen aus Stuttgart wurden konsequent abgewiesen. Randegger produziert zu hundert Prozent klimaneutral, und dabei soll es auch bleiben.

Der regionale Wirtschaftskreislauf als zentraler Baustein für eine ressourcenschonende und klimaneutrale Produktion

Die Arbeitsgemeinschaft Mehrweg

Seit 2017 ist Clemens Fleischmann auch der Bundesgeschäftsführer der Arbeitsgemeinschaft Mehrweg, deren Ziel es ist, den Einwegkonsum einzudämmen. Hintergrund der Gründung ist die Einführung des Rückgabepfands für Einwegflaschen. Damit war für den Verbraucher nicht mehr ersichtlich, ob es sich um eine Mehrweg- oder Einmalflasche handelte. Mehrwegsysteme seien ökologisch sinnvoll, egal, ob es sich um Glas oder PET handle, sagt Katharina Istel, Referentin für nachhaltigen Konsum beim Naturschutzbund Deutschland (Nabu). Betrachtet man allerdings die Studien aus dem Plastikatlas 2019, so zeigt sich die Gefährlichkeit von Plastik in unserer Nahrungskette und der zunehmenden Vermüllung der Meere: Der Recyclinganteil der Mehrwegflaschen aus Plastik beträgt nur 30 Prozent.

Um die Mehrwegflasche für den Verbraucher besser erkennbar zu machen, wurde das Mehrwegzeichen eingeführt. Ein weiteres Ziel der AG ist es, die in der Verpackungsverordnung eigentlich gesetzlich vorgeschriebene Mindestmehrwegquote von 70 Prozent wieder zu erreichen. Momentan ist sie auf gut die Hälfte dieses Zieles zusammengeschrumpft. Eine Lenkungsabgabe für Einweg, wie sie Umweltminister Trittin einst in Aussicht gestellt hatte, ist nie umgesetzt worden.

Fleischmann zur Seite steht Tobias Bielenstein, der Geschäftsstellenleiter der Arbeitsgemeinschaft Mehrweg. Auf die Frage, wie es denn zur Einführung der Mehrwegflasche kam, antwortet er: *„Diese Frage ist falsch gestellt. Vielmehr muss man fragen, wie überhaupt jemand auf die irrsinnige Idee kam, eine Verpackung nach einmaligem Gebrauch wegzuschmeißen!?"*

Tobias Bielenstein kann sich nicht erinnern, wann er das Thema Nachhaltigkeit für sich entdeckt hat. Es hat ihn immer begleitet. Auch während seines Politikstudiums, als er 1992 während eines einjährigen Aufenthalts in Jakarta von der UNESCO den Auftrag bekam, ein Schulungsprogramm für Nachhaltigkeit für Journalisten zu entwickeln und durchzuführen. Auch damals ging es schon um die gleichen Themen wie heute: Abfallvermeidung, Müllexporte, Klimaschutz, Insektensterben und Wasserhaushalt.

Zwischen den Jahren 1950 und 2015 wurden weltweit 8,3 Milliarden Tonnen Plastik produziert. Das entspricht mehr als einer Tonne pro Mensch, der heute auf der Erde lebt. Den allergrößten Teil machen Einwegprodukte und Verpackungen aus.

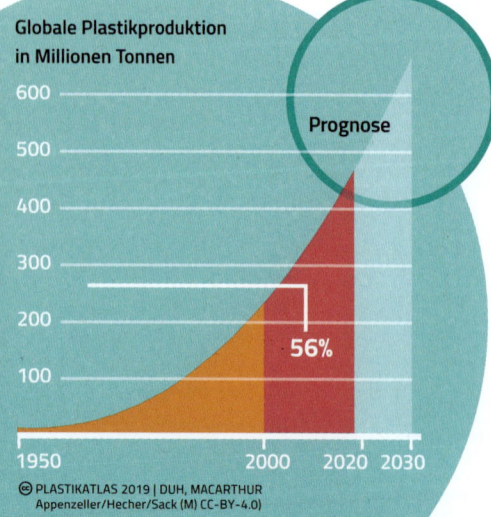

Globale Plastikproduktion in Millionen Tonnen

PLASTIKATLAS 2019 | DUH, MACARTHUR
Appenzeller/Hecher/Sack (M) CC-BY-4.0

Manchmal sei es schwer auszuhalten, dass alles so langsam gehe. Das Wissen um die ökologischen Zusammenhänge sei ja lange bekannt. Tobias Bielenstein kann die FridaysFor-Future-Bewegung gut verstehen, die den verantwortlichen Generationen Versagen vorwirft. Aber man muss Realist sein, sagt Bielenstein, *„Es dauert seine Zeit".*

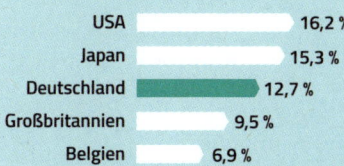

Die Top 5 der globalen Plastikmüllexporteure zwischen Januar und November 2018

- USA 16,2 %
- Japan 15,3 %
- Deutschland 12,7 %
- Großbritannien 9,5 %
- Belgien 6,9 %

PLASTIKATLAS 2019
Appenzeller/Hecher/Sack (M) CC-BY-4.0

Nicht einmal zehn Prozent des jemals produzierten Kunststoffes sind recycelt worden. Der Verbrauch konzentriert sich auf wenige Länder und Weltregionen wie China, Nordamerika und Westeuropa. Die Deutschen wären gern Recycling-Weltmeister. Das ist bisher aber nur Wunschdenken. Von den 2017 angefallenen 5,2 Millionen Tonnen wurden gerade mal 15 Prozent (810.000 Tonnen) wiederverwertet. Solche Abfälle enthalten tendenziell eine Vielzahl von Materialien, chemischen Zusätzen und Farbstoffen, die das Recycling nahezu unmöglich machen. Nicht recycelbare Kunststoffabfälle wurden in China in Müllverbrennungsanlagen, auf Mülldeponien oder wilden Müllkippen entsorgt und verschmutzten auf diese Weise die Umwelt. Das Ausmaß dieser ökologischen und sozialen Folgen veranlasste China, die Müllimporte strikter zu regulieren. Die Folge war eine drastische Verschiebung der Plastikmüllströme in andere Länder. Seit China im Jahr 2018 den Importstopp für Plastikmüll verhängt hat, wird mehr in Malaysia entsorgt.

Kunststoffverpackungsabfälle
in Tonnen pro Jahr

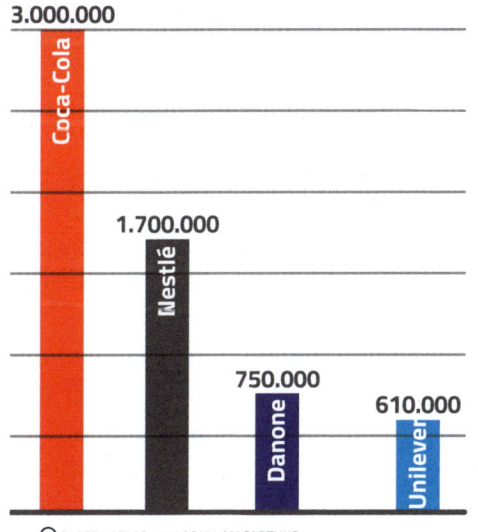

- Coca-Cola: 3.000.000
- Nestlé: 1.700.000
- Danone: 750.000
- Unilever: 610.000

PLASTIKATLAS 2019 | DUH, MACARTHUR
Appenzeller/Hecher/Sack (M) CC-BY-4.0

Coca-Cola produziert pro Jahr 88.000.000.000 Einwegflaschen aus Plastik.

31x 13x bis zum Mond,

88 Milliarden Flaschen reichen aneinandergereiht die gesamte Einwegflaschenproduktion in Deutschland:

Gemeinsam für die Kreislaufwirtschaft

Im Jahr 2019 feierte die Genossenschaft Deutscher Brunnen eG (GDB) gleich zwei Ereignisse: Einmal das fünfzigjährige Jubiläum der Perlenflasche und damit den Geburtstag von Europas größtem Pool-Mehrwegsystem. Außerdem die Verleihung des German Design Award in Gold, des renommiertesten Designerpreises Deutschlands, für diese Flasche.

Was hat es mit der Perlenflasche auf sich? Kurios findet Bielenstein, dass die Einführung der „Normbrunnenflasche" eigentlich aus wirtschaftlichen Erwägungen erfolgte. Vor fünfzig Jahren stand die Mineralbrunnenbranche vor der Herausforderung, einen neuen Flaschenverschluss mit Außenschraubgewinde einzuführen. Aus diesem Anlass fanden sich unter dem Dach der Genossenschaft Deutscher Brunnen zweihundert Abfüller zusammen, um die neue Flasche gemeinsam auf den Markt zu bringen und damit einige Millionen Tonnen an Verpackungsmaterial zu sparen. Erst später erkannte man, dass dies auch unter Nachhaltigkeitsgesichtspunkten die beste Entscheidung war.

So einfach war es für die Branche der deutschen Brunnenabfüller am 28. August 1969 nicht, als sie sich für den Entwurf der Perlenflasche als einheitliche Flasche entschied und damit den Startschuss zum Aufbau eines vorbildlich funktionierenden Mehrwegsystems gab, das immer noch europaweit seinesgleichen sucht. Dem Beschluss war ein gutes halbes Jahr Vorbereitung in einem gut durchmischten Team vorausgegangen und es wurden mehrere Designer konsultiert. Da allen im Projekt bewusst war, dass diese Flasche zu einem langfristig relevanten Produkt werden würde, wenn alle notwendigen Schritte hierzu sorgfältig durchgeführt werden, betrieb man einen hohen Aufwand, um sowohl technische Aspekte als auch ein ansprechendes Design zu schaffen und beides miteinander zu verbinden. Schließlich entschied man sich für eine Flaschenform mit einer *Taille* und 230 *Perlchen* um ihren *Bauch*, einen Entwurf von Günter Kupetz, einem der wichtigsten Industriedesigner der frühen Bundesrepublik. Nach einer weiteren Optimierung aufgrund technischer Rückmeldungen aus den Glashütten wurden auch Rückmeldungen der Verbraucher*innen eingeholt und verarbeitet.

Heute, nach 50 Jahren, ist dieses Vorgehen immer noch vorbildhaft für Kooperation in einer gesamten Branche und es wäre wünschenswert, dass eine Trendumkehr nicht nur auf dem gesamten Getränkemarkt stattfindet, sondern dieses Beispiel auch in anderen Branchen Schule macht. Anzeichen dafür gibt es, sagt Bielenstein. Immer mehr Unternehmen – vor allem junge Start-ups – fragen bei ihm nach, wie sie ein Mehrweg-Verpackungssystem etablieren könnten. Er rät ihnen, am besten ein bestehendes System zu nutzen, das erspart den Aufwand zum Aufbau der ganzen Rückgabelogistik. So hat erst kürzlich ein Start-up die Joghurtflasche für sich entdeckt und verpackt Tees und Nüsse darin.

Nüsse im Joghurt-Mehrwegglas

Auch als Kunstobjekt wurde die Perlenflasche schon mehrfach in Szene gesetzt. 2010 war sie zentraler Bestandteil der Ausstellung *Back to Kassel* des Kasseler Kunstvereins. Nicht die Perlenflasche, sondern die zugehörigen Kästen stehen im Zentrum des von der GDB unterstützten Kunstprojekts *Begehbare Räume aus Mineralwasserkästen* der beiden Frankfurter Künstler Wolfgang Winter und Berthold Hörbelt. Das Projekt findet große Resonanz und wird seit seinem Debüt 1996 kontinuierlich weiterentwickelt. Inzwischen gibt es Kastenhäuser auf der ganzen Welt – ob nur für einige Tage oder Wochen aufgebaut oder als dauerhafte Installationen.

Die Perlenflasche wird in einem Atemzug mit der Le Corbusier-Liege, dem Porsche 911 und dem Eileen-Grey-Beistelltisch genannt. Fast jeder in Deutschland kennt sie, und sie ist seit ihrem Start ohne sichtbare Veränderung auf dem Markt.

Die Entscheidung hat sich für die Abfüller auch ökonomisch gelohnt: Die Betriebe konnten sich auf immer die gleiche Flasche beschränken und wechselten nur die Etiketten. Und auch für die Kund*innen war und ist es ein großer Gewinn, dass sie ihre leeren Flaschen in ganz Deutschland zur Wiederverwendung abgeben können. Um jede Lebenssituation und jeden Konsumanlass mit der passenden Mineralwasserflasche ansprechen zu können, hat die Genossenschaft Deutscher Brunnen allerdings auch ein Plastikflaschenangebot geschaffen. So gibt es heute neben der Perlenflasche und der grünen 0,75-Liter-Brunnen-Einheitsflasche für stilles Mineralwasser und Heilwasser noch fünf weitere PET-Flaschen im Perlenflaschendesign mit unterschiedlichen Füllmengen. Außerdem eine 1,5-Liter-Brunnen-Einheitsflasche aus PET und eine 0,5-Liter-Brunnen-Einheitsflasche aus Glas. Auch die dazu passenden Kästen bieten Vielfalt.

Ausschließlich Glas – das war nicht immer leicht

Die Randegger Ottilien-Quelle setzt ausschließlich auf die Glasflasche. In dieser Konsequenz ist das in ihrer Branche einzigartig. Das war nicht immer leicht. Zum Beispiel Anfang der 2000er, zur Boomzeit der Discounterflasche aus Plastik. Wasser in Plastikflaschen gab es im Supermarkt zum halben Preis. Damals ging man davon aus, dass Glasflaschen bald die exotische Ausnahme bilden würden. Das Unternehmen hatte mehrere Jahre hintereinander Umsatzrückgänge von bis zu fünf Prozent zu verkraften – zusätzlich zu hohen Abzahlungsraten für eine neue Abfüllanlage. Erst ab 2010 ging es wieder deutlich nach oben.

Mehrweg-Glasflaschen werden 50 Mal wiederbefüllt. Mehrweg PET nur 20 Mal.

Die geplante neue Plastiksteuer könnte diese positive Entwicklung weiter verstärken. Auf dem EU-Gipfel wurde neben dem Corona-Hilfspaket ab dem 1. Januar 2021 eine Abgabe der Mitgliedstaaten auf nicht recyceltes Plastik beschlossen. Die Plastiksteuer wird nach Gewicht berechnet: Jeder Mitgliedstaat muss demnach pro Kilo nicht wiederverwertetes Plastik achtzig Cent an Brüssel abführen. Ob diese Maßnahme ausreicht, den Plastikmüll zu reduzieren, bezweifeln die Umweltverbände jedoch. Die Deutsche Umwelthilfe (DUH) bemängelt, die Steuer packe das Problem am falschen Ende an: nicht schon beim Inverkehrbringen des Kunststoffs. Außerdem sei die Steuer viel zu niedrig. Bei den 1,5-Liter-PET-Flaschen beträgt sie zum Beispiel nur zweieinhalb Cent. Die Umwelt- und Verbraucherverbände fordern schon lange eine Abgabe von zwanzig Cent pro Flasche.

Rund ein Drittel des deutschen Mineralwassers wird derzeit in Mehrwegflaschen der GDB abgefüllt. Bei Mineralwasser liegt der Anteil an Individualflaschen derzeit nur bei ca. drei Prozent. Ohne die Marktanteile der Discounter, die fast auschließlich Einwegflaschen verkaufen, wird sogar weit mehr als die Hälfte des Mineralwassers in Deutschland in Mehrwegflaschen abgefüllt. Damit sind die Mineralbrunnen in Deutschland Spitzenreiter in Sachen Mehrweg bei alkoholfreien Erfrischungsgetränken.

Die ökologisch fragwürdige Alternative Plastik kam aber für das Unternehmen Randegger nie infrage. Plastikflaschen kann man nicht oft befüllen, sie kontaminieren das natürliche Mineralwasser mit anthropogenen Eintragungen und das Recycling ist ein Problem. Jede Wiederbefüllung einer Glasflasche erspart die Herstellung einer Einwegflasche. Glas ist der einzige Werkstoff der Welt, der unendlich oft recycelt werden kann ohne Qualitätsverlust. Er wird seit 5.000 Jahren schon als Verpackungsmaterial verwendet.

Bis zu fünfzig Mal verwendet Randegger seine Glasflaschen für weitere Abfüllungen. Zur Reinigung müssen sie allerdings in einer *Waschmaschine* auf achtzig Grad erwärmt werden. Die Randegger Ottilien-Quelle hat auch dafür eine umweltschonende Alternative gefunden: Sie erwärmt das Wasser mithilfe einer Hackschnitzelanlage auf dem eigenen Gelände.

Glas besteht aus Sand, Soda und Kalk – mineralische Rohstoffe, die nahezu unbegrenzt in der Natur vorkommen. Dennoch werden bei der Glasherstellung bis zu neunzig Prozent Altglas-Scherben eingesetzt. Glas kann beliebig oft wieder eingeschmolzen werden, ohne dass sich dabei die Qualität verringert. Noch wichtiger für die Umweltschutzbilanz: Die Flaschen können gewaschen und wiederbefüllt werden.

Wasser ist nicht gleich Wasser

Das Wasser der Randegger Ottilien-Quelle ist ein Mineralwasser – die höchste Qualitätsstufe, da vollkommen natürlich und ohne Behandlung abgefüllt. Leitungswasser erreicht diese Qualitätsstufe nicht, da es vorbehandelt wurde. Um diese Qualität zu erhalten, hat Randegger im direkten Einzugsgebiet der Quelle Wiesen gekauft, auf denen nun garantiert keine Dünger und Pestizide ausgebracht werden. Ein gutes Mineralwasser darf keine erhöhten Nitrat- und Nitritwerte haben, es hat eine lange Verweildauer in tiefen Erdschichten erfahren und weist eine natürliche Reinheit auf. Die Wiesen werden ausschließlich von ringsum ansässigen Bauern für Viehfutter abgeweidet. Der Besucher findet eine intakte Landschaft vor, mit Streuobstwiesen, dörflichem Umfeld und dem alten Elternhaus der Fleischmanns, das weiter genutzt wird.

Warum werden Perlglasflaschen nach 50 Umläufen aussortiert? Durch die Berührung mit anderen Flaschen beim Transport, beim Waschen und Befüllen entstehen matte Ringe im Glas, die mit zunehmender Umlaufanzahl immer sichtbarer werden. Diese Flaschen werden nicht aus funktionellen, sondern aus optischen Gründen aussortiert.

Die verschiedenen betriebswirtschaftlichen Marketingstrategien, die andere Unternehmen zu ständig steigenden Umsatzsteigerungsaktivitäten veranlassten, sind an diesem Unternehmen weitestgehend vorbeigezogen. Um diese Idylle zu erhalten, wurde konsequent auf Werte gesetzt wie Kooperation, Regionalität und Nachhaltigkeit.

Das Wasser aus dem Vulkangestein des Hegaus wird vom Unternehmen nicht nur als Geschäftsmodell gesehen. Sauberes Wasser ist ein menschliches Grundbedürfnis. Dieses Verantwortungsgefühl gilt nicht nur der Region. Seit 2012 erhält die weltweit agierende *Wasserstiftung* zwei Cent pro verkaufter Flasche Randegger Kola. Die Vision der Stiftung ist es, sauberes, bezahlbares und leicht zugängliches Trinkwasser in Ländern zu sichern, in denen Trinkwassermangel die Lebensgrundlagen von Menschen gefährdet. Wasser ist Leben. Die Verfügbarkeit von sauberem Wasser ist eins der *Siebzehn Ziele für nachhaltige Entwicklung* der UN.

Die Randegger Ottilien-Quelle hat 2019 ihre erste Gemeinwohl-Bilanz erstellt. Durch diesen Prozess ist dem Unternehmen noch stärker bewusst geworden, wie wichtig es ist, mit allen Ressourcen sorgsam umzugehen, nicht nur mit Wasser. Bei jedem Auftrag, den er vergibt, fragt sich Fleischmann inzwischen: Ist der Lieferant regional? Verhält er sich fair und ökologisch? „Und es macht Spaß, sich dafür zu engagieren", sagt Clemens Fleischmann, „es dient einfach der Selbstreflektion!"

Berater Jürgen Linsenmaier (v.l.) und die Familie Fleischmann mit Clemens, Bianca, Amelie, Christel und Dieter Fleischmann sind stolz auf das Ergebnis der ersten Gemeinwohl-Bilanz.

Mit Kooperation zu mehr Gemeinwohl

Das Beispiel Perlenflasche zeigt, wie erfolgreich Unternehmen sein können, wenn sie gemeinschaftlich nach Lösungen suchen. Die damalige Entscheidung für eine gemeinsame Flasche war nicht nur ökologisch sinnvoll, sondern auch ökonomisch und sozial, und sie hatte entscheidende Auswirkungen auf die Entwicklung der Branche. Sie ist zu ihrem Rückgrat geworden. Durch die Entwicklung des Mehrwegsystems konnten – anders als beispielsweise im Nachbarland Frankreich – kleine Betriebe bestehen und Arbeitsplätze in sonst beschäftigungsarmen Regionen erhalten bleiben.

Um Lösungen für die drängenden gesellschaftlichen Herausforderungen zu finden, brauchen wir Unternehmen, die Verantwortung übernehmen, und zwar nicht als Einzelkämpfer, sondern in Kooperation mit Mitanbietern, den Kund*innen, Lieferant*innen und politischen Institutionen. Wie sonst sollen wir es schaffen, unseren CO_2-Ausstoß um 80 Prozent zu senken wie es die Begrenzung der Erderwärmung verlangt? Dieses Ziel ist sicher nicht nur durch technische Innovationen erreichbar. Es braucht ein hohes Maß an Solidarität und ein neues gesellschaftliches Bündnis, um einen solchen Wandel sozialverträglich zu bewältigen.

Das Beispiel Perlenflasche zeigt uns in mehreren Aspekten, wie wir Kooperation gemeinsam umsetzen können. Es zeigt auch, dass es sich lohnt, gemeinsam mit aller Sorgfalt etwas zu schaffen, was lange Bestand hat. Wie wäre es, wenn das auch in anderen Branchen möglich wäre? Wenn wir technische Geräte bauen würden, die auf Haltbarkeit konzipiert wären? Was könnten wir dadurch an Ressourcen sparen! Die Förderung von *Kooperation statt Konkurrenz* gehört essenziell zum Wirtschaftsmodell der Gemeinwohl-Ökonomie. In Zeiten der Mangelwirtschaft mag das Konkurrenzprinzip noch einen gewissen Sinn gehabt haben. Angesichts weitgehend gesättigter Märkte und existenzgefährdender Umweltprobleme müssen jetzt Herausforderungen bewältigt werden, die nur gemeinsam zu lösen sind.

Dazu braucht es Plattformen, auf denen sich Unternehmen bezüglich ihrer Erfahrungen frei austauschen können – wie die Gemeinwohl-Ökonomie.

Über die Autorin
Gitta Walchner
Nach einer zehnjährigen Tätigkeit als Schauspielerin und einem Studium der Betriebswirtschaft arbeitete sie in verschiedenen Unternehmensberatungsfirmen, u.a. sieben Jahre bei KPMG. Seit 2011 engagiert sie sich für die Gemeinwohl-Ökonomie und ist seit 2012 Auditorin der GWÖ.

Das Große im Kleinen

Von etwas, was eigentlich nicht möglich war und doch passierte
Ich betrete mit pochendem Herzen das Podium, um meine allererste Rede auf Englisch zu halten, im großen Saal des Stuttgarter Rathauses. Es ist die Auftaktveranstaltung der internationalen Gemeinwohl-Ökonomie (GWÖ)-Konferenz. Menschen aus aller Welt sind gekommen, und sie wollen hören, was hier in Stuttgart passiert ist. Sie wollen sich austauschen, inspirieren lassen und etwas voneinander lernen. Die Rede, die ich halten werde, wird zugleich meine Abschiedsrede sein. Und da ist ein Gefühl in mir, das sich nur schwerlich beschreiben lässt. Nach zehn Jahren im Stuttgarter Stadtrat habe ich beschlossen, für Europa zu kandidieren.

Viel ist geschehen, viele Träume habe ich gehen lassen müssen, vieles doch nicht verwirklichen können – aber sie sind da, die Erfolge. Vielleicht habe ich nur einen kleinen Mosaikstein gelegt, aber das Abenteuer GWÖ in Stuttgart hat seinen Lauf genommen.

Und nichts davon war selbstverständlich. Hätte ich zuvor diverse Insider*innen gefragt, ob Stuttgart Pionierin der GWÖ sein kann, hätte man mir gesagt, die Stadt ist zu groß, die Mehrheitsverhältnisse im Gemeinderat nicht gerade von Vorteil und das Konzept zu wenig bekannt. Und dennoch haben meine Mitstreiter*innen und ich etwas ins Rollen gebracht. Genug, dass ich nun hier stehe und in gespannte Gesichter blicke.

Inmitten eines grausamen Widerspruchs

Aber beginnen wir von vorn. Die Bewegung der GWÖ hat als symbolisches Bild eine Pusteblume gewählt. Ein schönes Bild. Die Samen werden durch die Luft getragen und machen unterschiedlich weite Reisen, bevor sie sich niederlassen, in den Boden sinken, Wurzeln schlagen und kleine neue Triebe ausbilden. Mich hat eines dieser kleinen Fallschirmchen erreicht, als ich 2014 bei einem Vortrag von Christian Felber mit dem Konzept GWÖ zum ersten Mal in Berührung kam. Und ich habe in diesem Ideenschatz ein wahres Juwel gefunden. Denn offen gestanden war, mit Anfang dreißig als Mutter dreier Kinder, mein Einstieg als grüne Stadträtin in Stuttgart kein leichter. Die Welt, wie sie da tickte, war so anders, die Gesellschaft, wie sie sich dort abbildete, an einer ganz anderen Stelle, als ich sie gerne sehen wollte. Zwar spürte ich den Willen zur Veränderung auf einer theoretischen Ebene, aber in der Praxis eine gewisse Resignation. Letztere wurde wie ein Erfahrungswert gehandelt, dass man leider nichts tiefgreifend ändern könne.

Ich stand inmitten eines Widerspruchs zwischen sehr arbeitsamen, leistungsorientierten Menschen, die aktiv in einem Wirtschaftssystem partizipieren, das auf reine Profitmaximierung aus ist, und Menschen, die sehr naturverbunden sind, Anthroposophie leben, Lust auf Wandel und Transformation haben, neue Wege gehen wollen und den Fokus auf Gemeinschaft legen. Und dieser Widerspruch lebte immer in mir, denn mir war durchaus bewusst, dass all das Geld, welches wir für kleine Naturschutzprojekte, Tierschutz, Naturbildung und Erfahrung für Kinder in der Natur oder auch für naturnähere Stadtplanung ausgaben, natürlich letzten Endes aus der Industrie und ihren Kollateralschäden kam. Stuttgart verdankt seinen Wohlstand den Gewerbesteuern, die die vielen hier angesiedelten Unternehmen bezahlen.

Dieser Widerspruch war so frappierend! Es wurde mir bewusst, dass im Grunde die ganze Welt in ihm feststeckt. Und ich entschied mich, nicht zu fliehen, nicht so zu tun, als ob ich es nicht wüsste, sondern es immer in mir zu tragen. Der Wachstumskurs, der mit viel Ausbeutung einhergeht, ist bei uns oft nicht sichtbar. Er ist in der Luft mit vielen Schadstoffen, und auch die Ausbeutung der Menschen ist irgendwo ausgelagert. Die Ressourcen, die wir nutzen, werden nicht direkt vor der Haustür abgebaut. Und auch wenn wir die Augen davor verschließen können, wissen wir, die heile Welt gibt es so nicht. In diesem Kontext ist die GWÖ so heilsam, so versöhnend. Sie lässt sich so leicht erzählen und verstehen. Es war, als hätte ich endlich mein Vehikel gefunden, um etwas voranzutreiben.

Der ehrbare Kaufmann, die ehrbare Kauffrau

Es gab da eine schöne Begegnung, in der mir klar wurde, dass das Konzept für Geschäftsleute durchaus anschlussfähig ist. Es ist kein Hippiekonzept für Träumer*innen.

Der Vorsitzende der CDU, der auch Handwerksmeister ist, hatte eine Betriebsbesichtigung des Wirtschaftsausschusses organisiert. Bei der Führung durch das mittelständische Bauunternehmen waren der Familiengeist und die Achtung der Mitarbeitenden wirklich spürbar. Das Geschäftsführerpaar erklärte, wie die Abläufe in der Baubranche sind, wie schwierig sie geworden seien und warum. Wir sprachen über Preissteigerung und über das Thema öffentliche Vergabe. Beeindruckend präsentierten sie uns, was sie im Betrieb antreibt. Von der Einstellung von Flüchtlingen als Azubis über Fortbildungen mit älteren Menschen bis hin zum verantwortungsvollen Umgang mit Baumaterialien. Zu Recht war der CDU-Vorsitzende stolz, uns einen solchen Musterbetrieb vorzustellen. Und da wagte ich es, ich hob die Hand und sagte: *„Sie sind ein Vorzeigebetrieb und das ist toll, dass wir Sie heute besichtigen können. Es gibt ein Konzept, was ich gerade versuche in der Stadt bekannt zu machen, es nennt sich Gemeinwohl-Bilanzierung. Dabei wird alles bilanziert, was Sie fürs Gemeinwohl machen. Und die Idee ist, dass Sie dann auch bevorzugt werden bei öffentlichen Vergaben und letzten Endes eine finanzielle Kompensation dafür bekommen, was Sie Gutes tun."* Es sahen mich zwei Paar leuchtende Augen an: *„Das ist ja interessant, können Sie mir dazu Informationen schicken, wie so eine Bilanzierung aussieht und abläuft. Und ist es denn schon sicher, dass die Stadt Stuttgart das wirklich in die Hand nimmt? Können wir uns da irgendwo schon bewerben?"* Und als diese Worte fielen, spürte ich, dass die CDU sich vielleicht für das Konzept begeistern könnte. Das Grundprinzip war mit diesem Austausch verstanden und mehr noch, die Idee, dass lokale Unternehmen, die ethisch wirtschaften, bevorzugt werden, fiel bei allen Anwesenden auf fruchtbaren Boden. Es war, als tanzten die kleinen Fallschirmchen durch den Raum und fänden ihr Plätzchen.

Diese Erfahrung hat mich überzeugt, dass Menschen von ganz unterschiedlicher Gesinnung, selbst über politische Parteigrenzen hinaus, mit dem Grundgedanken der GWÖ etwas anfangen können. Jedes Unternehmen, das nach dem Prinzip des ehrbaren Kaufmannes oder der ehrbaren Kauffrau handelt, kann begeistert werden. Und viele Unternehmen würden andere, ethischere Entscheidungen treffen, wenn sie nicht fürchten würden, sich durch ihren Mehraufwand fürs Gemeinwohl ins Aus zu schießen, da sie den Preisen der Konkurrenz nicht standhalten können. Denn derzeit belohnen wir indirekt genau das, was wir nicht wollen. Wer lohndumpt und outsourced an Orte, an denen zu geringeren Umweltauflagen produziert werden kann, macht zunächst auf dem Papier mehr Profit und ist damit ein tolles Unternehmen.

Von kleinen Schritten, großen Hürden und medialem Zynismus
Alle, die erwarten, hier zu lesen, wie Stuttgart zu einer Kommune des Gemeinwohls wurde, muss ich enttäuschen. Obwohl viel Großes im Kleinen passiert ist, würde ich Stuttgart noch nicht als Gemeinwohl-Kommune bezeichnen. Von den rund neuntausend Mitarbeiter*innen in der Verwaltung der Stadt haben sich vielleicht zehn bis zwanzig Menschen mit der GWÖ oder auch den Nachhaltigkeitszielen der Vereinten Nationen (siehe auch Seite 152) beschäftigt. Zudem fiel die Aufgabe, die GWÖ zu implementieren, in die Hände der Verwaltung der Wirtschaftsförderung. Diese war eher liberal konservativ und wirtschaftsfreundlich geprägt und sah sich in der Rolle, möglichst viel für die Profitwirtschaft zu ermöglichen. Ein so subversives und stark partizipatives Konzept wie die GWÖ ließ sich da nicht so einfach andocken. Meine Hoffnung, die neue Stelle würde die GWÖ-Bewegung in Stuttgart weiter voranbringen oder neue Begeisterung dafür in der Stadt wecken wurde nicht ganz erfüllt. Während die Position sicherlich verantwortungsvoll und überlegt geführt wird, erlebe ich hier nun weniger Enthusiasmus, den ich von vielen Menschen kenne, die von der GWÖ überzeugt sind.

Wir waren in Stuttgart in einer Pionierrolle, wir haben etwas gewagt und zahlreiche Pressegespräche geführt, dennoch wurde das Thema nie in einem größeren Artikel platziert. Das Bild, das von mir gezeichnet wurde, war das einer Frau, die naive Vorstellungen hatte. Schmetterlinge und Blümchen. Man muss dazu sagen, dass das Thema Artenvielfalt vor zehn Jahren wirklich ein Nischenthema war. Ein Thema für grüne Weltverbesserer mit Birkenstockschuhen,

Latzhosen und selbstgestrickten Pullis. Und da gab es in der Stuttgarter Zeitung einmal einen, wie ich finde, besonders bezeichnenden Artikel, in dem ein Satz stand, der mir in Erinnerung blieb: *„Während Anna Deparnay-Grunenberg in ihrer ersten Haushaltsrede allgemein geblieben war (‚Die Menschheit rückt näher zusammen, wir nehmen wahr, dass wir eine Menschheit sind') und betonte, es werde ihr ‚immer stärker bewusst, dass alle Themen irgendwie miteinander verwoben' seien, rückte SPD-Chef Martin Körner mit einer politischen Rede in den Blickpunkt."* In meiner Rede hatte ich dezidiert alle unsere Projekte mit den internationalen Sustainable Development Goals abgestimmt, aber das galt als unpolitisch. Die Rede, an der die Medien Gefallen fanden, war eine Rede voller Attacken und in diesem Sinne hochpolitisch. Und darin liegt ein echtes Dilemma der GWÖ-Bewegung. Sie passt nicht in den polarisierenden Tenor der Medien oder der Politik. Sie ist kooperierend, versöhnend und gerade darum zukunftsfähig, jedoch gleichzeitig absolut unattraktiv für klassische Medien. Auch die Stärke der Bewegung, dass sie ein wirklich umfassendes Konzept hat, wird medienpolitisch in einer Welt der großen Geschwindigkeit und Oberfläch- lichkeit zum Fallstrick. Was in der lokalen Tageszeitung keinen Platz findet, wird auch gesellschaftlich noch nicht als relevant erachtet. In der Stuttgarter Lokalpresse oder auch weitergefasst im süddeutschen Raum wurde unsere Initiative totgeschwiegen.

Ins Handeln kommen, um zu wandeln
Der Appetit kommt mit dem Essen

In anderen Gemeinden wird zunächst das Konzept mit der Bürgerschaft und dem Gemeinderat diskutiert: Was ist das überhaupt? Bringt das was? Ist das nicht ein Papiertiger? Ist es nicht eine doppelte Ebene zur Politik etc.? Mein Instinkt sagte mir, dass ich es in Stuttgart anders angehen müsse. *„L'appetit vient en mangeant"* sagt man auf Französisch, zu Deutsch: *„Der Appetit kommt mit dem Essen."* Ich wollte, dass die Leute auf den Geschmack kommen. Hierfür wollte ich ein kleines Projekt im Haushalt platzieren und mindestens zwei Unternehmen finden, die es Realität werden lassen können. Der Dialog über das Konzept sollte nach dieser Art Realexperiment stehen. Meine Devise war, ins Handeln zu kommen, um zu wandeln.

Allein auf der politischen Bühne der GWÖ
Die Suche nach Verbündeten

Der ein oder andere Lesende mag das Gefühl kennen: Da ist nun dieses Fallschirmchen gelandet, und man ist überzeugt, dass Veränderung nötig und möglich ist. Aber man fühlt sich mit dieser Erkenntnis in seinem direkten Umfeld, in dem man etwas bewegen möchte, allein. Manchmal ein beklemmendes Gefühl, da es sich doch um ein Gemeinschaftsprojekt handeln soll. Als Politikerin höre ich sehr vielen Menschen zu, höre sehr viele Meinungen, und natürlich gibt es tausend Wege. Ich bin überzeugt, dass wir in der Politik Orientierung geben sollen. Dass wir mutig sein müssen und Politik ohne Vision trocken, leer, ja sogar verloren wirkt. Mit der GWÖ hatte ich etwas gefunden, worauf ich eine ganzheitliche Vision aufbauen konnte. Zukunft gestalten und einen Weg einschlagen, bedeutet immer, Verantwortung zu übernehmen und Risiken einzugehen. Ich mache mir jedoch bewusst, dass das Zaudern, das Nicht-Entscheiden, in sich eine Entscheidung birgt, die ihre eigenen Konsequenzen hat. Wenn wir die heutigen gesellschaftlichen Probleme betrachten, wenn wir uns den Klimawandel und das Sterben der Artenvielfalt vor Augen führen, dann wissen wir, es braucht mutigere Politik, es braucht Taten.

Meine Suche nach Verbündeten begann zunächst in der Grünen-Ratsfraktion Stuttgart. Ich meldete einen außergewöhnlichen Tagesordnungspunkt an: *„Ich möchte euch da etwas zeigen."* Der Punkt landete ganz am Ende auf der Tagesordnung, und einige hatten die Sitzung schon verlassen. Rückblickend war das vielleicht der Moment, in dem ich am meisten Mut brauchte. Es war mein erster Schritt, das, was mich innerlich bewegte, nach außen zu tragen. Als ich meinen Vortrag beendet hatte, schaute ich in nachdenkliche Gesichter. Großes Interesse war da, und so schwebten auch große Fragen im Raum: Was bedeutet dieses Konzept gesamtgesellschaftlich? Wie gehen wir vor? Was kann in einem städtischen Kontext überhaupt erreicht werden? Nachdem ich die positive Resonanz gespürt hatte, entschloss ich mich, das Ganze zu verschriftlichen und an eine größere Öffentlichkeit zu treten, auch wenn ich mich damit angreifbar machte. So schrieb ich Anfang des Jahres 2015 einen Artikel für das Stuttgarter Stadtblatt: *„Anders wirtschaften! GWÖ – ein Weg für Stuttgart".* Mit diesem Text luden wir Grüne vom Stuttgarter Gemeinderat gleichzeitig zu einer GWÖ-Veranstaltung in der Reihe WerkStadtGespräche ein. *„Wie können wir als Gemeinde* *hiesige Unternehmen für die GWÖ begeistern? Kann die Kommune selbst einen Beitrag leisten oder die bereits existierende Stuttgarter GWÖ-Gruppe unterstützen?"* lauteten die Leitfragen.

Ich weiß noch, dass ich es besonders und auch aufregend fand, dass sehr klassische Wirtschaftsunternehmen und deren Geschäftsführer*innen gekommen waren. Sie fragten: *„Aber wir machen doch schon ganz viel für das Gemeinwohl, was ist das Besondere jetzt an diesem Ansatz?"* So sind wir über die Prinzipien zu den praktischen und methodischen Fragen gekommen. Und ich denke, dass die Idee der Bilanz gefruchtet hat. Und bei den Unternehmer*innen schwang mit: Wenn die Grünen, als Führende in der Stadt, das nun vorschlagen, dann nicht, damit wir das einfach machen, sondern sie werden daraus politische Leitlinien ableiten. Das hat der Sache einen zusätzlichen Schub gegeben.

Der entscheidende Tipp, wo ich ihn nie erwartet hätte

Ein ganz besonderer Moment war für mich, als ich merkte, dass ich einen Antrag für den Haushalt formulieren konnte, der eine reale Chance hatte. Mein ehemaliger Fraktionsvorsitzender, damals schon Bürgermeister, hatte dann, obwohl es gar nicht sein Thema war, eine entscheidende Idee. Er meinte: *„Ja, wir können das von der Wirtschaftsförderung machen lassen, die ganzen Veranstaltungen und Workshops. Es wäre aber entscheidend, dass die kommunalen Unternehmen, die sich damit beschäftigen wollen, unmittelbar Geld erhalten, um die festgestellten Schwächen direkt beheben zu können. Dann hätten wir eine direkte Investitionsrendite!"* Ich fand es großartig, dass jemand, der nicht im Thema war und mit dem ich bei verschiedenen politischen Themen meine Differenzen hatte, sich auf einmal so für meinen Antrag begeisterte, dass er mir den entscheidenden Tipp gab. Tatsächlich ist mein allererster Antrag erfolgreich durch die Verhandlungen gekommen. Vier städtische Betriebe absolvierten daraufhin eine Einstiegsbilanz und zwei Betriebe – Eigenbetrieb Leben und Wohnen (ELW) sowie Stadtentwässerung Stuttgart (SES) – durchliefen die komplette Bilanzierung.

Wenn der Fuß einmal in der Tür ist …

Dieser erste kleine Erfolg war der Fuß der GWÖ in den Pforten der Stadt Stuttgart. Dranbleiben war jetzt gefragt. Ich formulierte für den nächsten Haushalt einen zweiten Antrag, um die GWÖ wirklich in der Stadt zu implementieren. Die finanziellen Mittel sollten diesmal auch private Unternehmen unterstützen, außerdem regelmäßige Veranstaltungen und Workshops zum Thema GWÖ und eine Stelle bei der Wirtschaftsförderung, um die finanziellen Mittel zu bewerben, basierend auf den Erfolgen bei den beiden städtischen Unternehmen. Nun war durch die konkrete Anwendung der GWÖ bei SES und ELW, sowie durch die gemeinsamen Betriebsbesichtigungen Spannendes geschehen: Auf der einen Seite hatten die Konservativen diesem ersten Schritt zugestimmt und waren auch von der Idee angetan, hiesige Unternehmen besser kommunal zu fördern, anstatt immer die wirtschaftlich günstigsten Anbieter*innen nehmen zu müssen. Für Kleinstarbeiten in der Grünpflege der Stadt Stuttgart rückte zum Beispiel regelmäßig ein Unternehmen aus Dresden an. Darüber, dass hier etwas nicht stimmte, herrschte Einigkeit. Gleichzeitig hatten die Konservativen auch den transformativen Charakter begriffen, die Kraft des Wandels, die im Konzept steckte. Andererseits war die GWÖ für den einen oder anderen ein wirtschaftsfeindliches Konzept. Natürlich stimmt das, wenn man die pure, uneingeschränkte Freiheit, alles zu tun und lassen zu können, um Profit zu generieren, als wirtschaftsfreundlich definiert. Kurz gesagt, die Mehrheiten waren nicht mehr so stabil, die Debatte um die Gemeinwohl-Ökonomie wurde tiefer und kritischer geführt als zuvor. Das war sicherlich nervenaufreibend, aber mir wurde bewusst, dass es auch ein Durchbruch war, denn eines hatte ich herbeigeführt: die Auseinandersetzung mit dem Konzept in der Tiefe! Und der Antrag kam durch!

Neue Wege – Auf nach Europa

Ich stehe auf dem Podium und erhebe meine Stimme: *"Do you know what an AHA experience is?"*, frage ich in die Runde und fahre dann fort: *"An AHA experience is this little tiny moment when you realize that you've just learned something really new. This moment when you are – for a few milliseconds – in a new place of your inner garden. It's a new place or a new piece of information that opens up a whole new perspective."* Die Begegnung mit Christian Felber und dem Konzept GWÖ war genau das für mich – ein Aha-Erlebnis. Es war Ausgangspunkt für die Reise, auf die ich Stuttgart schickte. Man hört mir aufmerksam zu, bis zum letzten Satz. Ich lege das Blatt mit meiner Rede nieder. Die Leute im großen Rathaussaal klatschen, die Anspannung fällt von mir. Und in diesem Moment fühle ich, dass wir noch viel bewegen können und werden. In diesem Moment scheint alles zum Greifen nah!

Über die Autorinnen

Anna Deparnay-Grunenberg ist deutsch-französische EU-Abgeordnete von Bündnis 90/Die Grünen und Mitglied im Verkehrs- und Landwirtschaftsausschuss. Die Forstwissenschaftlerin und Mutter von 3 Kindern war GWÖ-Pionierin auf kommunaler Ebene in Stuttgart, wo sie 10 Jahre lang Stadträtin war.

Bianca Llerandi arbeitet im Team von Anna Deparnay-Grunenberg am Thema Gemeinwohl-Ökonomie und leitet ihr Europabüro in Stuttgart. Als Kind wollte sie Bäuerin oder Autorin werden. Heute schreibt sie mit Anna für eine gemeinwohl-orientierte Agrarpolitik und findet das mehr als einen guten Kompromiss.

Achterbahnen, Aha-Erlebnisse und Imagozellen in Brüssel

Juli 2019: Es ist laut um mich herum und wenn ich es nicht besser wüsste, würde ich denken, ich sei auf der Autobahn. Ich radle mit meinem Koffer auf dem Gepäckträger in Richtung Europäisches Parlament. Als eine fahrradfreundliche Stadt kann man Brüssel nicht bezeichnen. Dass ausgerechnet das Coronavirus dies ändern wird, ahnt noch niemand. Im Gepäck habe ich – außer dem *„Erster-Schultag-Gefühl"* – jede Menge Ideen und große Erwartungen.

Land- und Forstwirtschaft, Regionale Entwicklung, Mobilität und internationale Handelsbeziehungen mit den Mercosur-Staaten sind die Themen, die ich fortan als Mitglied des Europäischen Parlaments bearbeiten werde. Ich bin sehr zufrieden damit. Tatkräftige Ausschüsse wie Landwirtschaft und Verkehr eigenen sich aus meiner Sicht besser, um die GWÖ konkret voranzutreiben. Im Wirtschaftsausschuss große Diskussionen auf der Metaebene zu führen, ohne jegliche Anwendung, kommt mir dagegen eher wenig zielführend vor. Das Gebäude ist riesig, und drinnen wird es für mich in den ersten

Tagen ein Labyrinth bleiben. Auch wenn das große Gebilde aus Beton und Glas keinesfalls an einen Attraktionenpark erinnert, kommt mir im Laufe der Wochen immer wieder das Bild von verschlungenen Achterbahnen. Auf den ersten Blick sieht es aus, als wäre alles eins. Aber in Wirklichkeit fahren diese verschiedenen Menschen, die hier arbeiten, wie auf verschiedenen Schienen. Man spürt, dass die anderen da sind, man ruft sich etwas zu, aber jeder Ausschuss, jede Delegation und jede Arbeitsgruppe (Working Group) funktioniert als ganz eigene Welt. Manchmal nimmt ein bestimmtes Thema unglaubliche Fahrt auf, manchmal kommt die Bahn ins Stocken oder schleppt sich mühselig den Berg hoch.

Öffentliches Geld für die Zerstörung unserer Lebensgrundlage
Meine Achterbahn für eine bessere Landwirtschaftspolitik in Europa

Ein Thema, das mich besonders bewegt, weil ich hier einen großen Hebel sehe für Klimaschutz und Biodiversität, ist die Reform der europäischen Gemeinsamen Agrarpolitik (GAP). Schon im Rathaus in Stuttgart habe ich in meiner Abschiedsrede gesagt, dass ich hier die Gemeinwohl-Ökonomie als Schlüssel sehe. In der Nachkriegszeit war die GAP als Instrument eingesetzt worden, um europäische Ressourcen zu bündeln und die Nahrungsversorgung sicherzustellen. Darin war sie sehr erfolgreich, fast zu erfolgreich, möchte man heute in Anbetracht der Überproduktion sagen. Über die Jahrzehnte kamen jedoch neue, nicht minder wichtige Aufgaben für die Landwirtschaft auf den Tisch, wie zum Beispiel die Anpassung an und die Bekämpfung des Klimawandels, der Schutz des Tierwohls, der Erhalt der Biodiversität, der Bodenfruchtbarkeit und der Wasserqualität. In all diesen Punkten verfehlt die GAP Jahr um Jahr ihr Ziel. Der Agrar-Atlas der Heinrich-Böll-Stiftung zeigt sehr eindrücklich, was die GAP anrichtet. Das größte Budget der EU von fast sechzig Milliarden Euro für die Jahre 2014 bis 2020 wird zu siebzig Prozent pro Hektar und ohne große Auflagen ausgegeben (Flächenprämie). Diese fordert das Hofsterben und die Homogenisierung der Landwirtschaft. Die Gewinner sind Großbetriebe mit industriellen Strategien. Verlierer sind leider am Ende wir alle. Erschreckend ist der drastische Rückgang an Insekten und Vögeln, die Ausbeutung der Böden, die Pestizid- und Hormonrückstände in Wasser und Nahrungsmitteln.

Aktuell befindet die GAP sich gerade in einer Übergangszeit und soll reformiert werden. Meine große Hoffnung ist, dass dann das öffentliche Geld auch für öffentliche Leistungen ausgegeben wird.

Der Agrar-Atlas ist als Download erhältlich.

https://gwoe-praxis.de/agrar-atlas

Gemeinsam mit Christian und Michael Hiß, sowie Emilie Fus von der Regionalwert AG Freiburg, bestritt ich am 15. April 2020 mein erstes großes Webinar mit dem Titel „*Gemeinwohl auf dem Teller – Ernährungssicherheit neu gedacht*". Mehr als 180 Leute haben live zugesehen.

Nicht nur nach Fläche sollte finanziert werden, sondern nach der jeweiligen Gemeinwohl-Bilanz der Betriebe. Das heißt konkret: Wer viel für das Gemeinwohl tut, also sich wandelt, zusätzliche Kosten aufnimmt, hochwertige und gesunde Lebensmittel produziert, die Artenvielfalt schützt und einen Beitrag zum Kampf gegen den Klimawandel leistet, soll gefördert werden. Somit könnten auch kleinere Betriebe und ganz unterschiedliche Wirtschaftsformen gut überleben. Mit diesem Gedanken bin ich derzeit auf Tour. Wegen Corona ist es nun hauptsächlich eine virtuelle Tour. Ich habe in zahlreichen Kreisverbänden gesprochen, habe gemeinsam mit der Regionalwert AG Freiburg ein Webinar zum Thema *Gemeinwohl auf dem Teller* abgehalten. Mit anderen EU-Abgeordneten aus Deutschland, Österreich, Luxemburg und Frankreich habe ich meine Idee in internen Meetings diskutiert. An den Vize-EU-Kommissionspräsidenten Frans Timmermanns habe ich einen Brief geschrieben und einen wissenschaftlichen Artikel publiziert, mit dem Aufruf an die Wissenschaft, diesen Wandel mit entsprechender Forschung zu begleiten.

Zu viele kurzfristige Gewinner
Die Angst vor neu gemischten Karten

Juli 2020: Ich blicke in ein Gesicht, in dem sich eine Mischung aus Interesse, Ablehnung und Furcht spiegelt. Gerade habe ich einem Vorsitzenden des Bauernverbandes von meiner Idee berichtet. „*Da wird es wahnsinnig viele Verlierer geben!*", sagt er. Ich schüttle den Kopf. „*Die GAP sollte ein Fonds für einen gerechten Übergang werden und diejenigen unterstützen, die sich wandeln wollen, die diese riesige Verantwortung ernst nehmen, die auf unseren Schultern lastet.*" Natürlich verstehe ich seine Sorge. Selbstverständlich ist sie nicht unberechtigt. Die Landwirt*innen, die sich an ein jahrelang etabliertes System angepasst haben, sind momentan tatsächlich in einer unschönen Situation. Ihnen wird die Schuld am Stand der Dinge gegeben, an den schlechten Noten unserer Landwirtschaft, dabei handeln sie im Grunde nur nach dem Fahrplan einer unglücklichen Förderpolitik. Der Gedanke schmerzt mich, dass die Welt oft genau so bleibt wie sie ist, weil es zu viele kurzfristige Gewinner gibt, aber niemand daran denken mag, dass wir langfristig alle verloren sind, wenn das Klima kippt. Letzteres ist dann immer die Schuld und die Aufgabe der anderen. Wer gute Karten in den Händen hält, möchte nicht, dass sie neu gemischt werden, möchte auf keinen Fall riskieren, künftig zu den Verlierern zu gehören.

Gemeinwohl-Ökonomie
Zukunftsmodell für langfristige Gewinner

Langfristig gewinnen mit dem neuen Ansatz alle, da bin ich mir sicher. Wenn ich in meiner Zeit im EU-Parlament eines gelernt habe, dann, dass die Europäische Union unglaublich viele Fördermittel verteilt. Jedes Mal gibt es zur Verteilung solcher Mittel Kriterien. Und je mehr ich mich damit beschäftige, desto demütiger bin ich geworden. Es war ein schönes Aha-Erlebnis, als ich feststellte, dass auf EU-Ebene schon viel mehr in Richtung Gemeinwohl läuft, als ich zuvor angenommen hatte. In Bezug auf das Thema Landwirtschaft ist die Farm-to-Fork-Strategie geradezu revolutionär. Und der EU-Kommissar für Landwirtschaft träumt von hundert Prozent biologischem Anbau in den nächsten zehn Jahren! Beides muss allerdings noch konkret auf die GAP angewandt werden. Ursula von der Leyen sprach in ihrer Rede zum europäischen Konjunkturpaket sogar von der Schaffung von Gemeinwohl! Auch wenn sie sich dabei nicht konkret auf die GWÖ bezog, ist die Wortwahl nicht zufällig. Es ist eine Zieldefinition, die zieht.

Auf der ersten wissenschaftlichen und internationalen Konferenz der Gemeinwohl-Ökonomie in Bremen im November 2019, traf ich auf Carlos Trias Pintó vom Europäischen Wirtschafts- und Sozialausschuss (EWSA). Es war unglaublich wohltuend zu sehen, dass es auf europäischer Ebene Menschen gibt, die sich so sehr mit der GWÖ identifizieren, dass sie einer solchen Konferenz beiwohnen. Es gibt auch EU-Abgeordnete aus anderen Fraktionen, die sich mit dem Thema auseinandersetzen. In dieser Hinsicht war es sogar leichter, die GWÖ auf EU-Ebene als Thema zu etablieren, als in Stuttgart. Auf der Suche nach Kriterien für die Vergabe von Fördermitteln haben sich viele Menschen mit GWÖ-anschlussfähigen Gedanken beschäftigt. Teils mit sehr progressiven Ergebnissen, viel progressiver als auf der Ebene der Mitgliedsstaaten! Gleichzeitig gibt es für jedes Förderinstrument komplett neue Kriterien. Diese beleuchten manchmal sehr stark den ökologischen Nachhaltigkeitsaspekt oder das Soziale, aber oft fehlt dafür ein anderer wichtiger Aspekt. Für Unternehmen, Kommunen und Länder wäre es einfacher, wenn es mehr Transparenz und somit Planungssicherheit gäbe. Würde man GWÖ-Kriterien und die Anforderungen der UN-Nachhaltigkeitsziele (SDGs) konsequent anwenden, so könnten sich alle Beteiligten darauf einstellen.

Der Spanier Carlos Trias Pintó war Berichterstatter des Europäischen Wirtschafts- und Sozialausschuss (EWSA) zur positiven Initiativstellungnahme zur Gemeinwohl-Ökonomie im EWSA im Jahr 2015 – dem Auftakt der GWÖ auf EU-Ebene.

Das Gesamtvolumen öffentlicher Aufträge in der EU wird auf ca. 16 Prozent des Bruttoinlandsprodukts der Union geschätzt.

Beiß die Hand, die dich füttert, sonst füttert sie dich nicht
Das Paradoxon der öffentlichen Vergabe

Es kommt darauf an, wie man rechnet, doch die genaue Zahl ist weniger entscheidend als die Größenordnung: *„Alleine in Deutschland beschaffen Bund, Länder und Gemeinden jährlich Waren und Dienstleistungen im Wert von fast 350 Milliarden Euro."* Somit ist die öffentliche Hand ein wichtiger Wirtschaftsplayer mit erheblicher Macht. Auch hier würden Transparenz und die konsequente Anwendung der GWÖ-Kriterien und Anforderungen an die Nachhaltigkeitsziele der UN (SDGs) positive Dynamiken auslösen. Doch wie ich schon am kommunalen Beispiel mit der Stadt Stuttgart (Seite 70) gezeigt habe, gilt aktuell meist die Devise: *„Geiz ist geil"* – billig muss es sein. Welche Unternehmen, dann mit öffentlichen Geldern gefördert werden, kann sich der Lesende zusammenreimen. Manchmal liegt das Problem auch weniger in der Wirtschaftsweise des Unternehmens, als in den weiten Wegen selbst für kleine Aufträge. Würden solche Dinge mitberücksichtigt und Unternehmen mit Gemeinwohl-Bilanzierungen bevorzugt, sähe die Wirtschaft rasch ganz anders aus. Und dies, ohne mit dem gegenwärtigen wirtschaftlichen Grundgedanken oder dem Wettbewerb aufzuräumen. Das Spiel bliebe das Gleiche, nur die Regeln wären fairer. Eigentlich logisch. Es gibt ein altes Sprichwort, das besagt: Beiße niemals die Hand, die dich füttert. Wenn wir das auf die aktuelle Situation in der Vergabe übertragen, lässt sich die öffentliche Hand richtig gern beißen. Absurd!

Über dreckige Lieferketten und Protektionismusvorwürfe
Das geht auch anders

„Du gibst einfach viel mehr Geld aus, als nachhaltig wirtschaftendes Unternehmen – es ist viel einfacher, die Kosten irgendwo in der Lieferkette abzuwälzen. Das ist das perfide an diesem System!"

Antje von Dewitz
Vaude

20. Juli 2020. Henrike Hahn und ich haben zum Livestream eingeladen: *„Post-Covid-19 Economy: Startschuss für eine Wirtschaft, die dem Gemeinwohl dient? Unternehmen und EU-Politik im Dialog."* Antje von Dewitz, die Geschäftsführerin des Outdoorsportunternehmens Vaude, und Oliver Viest von der Kommunikationsagentur em-faktor sitzen mit uns auf dem virtuellen Podium. Kein Rumgeeiere, kein Schönreden: Es ist derzeit Standard, gesellschaftliche Kosten auszulagern, um Gewinne zu machen. Die Rahmenbedingungen leiten mehr oder minder explizit dazu an. Das Thema eines strengeren Lieferkettengesetzes ist für unsere beiden GWÖ-Pionierunternehmen ein Herzensanliegen. Derzeit wird es auf europäischer Ebene angegangen. Ziel muss es sein, No-Gos in den Lieferketten gesetzlich festzulegen. Dafür würde sich das Heranziehen von GWÖ-Kriterien eignen. Natürlich würde dies bedeuten, dass große Teile unseres aktuellen globalen

Handels verändert und zahlreiche Lieferketten extrem verkürzt werden müssten. Denn oft gibt es für den *„schmutzigen"* Handel nur den Grund, dass ärmere Länder den ökologischen oder sozialen Frevel reicherer Länder auf sich nehmen und somit kostengünstiger produzieren. Es ist auch bequemer so. Warum sich mit komplizierten Umweltauflagen und sozialen Standards vor der Haustüre auseinandersetzen, wenn man irgendwo anders den Schmutz hinterlassen kann?

Tatsächlich sind viele lange Wege überflüssig und führen zu Abhängigkeiten. In der Landwirtschaft zeigen das zum Beispiel die langen und unethischen Tiertransporte oder die Anfahrt von Lebensmitteln, die auch regional gut zu produzieren sind. Das Thema regionale Ernährungssouveränität kam in der Corona-Krise ganz plötzlich neu auf den Tisch und hat das Bewusstsein der Menschen geschärft. Aber was höre ich oft, wenn ich solche Dinge erzähle? Manch eine*r behauptet dann, dass mein Ziel ein starker wirtschaftlicher Protektionismus sei. So äußerte sich auch der Vorsitzende des Bauernvereins: *„Da tun Sie den Menschen in Entwicklungsländern aber keinen Gefallen, wenn Sie sie vom Handel ausschließen und sie keinen Absatz mehr für ihre Produkte finden".* In dieser Aussage steckt so viel, und es sagt so viel über unser Weltbild. Um ehrlich zu sein, macht mich das unglaublich traurig. Denn im Grunde argumentieren wir, dass Menschen in Entwicklungsländern nicht ausgeschlossen werden dürfen. Sie brauchen den Handel mit uns, und den können wir auf keinen Fall ethischer gestalten, da wir sonst kein Interesse mehr daran haben, mit ihnen zu handeln. Ein schönes Gegenbeispiel ist die Schweiz, die immerhin fünfzig Prozent ihrer Lebensmittel im Inland produziert und (pro Kopf) innerhalb Europas am meisten für ökologische Nahrungsmittel ausgibt. Gleichzeitig ist sie einer der größten Abnehmer für Fairtrade-Produkte (wie Kaffee und Kakao) aus Entwicklungsländern.

Die GWÖ steht offenen Grenzen, Handel und vor allem internationalem Austausch überhaupt nicht im Weg. Es geht nicht um einen Rückzug in Nationalstaaten oder kleinere Einheiten. Es geht um ein global betrachtetes Gemeinwohl – ein Evaluieren der Gesamtwirtschaft. Globaler Handel soll dort stattfinden, wo er sinnvoll ist, und dann auch zu Konditionen, bei denen alle Beteiligten gewinnen. Zu globalem Gemeinwohl gehört auch globaler Austausch und Vernetzung, nicht zuletzt vor dem Hintergrund, dass dies der Schlüssel für gegenseitiges Lernen, Verständnis und somit ein gutes, friedliches Miteinander ist.

Mobilität ganz schräg

Eng verknüpft mit dem Thema Handel und Austausch ist die Mobilität. Und da wird es mir in meiner Achterbahn Verkehrsausschuss ganz schlecht. Die Schiene ist in einer unangenehmen Schieflage. Ziel ist es, erst einmal einen fairen Wettbewerb herzustellen, ein ebenes Feld, ein *„level playing field"*. Aktuell hängen wir nicht nur schief in unserer Achterbahn, sondern dazu auch noch mit den Köpfen in richtig mieser Luft. Tatsächlich werden die größten Verursacher von Schadstoffen wie Flugzeug, Auto und LKW strukturell bevorzugt und gefördert. Solltet ihr einmal versucht haben, einen erschwinglichen Nachtzug mit durchgängigem Ticketing durch Europa zu buchen, oder wart ihr einfach mit dem Fahrrad in Brüssel unterwegs, dann wisst ihr genau, was ich meine! Zeit ist in unserem aktuellen Wirtschaftssystem ein so rares Gut. Alles muss schnell gehen, also jetten wir durch die Welt. Im Mobilitätswebinar sagte eine Vertreterin von StayGrounded, einem Netzwerk für nachhaltige Mobilität, etwas, das mich berührte und mir zeigte, wie ein Konzept wie die GWÖ ganzheitlich wirken würde. Sie sprach vom großen Stress und Druck im Arbeitsalltag. Wer ein bisschen Freizeit hat, will möglichst schnell möglichst weit weg. Vielleicht wäre dieser Fluchtinstinkt nicht so groß, wenn wir zufriedener in unserem Wirtschaftssystem wären? Vielleicht hätten wir mehr Ruhe, ein langsameres Transportmittel zu wählen und es sogar zu genießen? Sie berichtete von einem Unternehmen in England, das Mitarbeitenden mehr Urlaubstage gibt, die statt per Flug mit dem Zug in den Urlaub reisen. Ein interessanter Ansatz, für den es in einer GWÖ-Bilanz gute Noten gäbe!

Fliegen ist allerdings häufig nicht nur die schnellste, sondern auch die billigste Variante! Während die Straße und Schiene bei Fahrten ins innereuropäische Ausland Mehrwertsteuer zahlen, fliegt der Flieger lässig darüber hinweg. Hier stimmt etwas nicht. Die GWÖ-Bilanzierung ist eine Möglichkeit, wirklich transparent zu machen, wo welche Kosten für die Gesellschaft anfallen. Wer die Umwelt weniger schädigt und den Mitarbeitenden bessere Bedingungen bietet, sollte bevorzugt werden. Darum haben die Grünen auf Bundesebene bereits eine GWÖ-Bilanzierung der Deutschen Bahn angeregt.

In Sachen Mobilität bewegt sich seit Corona einiges. Die meisten von uns haben von Pop-Up-Bikelanes und der sogenannten Velorution in den Medien gehört. Und auch davon, wie viele Fluggesellschaften und Reiseanbieter tief in der Krise stecken. Trotz EU-Recovery-Fonds und nationalstaatlichen Hilfen wird es im Bereich Tourismus große Umbrüche geben. Im Herbst 2020 steht, angeregt durch den EU-Kommissar für Binnenmarkt, eine große Konferenz zu nachhaltigem Tourismus an. Dort wird es darum gehen, Kriterien zu erarbeiten, um feststellen zu können, ob ein Unternehmen tatsächlich Ökotourismus betreibt. Hier habe ich in einen Anhörungsprozess einfließen lassen, dass die GWÖ eine hervorragende Grundlage böte. Da die GWÖ ein umfassendes Konzept ist und die Bilanzierung abhängig vom Agieren der Kunden und Zulieferer/Partner ist, würde innerhalb einer Region eine positive Spirale in Gang kommen. Wenn sich Ökotourismusunternehmen, Hoteliers, Gastronomen, Landwirte etc. zusammentun und kooperieren, entfaltet sich ein stimmiges Bild. Dann würden wir Abgeordnete in unseren Ausschüssen, Arbeitsgruppen und Delegationen auch nicht mehr auf verschiedenen Achterbahnschienen aneinander vorbeirauschen. Das wäre eine ganzheitliche Betrachtung und Bearbeitung all meiner Themen: nachhaltiger Verkehr, Tourismus, Landwirtschaft und regionale Entwicklung. Dass dies kein schöner Traum bleiben muss, hat sich bereits im großen Interesse bei der Anhörung gezeigt.

Ein Blick in meinen Koffer: Lasst uns konkret werden

GWÖ-Pilotregionen in Europa

Ich möchte ins Handeln kommen, ganz gemäß meiner lokalen Erfahrung. Es gibt für den ländlichen Raum spannende Fördertöpfe mit einer Vielfalt verschiedenster Themen, von Frauen im ländlichen Raum bis hin zum europäischen Austauschprogramm Erasmus.

Mir schwebt ein Pilotprojekt GWÖ in drei, vier oder vielleicht sogar fünf Regionen Europas vor. Man konnte entweder solche Regionen auswählen, die besonders strukturschwach sind, oder solche, die bereits viele GWÖ-Strukturen haben. Eine wissenschaftliche Begleitung würde dem Ganzen noch mehr Gewicht verleihen. Man könnte beobachten, was genau in diesen Regionen passiert. Inwiefern profitieren sie davon? Welche konkrete Steigerung des Gemeinwohls lässt sich realisieren? Gibt es Spill-Over-Effekte (sprich die Ausweitung auf benachbarte Regionen)? Inwiefern identifizieren sich die Bürger*innen mit dem Konzept? Wie ist der Austausch zwischen den Pilotregionen?

Ich bin im Austausch mit möglichen Verbündeten, wie dem Städtetag und insbesondere auch dem globalen Netzwerk lokaler und regionaler Regierungen für nachhaltige Stadtentwicklung (ICLEI). Was mich in der Zusammenarbeit mit der regionalen und kommunalen Ebene immer wieder begeistert, ist die Lust zur Gestaltung. Unsere Regionen und Kommunen sind wahre Innovationshubs für Lösungen, die wir dringend benötigen. Diese Kraft möchte ich nutzen!

Das GWÖ-Netz weiter spannen

Ich netzwerke fleißig weiter und versuche stets den GWÖ-Gedanken zu platzieren, sprich, die kleinen Fallschirmchen der Pusteblume auf ihre Reise zu schicken. Hierfür wird es auch reichlich Gelegenheit geben. Die europäischen Grünen veranstalten jedes Jahr ein sogenanntes European Ideas Lab, in dem sie den Kontakt zu Changemakern und neuen Ideen suchen. Ich möchte dort einen Workshop zur GWÖ platzieren und freue mich schon auf die Fragen, die Zusammenarbeit, das Ideenpingpong und was sich daraus ergeben wird! Die GWÖ-Bewegung stellt auch bald in einem Coworking Space in Brüssel eine Person ein, die das Thema GWÖ in Europa bearbeiten wird. Da werden sich sicher Synergien und gegenseitige Unterstützung entwickeln können. Für eine größere und öffentlichere Sichtbarkeit des Themas bahnt sich mit der Konferenz zur Zukunft Europas ein spannender Beteiligungsprozess für EU-Bürger*innen an. Ich würde mir wünschen, dass Christian Felber in diesem Zusammenhang eine Rede hält und sich auch viele GWÖ-Regional- und -Lokalgruppen organisieren und in diesen Prozess hineingeben.

Das Neue im Alten

Ich sehe solche Prozesse der Vernetzung, das gemeinsame Nachdenken über ein neues System im alten, wie die Imagozellen in einer Raupe. Imago, da sie die Imagination, das Visionäre des neuen Wesens, des *Schmetterlings* bereits in sich tragen. Und ganz wie in unserer Gesellschaft wehrt sich das Immunsystem der Raupe gegen diese Zellen. Sie erscheinen fremdartig. Zunächst bleibt in der Raupe tatsächlich das Alte erhalten. Doch während sie altert, lernen die Imagozellen dazu, werden resilienter und vernetzen sich zu Klumpen, ja verbinden sich sogar mit den Zellen der Raupe. Wenn sich die Zellen als eine Einheit erkennen, wird die Raupe zum Schmetterling.

Jeder von uns ist eine Imagozelle. Ich habe in meinem Team derzeit fünf solcher Verbündeter, und ich möchte ihre Unterstützung, ihre Begeisterung und ihren Mut, sich in das Abenteuer Wandel zu begeben, nicht missen. Ich freue mich auf das, was wir gemeinsam mit anderen bewegen können! Und auch wenn es ein langer Weg ist, für den es keine Beschilderung oder Karte gibt, weiß ich, dass er alle Mühe wert sein wird. Gelernt habe ich, dass man an einem Koffer voller Ideen und Visionen nicht schwer trägt. Man kann ihn sogar mit aufs Rad nehmen und in der Entschleunigung, in den Gesprächen am Wegesrand weiter befüllen. Das Kleine im Großen zählt!

Über die Autorinnen

Anna Deparnay-Grunenberg ist deutsch-französische EU-Abgeordnete von Bündnis 90/Die Grünen und Mitglied im Verkehrs- und Landwirtschaftsausschuss. Die Forstwissenschaftlerin und Mutter von 3 Kindern war GWÖ-Pionierin auf kommunaler Ebene in Stuttgart, wo sie 10 Jahre lang Stadträtin war.

Bianca Llerandi arbeitet im Team von Anna Deparnay-Grunenberg am Thema Gemeinwohl-Ökonomie und leitet ihr Europabüro in Stuttgart. Als Kind wollte sie Bäuerin oder Autorin werden. Heute schreibt sie mit Anna für eine gemeinwohl-orientierte Agrarpolitik und findet das mehr als einen guten Kompromiss.

Auf vier Fragen, Anna

Anna Deparnay-Grunenberg antwortet Karsten Hoffmann

Wie kann man die Mitglieder der anderen Parteien, vor allem die der konservativeren (CDU, FDP, Freie Wähler) überzeugen, dass die Gemeinwohl-Bilanzierung etwas Gutes mit sich bringt?

Vorweg möchte ich betonen, dass wir in Stuttgart zu Beginn nicht nur mit den klassisch konservativen Parteien Schwierigkeiten hatten, die Idee der Gemeinwohl-Bilanzierung zu platzieren. Die Stuttgarter SPD war zum Beispiel nicht leicht zu überzeugen, da sie die GWÖ zunächst als bevormundend empfand. Die Presse war stark desinteressiert, weil das Thema nicht so greifbar ist. Es bedurfte daher einiger Überzeugungsarbeit, Mitglieder anderer Parteien ins Boot zu holen.

Um es auf einen Nenner zu bringen: Um einen Menschen zu überzeugen – egal welcher Couleur, ist es wichtig, genau diese Person wirklich ernst zu nehmen. Wenn sie sich politisch engagiert und von mir ehrlich anerkannt wird, dass sie ihre Werte mitbringt und sich ebenso für eine bessere Welt engagiert wie ich, dann ist ein Dialog und Austausch auf Augenhöhe möglich.

Um zu überzeugen, ist es außerdem hilfreich, verschiedene Pionierunternehmen in unterschiedlichen Branchen zu nennen, damit gezeigt werden kann, was die GWÖ konkret bewirkt. Es ist essenziell zu zeigen, welchen Effekt so ein Abenteuer, so eine Umstellung für ein Unternehmen hat. Dass der sichtbare Nutzen, aber nicht zuletzt auch die Schubkraft der Motivation, im Sinne der eigenen Überzeugungen wirtschaften zu können, den administrativen Aufwand bei Weitem übersteigt.

Auch die visionäre Kraft der GWÖ-Prinzipien kann helfen zu überzeugen. Wenn wir uns gemeinsam die Zeit lassen, darüber nachzudenken: *„Wie sähe eine Welt aus, wenn sich alle Organisationen und Unternehmen von den Gemeinwohl-Werten des Souveräns leiten ließen?"* Dieses gemeinsame (Er-)Träumen kann Berge bewegen!

Was war aus deiner Sicht das größte Problem, das die kommunalen Stuttgarter GW-Bilanzkandidaten zu lösen hatten?

Ich weiß nicht, ob ich ausschließlich von Problemen reden kann. Beide städtischen Unternehmen zeichneten sich nämlich durch eine fortschrittliche Art aus, Prozesse innerhalb des Unternehmens anzugehen. Beim Eigenbetrieb Leben und Wohnen (ELW) nahm ich eine große Motivation wahr, mit der Belegschaft auf Augenhöhe zu arbeiten und sehr fortschrittlich und nachhaltig mit dem gesamten Betrieb umzugehen. Als Pionierunternehmen zeigten sie, dass sie modern arbeiten wollten und Themen wie „Wie gehen wir mit Multikulturalität in der Altenpflege um?" bereits durchdacht hatten. Die Geschäftsführerin legte großes Engagement und Lust an den Tag, das Unternehmen ständig zu verbessern. Hier sind die Gedanken der GWÖ logischerweise auf Offenheit gestoßen.

Beim zweiten Unternehmen, der Stadtentwässerung Stuttgart (SES), traf ich auf ein Team, das sich schon sehr lange mit Verbesserungsprozessen im Unternehmen beschäftigte. Auch hatten sie hohe Ansprüche an Nachhaltigkeit bei der Entwässerung. Eines ihrer Themen war zum Beispiel: Wie kann man Phosphor aus dem Altwasser rückgewinnen, um Ressourcen zu sparen und Energie zu produzieren?

Die Stadtentwässerung findet ja quasi für uns unsichtbar statt, unterhalb der Stadt, unter unseren Füßen. Doch es benötigt sehr viel Know-how, um ein effizientes Entwässerungssystem aufzusetzen. Der ganze Gedanke der Kreislaufwirtschaft spielt dabei eine große Rolle. Die Gemeinwohl-Bilanzierung konnte vor allem aufzeigen, was die Stadtentwässerung bereits tagtäglich für das Gemeinwohl leistet. Das ist ihnen auch sehr gut gelungen, und sie tragen das nun mit Stolz, dass sie GWÖ-bilanziert sind.

Schwierigkeiten hatten beide Unternehmen bei der öffentlichen Vergabe oder im Einkauf. Die Richtlinien der EU und die darauf basierenden Vorgaben der Kommune machen es schwierig, sich im Sinne des Gemeinwohls zu entscheiden. Man darf beispielsweise die Beschaffung eines neuen Dieselfahrzeugs ausschreiben, aber keinen gebrauchten elektrischen Kleinwagen kaufen. In diesem Sinne politisiert ja auch der Prozess der GWÖ-Bilanz. Alle Akteure stellen sich die Frage: Welche Rahmenbedingungen schreibt mir die Gesetzgebung vor? Was könnte sinnvoller und – im Sinne des Gemeinwohls – anders sein?

Hast du den Eindruck, ihr hättet auch im Europäischen Parlament Chancen, andere Fraktionen als die der Green Group von Aktivitäten in Sachen GWÖ zu überzeugen?

Es gibt ja auch innerhalb der Grünen-Fraktion im Europäischen Parlament viel Informationsbedarf. Bei einzelnen Mitgliedern ist das Prinzip der GWÖ bekannt, bei anderen – die in anderen Politikfeldern tätig sind – noch nicht. Andererseits gibt es innerhalb anderer Fraktionen ebenfalls Ansätze zum Thema GWÖ. Wir sind ja eine überparteiliche Bewegung, und es haben sich auch schon Gemeinden unter CSU-Bürgermeistern in Bayern oder städtische Gesellschaften in SPD-geführten Städten GWÖ-bilanzieren lassen und den Nutzen erkannt. Auch in anderen Ländern gibt es Initiativen und Mitstreiter*innen. Das Netzwerk ist jedoch noch klein. Ich denke, es ist jetzt wichtig, das Konzept auf europäischer Ebene bekannter zu machen und Pilotprojekte zu entwickeln.

Wo könnten Ansätze der GWÖ auf europäischer Ebene fruchten?

Der Bereich, in dem die meisten Gelder verteilt werden, ist die Landwirtschaft, mit fast vierzig Prozent des EU-Budgets. Die Neuausrichtung der europäischen Gemeinsamen Agrarpolitik (GAP) wäre ein idealer Startpunkt, um einzufordern, dass Landwirte sich bilanzieren ließen. Am besten wäre es, einen Partizipationsprozess in der Agrarbranche einzuführen, wodurch Gemeinwohl-Kriterien der Maßstab für den Erhalt von Geldern bei den Landwirt*innen wären. Darüber hinaus sollten auch Konsument*innen Mitspracherechte und Möglichkeiten haben, die Kriterien der Gemeinwohl-Ökonomie an die Landwirtschaft anpassen zu können. Öffentliche Gelder sollten logischerweise nur für öffentliche Leistungen vergeben werden. Das bedeutet konkret, dass mehr Artenvielfalt, mehr Boden-, Wasser- und Tierschutz, bessere Lebensmittel, gute Löhne für Mitarbeitende und regionale Kreisläufe Kriterien werden könnten, nach denen die großen EU-Steuergelder in der Landwirtschaft verteilt werden könnten. Das würde im Vergleich zur heutigen Flächenprämie ziemlich viel auf den Kopf stellen. Und der politische Widerstand ist bei einer solchen Herangehensweise vorprogrammiert.

Ich sehe parallel ein großes Potenzial in der regionalen Entwicklung: Verschiedene Regionen in Europa könnten ausgewählt werden, um vor Ort ein ganzes Netzwerk an Unternehmen und Organisationen zu inspirieren und zu unterstützen, sich Gemeinwohl-bilanzieren zu lassen. Anschließend könnten in den Bereichen der Landwirtschaft, Ernährung, Gastronomie, des Tourismus, der lokalen Wirtschaft und eventuell der Mobilität, die Synergieeffekte und positiven Auswirkungen der GWÖ gemessen und evaluiert werden. Damit könnten auf europäischer Ebene interessante Kenntnisse zur Gemeinwohl-Orientierung gesammelt werden.

In der Taxonomie zur Green Finance (die Finanzprodukte auf Nachhaltigkeit prüft) gibt es übrigens bereits Ansätze der Gemeinwohl-Ökonomie. Und in vielen existierenden Regelwerken könnte der Grundgedanke der GWÖ-Matrix Einzug finden: zum Beispiel in den Richtlinien zur öffentlichen Vergabe, bei Förderprogrammen für kleine und mittlere Unternehmen, bei der Vergabe von Pilotprojekten, bei Subventionen allgemein.

Auch die geplante große Konferenz zur Zukunft Europas könnte im Sinne der *„Bürger*innen-Konvente"* verstanden werden als ein Ort, an dem die EU-Bürger*innen gemeinsam definieren, was sie unter Gemeinwohl verstehen und wohin sich die EU weiterentwickeln soll. Das ganz große Rad sozusagen! **Packen wir es an!**

Die Fragen stellte
Dr. Karsten Hoffmann
Dipl. Math., Dr.-Ing., 10 Jahre Unternehmensberatung (IT-Projekte), 20 Jahre selbstständig als Projektmanager (PM) und PM-Trainer, seit 2019 GWÖ-Berater, lebt in Freiburg im Breisgau.

Klixbüll liegt im Norden des Kreises Nordfriesland und grenzt im Südwesten an die Stadt Niebüll, die dänische Grenze ist circa zehn Kilometer entfernt. Mit einer Fläche von 17,44 Quadratkilometern und einer Einwohner*innenzahl von 980 gehört Klixbüll zu den mittelgroßen Gemeinden der Region.

KLIXBÜLL

Hinterm Deich wird alles gut

Zwei Kinder spielen auf einer Schaukel, die mitten im Hochwasser steht, – die Aufnahme einer Flut an der Nordseeküste Deutschlands aus dem Dokumentarfilm *Hinterm Deich wird alles gut*. Es ist ein Sinnbild für die Klimaveränderungen und erklärt gleichzeitig, warum ausgerechnet drei Gemeinden aus der Küstenregion von Nordfriesland in Schleswig-Holstein zu den ersten in Deutschland gehören, die nach den Grundregeln der Gemeinwohl-Ökonomie wirtschaften wollen. *„Es ist natürlich symbolisch, wenn drei Dörfer im Norden – die ja selber nachdenken müssen, welche Zukunft sie beim fortschreitenden Klimawandel haben – sagen, wir fangen an und warten nicht darauf, dass andere das tun"*, stellt Sven Giegold, EU-Abgeordneter der Grünen in Brüssel, fest. Zudem schlummert ein innovativer und kooperativer Geist zwischen Geest und Marsch, eine besondere Tradition von Zusammenarbeit und Zukunftsgestaltung. Auch deshalb haben sich die Gemeinden Bordelum, Breklum und Klixbüll nach den Werten der GWÖ bilanzieren lassen. Und sie haben aus den Resultaten Konsequenzen gezogen. Eine beispielhafte Transformation nicht nur für Nordfriesen und Nordfriesinnen.

Die Gemeinde Bordelum mit ihren zehn Ortschaften und circa 2.000 Einwohner*innen ist eine für Nordfriesland typische Geestrandsiedlung am Rande der Schleswigschen Geest. Die Wirtschaftsstruktur der Gemeinde ist ländlich geprägt. Die Wirtschaftsdynamik ging lange Zeit vor allem von der Landwirtschaft aus. Inzwischen spielen die erneuerbaren Energien eine wichtige Rolle.

Breklum ist eine Gemeinde mit 2.364 Einwohner*innen auf der Grenze zwischen Marsch und Schleswigscher Geest. Breklum ist nach Luftlinie circa sechs Kilometer von der Nordsee und ca. dreißig Kilometer von der dänischen Grenze entfernt und hat eine Fläche von 10,06 Quadratkilometern.

BORDELUM   BREKLUM

Wie alles begann?

Das Christian Jensen Kolleg, gemeinwohl-ökonomisch bilanziert, Tagungshaus und Ort der Utopie in Nordfriesland, lud Bürgermeister*innen, Mitglieder von Gemeinderäten und Vertreter*innen von kommunalen Eigenbetrieben aus der Region zu einem Austausch zur Gemeinwohl-Ökonomie ein. Ziel war es, mit kommunalen Vertreter*innen ins Gespräch zu kommen und sie mit der Idee der GWÖ zu infizieren. Es wurde viel diskutiert, ob eine Betrachtung anhand der Werte der Gemeinwohl-Ökonomie für Gemeinden überhaupt notwendig ist, da sie per se dem Gemeinwesen verpflichtet sind. Doch wie sieht die reale Praxis der Gemeinden aus und welche Kriterien werden bei Entscheidungen auf kommunaler Ebene eigentlich zugrunde gelegt? Dienen diese wirklich dem Gemeinwohl oder stehen Kriterien der reinen Wirtschaftlichkeit oder der kommunalen Konkurrenz im Mittelpunkt?

Die Bürgermeister von Bordelum, Breklum und Klixbüll entschieden sich schließlich zur werteorientierten Überprüfung ihrer Verpflichtung zum Gemeinwesen.

Nun galt es, Beschlüsse im Gemeinderat zu fassen. *„Ich will nicht sagen, letzten Endes war es dann eine Schnapsidee, es war zunächst eine sehr abstrakte Idee. Dass das irgendwie was Gutes wohl ist, das war in Ordnung, und dass es da Fördermittel für gibt, war auch in Ordnung, und ich sag mal, in der Schankstube haben wir das Ganze dann noch mal besprochen und gesagt, das machen wir jetzt!"*, so Claus Lass, Bürgermeister von Breklum. Wegen des innovativen Charakters wurde eine regionale EU-Finanzierung der GWÖ-Bilanzierung zugesagt. So konnte es losgehen.

Weitere Überzeugungsarbeit

Kleine Gemeinden in Schleswig-Holstein halten keine eigene Verwaltung vor. Ämter übernehmen für mehrere Gemeinden zusammen die Verwaltungsaufgaben und entlasten sie bei der praktischen Durchführung. Klixbüll wird vom Amt Südtondern und Bordelum und Breklum werden vom Amt Mittleres Nordfriesland verwaltet. Viele wichtige Informationen für die Gemeinwohl-Ökonomie-Bilanzierung der drei Gemeinden lagen somit bei den Ämtern. Diese galt es zu überzeugen, Teil dieses Prozesses zu sein. Nach anfänglichen Widerständen der Leitung arbeiteten Mitarbeiter*innen der Ämter kontinuierlich und überaus engagiert mit. Sie wurden im Laufe der Zeit Sprachrohr der GWÖ in den Ämtern, fragten beispielsweise die regionalen Banken nach ihrer werteorientierten Performance oder stießen den Diskurs um eine nachhaltige Beschaffung und Auftragsvergabe der Ämter an. Angeregt durch die GWÖ-Bilanzierung ihrer Mitgliedsgemeinden hat sich mittlerweile der Kreis Nordfriesland der Umsetzung der Nachhaltigkeit und der GWÖ-Werte im Kreis verschrieben. Kreistagsbeschlüsse zur Implementierung der UN-Nachhaltigkeitsziele wurden gefasst und Mittel für die weitere Umsetzung der GWÖ im Haushalt eingestellt. Die GWÖ zieht Kreise im Kreis.

Auftaktworkshop GWÖ-Bilanzierung mit den Gemeindevertreter*innen der Gemeinden Bordelum, Beklum, Klixbüll

Umsetzung der Bilanzierung

In Bordelum, Breklum und Klixbüll sind die Bürgermeister und der Gemeinderat ehrenamtlich unterwegs. „Das war eine harte Nummer, in Themengebiete reinzuschauen, wo man vorher nie reingeschaut hat. Das wäre allein nicht leistbar gewesen, da bin ich ganz dankbar dafür, dass wir drei, vier, fünf andere Schultern aus dem Gemeinderat hatten, die eifrig mitgemacht haben", sagt Peter Reinhold Petersen, Bürgermeister von Bordelum.

In mehreren Workshops setzten sich die Gemeinden aktiv mit ihrer öffentlichen Beschaffung auseinander und analysierten ihre Beschaffungspraxis nach ethischen und ökologischen Kriterien. Sie betrachteten ihre Haushalts- und Finanzpolitik und fragten nach einem sinnstiftenden und nachhaltigen Einsatz ihrer finanziellen Ressourcen. Im Umgang mit Mitarbeitenden, Mandatsträger*innen sowie ehrenamtlich Engagierten waren Werte wie das Recht auf Unversehrtheit, freie Entfaltung der Persönlichkeit und der Geschlechter zielführend. Breklum, Bordelum und Klixbüll setzten sich mit den wesentlichen ethischen Werten und Prinzipien sowie der Beziehung der Gemeinde zu ihren Bürger*innen auseinander und hinterfragten, ob ihre Dienstleistungen an sozialen und ökologischen Kriterien ausgerichtet sind. Sie fragten nicht zuletzt, ob ihre Aktivitäten Sinn stiften, für die Menschen und für das gesellschaftliche Umfeld.

*„Für mich war die Sensibilisierung das Entscheidende. Zum Beispiel unser Malermeister aus dem Gemeinderat: Er war bei allen Workshops dabei, und er stellt für seinen Betrieb und an seine Lieferant*innen nun ganz andere Fragen."*

Werner Schweizer
Bürgermeister von Klixbüll

„Der Prozess war erstmal anstrengend, weil es doch in Bereiche ging, wo ich nicht gedacht habe, dass das mit dazugehört. Aber genau das war letzten Endes gut, dass man mal weg kommt vom Fairtrade-Kaffee und von Bio-Bananen, hin zu der Erkenntnis, dass zur wirklichen Gemeinwohl-Ökonomie noch ein ganzer Berg mehr gehört", stellt Claus Lass fest. Die Ergebnisse der Analyse wurden in einem Gemeinwohl-Bericht zusammengeführt, Veränderungspotentiale, Handlungsfelder und Ziele für die Weiterarbeit identifiziert.

„Ergebnisse dieses Prozesses zeigen auf, wo Chancen, Risiken, Potenziale und Stärken liegen", fasst Werner Schweizer, Bürgermeister von Klixbüll zusammen. Während des Bilanzierungsprozesses konnten sich die Einwohner*innen der Gemeinden in öffentlichen Veranstaltungen über die Werte der Gemeinwohl-Ökonomie und die Sinnhaftigkeit des laufenden Prozesses informieren und austauschen. Und zuletzt wurde gefeiert, bei einer öffentlichen Testatübergabe, mit überwältigender Resonanz.

Filmprojekt *Hinterm Deich wird alles gut*
Gabriele Kob und Hanno Hart von Hart Film haben daraus den anfangs erwähnten Dokumentarfilm gemacht. Er rückt den Akteuren dieses Umdenkens und den verschiedenen Werten der Gemeinwohl-Ökonomie auf die Pelle, begleitet sie in ihrem Alltag und will wissen, was sie angestiftet haben, was ihre Ziele sind, welche Hindernisse sie überwinden mussten. Der Film wurde mittlerweile in über fünfzig Kinos gezeigt, mit anschließenden Talkrunden unter der Beteiligung der Gemeinden. Ein lebendiges Porträt, nicht nur Gegenwartskritik, sondern auch konkrete Zukunftsgestaltung.

Alle Zitate dieses Beitrags stammen aus dem Film „Hinterm Deich wird alles gut".

Herzlichen Dank an Hanno Hart und Gabriele Kob

Was ist daraus geworden?

„Untersucht haben wir eine ganze Menge. Jetzt geht es darum, dass man einfach mal macht und es selbst in die Hand nimmt", so Peter-Reinhold Petersen. So treibt Bordelum das Vorhaben weiter voran, alle Einwohner*innen mit eigenem, erneuerbarem Strom zu versorgen, damit ein Zeichen gegen die Konzernlobby zu setzen und seinen Teil zur Energiewende beizutragen. Und es schafft Räume des gemeinschaftlichen Austausches und der Aktion im Bordelumhus. Klixbüll träumt von elektrischen Höhenflügen nach Sylt aus erneuerbarer Energie und schafft Möglichkeiten der solidarischen Landwirtschaft, um Alternativen für landwirtschaftliche Produktion

im ländlichen Raum aufzuzeigen. Und Breklum hat sich der kommunalen und grenzüberschreitenden Kooperation und der Bürger*innenbeteiligung verschrieben. Zudem fragt es bei Anschaffungen unter anderem für die Kita nach der Einhaltung der ILO-Kernarbeitsnormen und dem Umgang mit Mitarbeiter*innen.

Alle drei Gemeinden eint, dass sie sich weiter auf den Weg machen, ihre Ideen vorantreiben und die Entscheidungen an den Werten der Gemeinwohl-Ökonomie und der UN-Nachhaltigkeitsziele messen. Damit gehen sie immer wieder gegen die Gewohnheit an. Sie verstehen sich als wichtige Akteure im Diskurs um gesellschaftliche Teilhabe, als Träger*innen und Treiber*innen eines sozial-ökologischen Wandels. Und sie wollen ihre Bürger*innen zu Beteiligten machen und Orte der Veränderung und des Umdenkens schaffen.

Für ihre GWÖ-Innovation und ihre Tatkraft sind sie mit dem Sonderpreis des Schleswig-Holsteinischen Nachhaltigkeitspreises ausgezeichnet worden. Andere Gemeinden lassen sich anstecken: Die Bürgermeister von Bordelum, Breklum und Klixbüll sind gern gesehene Gäste und angefragte Gesprächspartner für andere Gemeinden. Und eine weitere Stadt in Schleswig-Holstein macht sich Ende 2020 auf den Weg zur Gemeinwohl-Bilanzierung. Auch Simone Lange, Oberbürgermeisterin in Flensburg, kann sich die Gemeinwohl-Ökonomie ganz konkret für ihre Stadt vorstellen: *„Das wäre ein großartiges Wachstum. Wir könnten Wachstum ganz neu definieren und umdeuten!"*

Über die Autorin
Anke Butscher
Dr. rer. pol., Geschäftsführerin von corsus, Politik- und Unternehmensberaterin Nachhaltigkeit, GWÖ- Beraterin

Im Frühjahr 2016 lud der Verein zur Förderung der Gemeinwohl-Ökonomie Vorarlberg gemeinsam mit dem hiesigen Umweltverband zu einem Treffen ein. Das Ziel: Gemeinden für die Gemeinwohl-Bilanz zu gewinnen. Der Einladung folgten siebzehn Vertreter*innen aus Vorarlbergs Gemeinden.

Es war das erste Treffen zum Thema Gemeinwohl-Gemeinde. Gebhard Moser und ich waren sehr nervös. Wir wollten Gemeinden für die GWÖ-Bilanz gewinnen, wir wussten zu diesem Zeitpunkt jedoch auch, dass im GWÖ-Prozess manches noch unklar war. Doch am Ende des Treffens gab es tatsächlich zwei mutige Gemeinden, die mit uns in diesen Pilotprozess einsteigen wollten.

Pilotprojekte für künftige Generationen

Die Gemeinde Nenzing, allen voran Bürgermeister Florian Kasseroler, hatte zu diesem Zeitpunkt die Präsidentschaft der *Zukunftsorte* inne und machte sich Gedanken über die Inhalte der Veranstaltung, mit der er den Präsidentschafts-Stab an die nächste Gemeinde übergeben sollte. Die GWÖ-Bilanz stieß bei ihm sofort auf Interesse. *„Ich will für die Zukunftsorte-Gemeinden das Thema Gemeinwohl-Ökonomie in den Mittelpunkt stellen"*, erklärte er. *„Wir müssen also bis Herbst 2017 fertig sein. Geht das?"*

„Ich will wissen, ob die Bilanzierung das hält, was sie verspricht."

Rainer Siegele
Bürgermeister aus Mäder

Rainer Siegele, Bürgermeister von Mäder, ist auch Präsident des Vorarlberger Umweltverbandes. Sein Wissen zu nachhaltigen Prozessen ist umfangreich. Er brachte Skepsis und Neugierde mit. Ihm war wichtig zu erfahren, ob die GWÖ hält, was sie verspricht: *„Das schau ich mir an. Ich habe schon viel gehört, und ich will es jetzt wissen. Wir sind dabei."*

Wow. Wir waren erfreut und wir wussten, dass wir mit den beiden Gemeinden echte Pilotprojekte durchführen konnten. Alles was wir in den letzten Jahren zur Gemeinwohl-Matrix für Gemeinden erarbeitet hatten, konnten wir nun in der Praxis konkretisieren und weiterentwickeln. Dann ging's los. Die Gemeinden hatten die Aufgabe, eine Projektgruppe zusammenzustellen – und entschieden, von Beginn an alle Gemeindemitarbeiter*innen einzubeziehen. Wir starteten den Prozess also mit achtzig Mitarbeiter*innen aus beiden Gemeinden.

Entsprechend den „Berührungsgruppen" (Lieferant*innen, Finanzpartner*innen, Mitarbeiter*innen, Bürger*innen, gesellschaftliches Umfeld) bildeten die Mitarbeiter*innen fünf Arbeitsgruppen. Sie nahmen ihre Beziehungen der Gemeinde im Hinblick auf die universalen Werte der GWÖ (Menschenwürde, Solidarität, ökologische Nachhaltigkeit, soziale Gerechtigkeit, demokratische Mitbestimmung und Transparenz) genau unter die Lupe. Ein umfassendes Bild der Ist-Situation entstand. Ziel war es, die Denkweisen in der Verwaltung zu verändern, aber auch Mitarbeiter*innen und politische Mandatsträger*innen zu motivieren.

„Die Zertifizierung und der Gemeinwohl-Bericht ermöglichen für Gemeinden eine umfassende Übersicht ihrer Aktivitäten in allen Bereichen der Daseinsvorsorge."

Florian Kasseroler
Bürgermeister aus Nenzing

Mit achtzig Mitarbeiter*innen startete der Prozess im November 2016.

Was im gemeinsamen Prozess entstand

Die Themengruppen aus beiden Gemeinden trafen sich regelmäßig, tauschten sich aus, vernetzten sich. Das zahlte sich aus: Am Ende des Prozesses übernahm beispielsweise die Gemeinde Nenzing das System der Reinigung der gemeindeeigenen Gebäude von Mäder. Mäder hatte hier schon einige Jahre geforscht und experimentiert und ein gutes, umweltschonendes System entwickelt.

Martin Stark ist ein Profi im Gebäudemanagement. Seine Erfahrungen in der Gemeinde Mäder konnten an die Gemeinde Nenzing weitergegeben werden.

Eine Kernfrage lautete: Welche Möglichkeiten haben Gemeinden bei Ausschreibungen? Die Gesetzeslage ist kompliziert, und trotzdem gibt es einen Gestaltungsspielraum. Dietmar Lenz, Experte des Umweltverbandes, regte an, bei Bauausschreibungen das Bestbieterprinzip anstatt des Billigstbieterprinzips anzuwenden. So wurden die Werte der Gemeinwohl-Ökonomie zu Leitplanken des kommunalen Handelns, die ganz konkrete Entscheidungen nach sich ziehen.

Marktgemeinde Nenzing

Nenzing hat 6.200 Einwohner*innen und liegt im Bezirk Bludenz des österreichischen Bundeslands Vorarlberg auf 533 Metern Höhe. Mit einer Fläche von 110 Quadratkilometern ist Nenzing die viertgrößte Gemeinde Vorarlbergs und grenzt im Süden an die Schweiz und im Südwesten an das Fürstentum Liechtenstein.

Die Gemeinde Nenzing zog nach dem Prozess der Gemeinwohl-Bilanzierung ein positives Resümee. Dass die bisher geleistete Arbeit und auch die in Zukunft geplanten Projekte bewertet wurden, motivierte alle Beteiligten. Gleichzeitig förderte die Analyse die kritische Auseinandersetzung mit dem eigenen Tun.

Aber was ist in Nenzing konkret passiert?

*„Es gab interessierte Rückfragen von Lieferant*innen. Unsere Anfrage hatte sie neugierig gemacht."*

Dunja Thaler, *Mitarbeiterin der Gemeinde Nenzing*

Analyse Beschaffung und Lieferant*innen

Circa 700 Lieferant*innen bekamen Fragen zu (Umwelt-)Zertifikaten und zusätzlichen Maßnahmen für den Umweltschutz zugesendet. Jeder einzelne Lieferant wurde bewertet. Mit Dunja Thaler arbeitet eine Mitarbeiterin in der Verwaltung, die diesen Prozess mit Freude betreute. *„Ich muss die Dinge so analysieren, dass ich später einen Nutzen davon habe"*, so ihre Aussage.

Leitbilder

Die Marktgemeinde Nenzing hat ihre Werte und Prinzipien schriftlich festgehalten. Sie entwickelte beispielsweise ein *Spiel- und Freiraumkonzept*, ein *Räumliches Entwicklungskonzept Nenzing – Frastanz*, einen Teilbebauungsplan und den Bebauungsplan Nenzing Dorf. Auch zu den Themen Familienfreundlichkeit, Integration, Energieeffizienz oder Natur- und Umweltschutz wurden Initiativen aktiv, die Leitbilder und Ziele festlegten.

Zuwanderung begleiten

Aus Anlass des Flüchtlingszustroms im Jahr 2015, der die Vorarlberger Gemeinden vor unterschiedliche Herausforderungen stellte, wurde im Jänner 2016 ein Mentor*innenprogramm ins Leben gerufen. Drei Koordinatorinnen im Gemeindeamt nahmen sich gemeinsam mit Ehrenamtlichen aus der Nenzinger Bevölkerung der Neuzugezogenen an und versuchen, sie auf dem Weg in die Selbstständigkeit zu begleiten.

Vom Ankommen zum Zusammenleben: Bei Willkommensfeiern wurden Neuzugezogene begrüßt.

Siedlung begrenzen

In Bezug auf die Landschaftsentwicklung Nenzings war die Festlegung der Siedlungsgrenzen im Jahre 2014 wohl langfristig eine der wirkungsvollsten Maßnahmen. Großprojekte wie Kraftwerke, Materialumschlagplätze etc. werden über die rein rechtlichen Vorgaben hinaus geprüft, bei Bürgerinformationsveranstaltungen präsentiert und partizipativen Prozessen unterzogen.

Austrian SDG Award für nachhaltige Gemeindeentwicklung

Der *Austrian SDG Award* hat zum Ziel, Pioniere bei der Umsetzung der UN-Nachhaltigkeitsziele (Sustainable Development Goals) einem breiteren Publikum bekannt zu machen. Er ist die einzige Auszeichnung für dieses Themengebiet in Europa. Die Gemeinde Nenzing hat ihn 2019 verliehen bekommen, als erste nachhaltig agierende Gemeinde. Prämiert wurden Ideenreichtum sowie Mut und Stärke bei der Umsetzung und Implementierung der UN-Nachhaltigkeitsziele und der Agenda 2030.

„Die globalen Nachhaltigkeitsziele sind ein großer zivilisatorischer Fortschritt. Sie geben Milliarden Menschen Hoffnung und die Perspektive auf ein besseres Leben in Würde. Die Umsetzung einer nachhaltigen Entwicklung kann nur gemeinsam gelingen. Sie lebt von Partnerschaften, Entschlossenheit und enger Zusammenarbeit."

Dr.in Brigitte Bierlein
Bundeskanzlerin Österreich

*„Dieser Preis ist die Anerkennung für die hervorragende Arbeit der Mitarbeiter*innen, für den Einsatz der politischen Mandatar*innen und das Engagement vieler ehrenamtlich tätiger Mitbürger*innen."*

Florian Kasseroler
Bürgermeister von Nenzing

Marktgemeinde Mäder

Mäder liegt im Vorarlberger Rheintal, 16 km südlich des Bodensees, unmittelbar am Ufer des Alpenrheins und ist eine Grenzgemeinde zur Schweiz. Mit einem Gemeindegebiet von 3,4 Quadratkilometern und einer Bevölkerungsdichte von 1.211 Einwohnern pro Quadratkilometer ist Mäder die am dichtesten besiedelte Gemeinde Vorarlbergs.

Die Gemeinde Mäder hat mittlerweile schon zum zweiten Mal einen Gemeinwohl-Bericht geschrieben und sich einem externen Audit der GWÖ gestellt. Damit ist sie die erste Gemeinde im deutschsprachigen Raum, die re-auditiert ist. Schon 1992 wurden in Mäder zwei Leitsätze definiert, die heute noch Gültigkeit haben:

„Mäder soll ein Dorf bleiben."

„Wir wollen eine Umweltmustergemeinde werden."

Umweltmustergemeinde – ein Weg über Jahrzehnte

Mit diesem Beschluss stellte die Gemeinde die Weichen in Richtung Natur und künftige Generationen. Doch der Prozess begann schon Jahre vorher. In den Jahren 1974–84 wurden beispielsweise an die 80.000 Bäume und Sträucher im Gemeindegebiet gepflanzt, um die vom Rhein ausgeräumte Landschaft wieder intakt zu setzen.

1984 wurde der zentrale Grünraum im Brühl mit einem Grünordnungsplan aufgewertet. Die damals neue ÖKO-Mittelschule führte das Unterrichtsfach Ökologie als Pflichtfach ein. Die Inhalte: Lernen und Forschen in der Natur und die Entwicklung von Verantwortung und Eigeninitiative zum Schutz unseres Lebensraumes.

Sehr früh ist Mäder dem Klimabündnis Österreich beigetreten. 1998 folgte die Teilnahme am e5-Programm, das versucht, den Energieverbrauch zu optimieren und die Bewusstseinsentwicklung in der Bevölkerung voranzutreiben. Aus dem Musterbauwerk ÖKO-Mittelschule Mäder entstand das Programm *„Nachhaltig:Bauen in der Gemeinde".* Über achtzig Gebäude sind in Vorarlberg mittlerweile nach seinen Prinzipien errichtet worden.

Aus dem Energiebericht 2019 ist ersichtlich, dass Mäder durch konsequentes Energiesparen und den Einsatz nachhaltiger Energie einen negativen CO_2-Ausstoß hat. Jedes Jahr wird ein ausführlicher Energiebericht auf der Homepage von Mäder veröffentlicht.

Außerdem kommentiert die Gemeinde seit 25 Jahren ihren Wasserverbrauch und ihre Abfälle. Auch hier setzt sie auf die Bewusstseinsbildung in der Bevölkerung. Mäder war von Anfang an der Entwicklung vom ÖBS, dem ökologischen Einkaufsservice des Vorarlberger Umweltverbandes, beteiligt, der durch umweltbewussten Einkauf weniger Abfall erzeugt.

„Wir sind der festen Überzeugung, dass die öffentliche Hand keinen volkswirtschaftlichen Schaden anrichten darf. Es gibt Studien, die besagen, dass ein Kilogramm CO_2 einen Schaden von 35 Cent verursacht. Bei allen Kalkulationen der Gemeinde Mäder wird dieser volkswirtschaftliche Schaden miteinbezogen, sodass immer die bestverfügbare Technik bei Sanierungen und Neubauten zum Einsatz kommen kann und diese auch immer volkswirtschaftlich sinnvoll ist."

Rainer Siegele
Bürgermeister aus Mäder

Patenschaftsmodell bei hochstämmigen Obstbäumen

In den 2000er Jahren machte der Feuerbrand den hochstämmigen Obstbäumen sehr zu schaffen. Viele Verluste von alten Bäumen mussten hingenommen werden. Die Gemeinde stellte eine Fläche zur Verfügung und lud die Bürger*innen ein, eine Baumpatenschaft zu übernehmen. Die Pat*innen kümmern sich um die Bäume und nutzen die Ernte.

Beteiligung wirkt

Die Bürger*innen wurden auch in Investitionsentscheidungen miteinbezogen. Die Erfahrung zeigt, dass das die Akzeptanz der Projekte erhöht. Zum Beispiel der Pausenhof der Volksschule: Kinder und Jugendliche durften mitentscheiden und halfen beim Umbau. Der Platz wird von ihnen nun viel stärker auch außerhalb der Schulzeit genutzt und die Hemmschwelle für Vandalismus ist gestiegen.

Mit all diesen Projekten kämpfen die beiden Gemeinden um eine lebenswerte Natur für künftige Generationen. Die GWÖ-Bilanz half dabei, das Erreichte zu analysieren und einen mutigen Handlungsrahmen für die Zukunft abzustecken.

Über die Autorin
Ulrike Amann
Die Diplompädagogin arbeitet seit über 15 Jahren in der Begleitung von Prozessen vorwiegend im öffentlichen Bereich. Neben ihrem Fachwissen in der GWÖ verfügt sie über eine hohe Methodenkompetenz für eine erfolgreiche Prozessbegleitung.

Von der Möbel- zur Gemeinwohl-Fabrik

Gemeinwohl-bilanzierende Kommunen
Stadt Brakel
Stadt Steinheim
Stadt Willebadessen

Gemeinwohl-bilanzierende Unternehmen
Biolandhof Engemann
Bioplan
ChemicalCheck
Graf Metternich Quellen
Kaiser Haus
Lebenshilfe Brakel
Resoltat
Petersilchen
St. Rochus Apotheke
Vereinigte Volksbank

Die Modellregion Kreis Höxter

Schon einmal war vom westfälischen Städtchen Steinheim ein Impuls ausgegangen, der die Welt nachhaltig veränderte. Vor über einem Jahrhundert hatte man hier, abseits der großen Metropolen, hochwertige handwerkliche Möbel im industriellen Maßstab gefertigt – und sich damit weltweit einen Namen gemacht. Dass noch einmal etwas ähnlich Wegweisendes geschehen könnte, hielt nicht einmal Albrecht Binder für möglich. Im Gegenteil: Der sonst grundoptimistische Apotheker und Unternehmer war betrübt, als an diesem nasskalten Wintertag im Januar 2017 die allerletzte Maßanfertigung seine *„Steinheimer Möbelmanufaktur"* verließ.

Nach über sieben Jahren intensiver Arbeit war seine Vision endgültig gescheitert. Er hatte gehofft, mit der Produktion von Paternoster-Schränken für ältere Menschen, Tischen und Schränken aus Vollholz und passgenauen Apothekenmöbeln eine Steinheimer Tradition bewahren zu können. Eine Tradition, die mit der *„Anton Spilker Fabrik geschnitzter Möbel"* begonnen hatte.

Eine „Möbelstadt", in der man zusammenhält

Spilkers Familienunternehmen hatte bis zum Ausbruch des Ersten Weltkriegs preußische Adelige mit aufwendig verzierten Eichenmöbeln versorgt und dabei den Ruf Steinheims als „Möbelstadt" geprägt. Ein Erfolg, der nicht allein auf Anton Spilkers hervorragender Ausbildung als Möbeldesigner und Bildhauer beruhte. Auch nicht darauf, dass Holz in Ostwestfalen-Lippe seit Mitte des 19. Jahrhunderts nachhaltig bewirtschaftet wurde und reichlich verfügbar war. Mindestens ebenso entscheidend war der Leitgedanke der Kooperation: Spilker pflegte den partnerschaftlichen Umgang mit seinen ehemaligen Lehrlingen und Gesellen auch weiter, wenn diese ihre eigenen Unternehmen gründeten. Statt Konkurrenzkämpfe auszufechten, wurde bis in die Blütezeit der Stadt mit zwischenzeitlich zwölf Möbelfabriken und fünfzig Kleinbetrieben freigiebig Wissen geteilt, um den Standort insgesamt zu stärken.

Die Steinheimer Möbelmanufaktur

So erlangten Steinheimer Möbel Weltruf. Bis der Markt sich ab den 1970er Jahren zu verändern begann, die Nachfrage nach Stilmöbeln sank und Massenprodukte aus Billiglohnländern das Steinheimer Modell wirtschaftlich unter Druck setzten. Über tausend Arbeitsplätze gingen im Strukturwandel verloren. Eine Entwicklung, die auch Albrecht Binder nicht hatte aufhalten können.

Anders als den drei Voreigentümern war es seinem Geschäftspartner und ihm wenigstens gelungen, die Firma vor der Insolvenz zu bewahren. So kam es, dass Binder nach der ordentlichen Liquidation eine Fabrikhalle im Steinheimer Gewerbegebiet besaß. Wenn er dafür im kommenden Jahr einen Käufer finden könnte, wäre wenigstens ein Teil seiner Investition gerettet, dachte er. Doch es sollte ganz anders kommen …

Ein Geburtstag mit Folgen

Den ersten Impuls hatte Binder damals bereits auf dem Tisch. Seine Tochter Dorit war im Umwelttechnik-Studium an der Universität Konstanz auf Christian Felbers Buch „Gemeinwohl-Ökonomie" aufmerksam geworden. Im März 2016 schenkte sie es ihrem Vater zum 55. Geburtstag. Der war sofort begeistert, von der Vision einer Gemeinwohl-Ökonomie ebenso wie vom ganz konkreten unternehmerischen Nutzen der Gemeinwohl-Bilanz. Ein Werkzeug, mit dem man das eigene Handeln nicht nur im Hinblick auf den Finanzgewinn, sondern auch auf Mensch und Umwelt systematisch verbessern

„So wie bisher können wir nicht weiter wirtschaften, dabei geraten Mensch und Umwelt unter die Räder. An der GWÖ gefällt uns insbesondere, dass sie diesen Umstand nicht nur beklagt, sondern einen pragmatischen, unternehmerischen Lösungsweg aufzeigt."

Albrecht Binder
St. Rochus Apotheke

konnte, – das musste getestet werden! So erstellte Binder gemeinsam mit seiner Frau Annegret für die Jahre 2015 und 2016 die allererste Gemeinwohl-Bilanz einer Apotheke in Deutschland. Sie war gleichzeitig die erste Bilanz eines Unternehmens im Kreis Höxter. Parallel gründete Annegret Binder die ehrenamtliche GWÖ-Regionalgruppe Höxter-Lippe.

Als Apotheker in Steinheim bestens vernetzt, berichtete Binder auch Bürgermeister Carsten Torke und Wirtschaftsförderer Ralf Kleine von der Idee der Gemeinwohl-Ökonomie, die ihn so begeisterte. Eine Idee, die auch das wenig später tagende Auswahlgremium für den städtischen Querdenker-Preis überzeugte: Die *Reineccius-Medaille* wurde im November 2017 an GWÖ-Mitinitiator Christian Felber verliehen. Seine fulminante Dankesrede inspirierte die Stadt zu einem Ratsbeschluss im Mai 2018: Auch die Steinheimer Verwaltung sollte eine kommunale Gemeinwohl-Bilanz erstellen.

Historiker Reiner Reineccius (1541–1595) war ein Querdenker seiner Zeit. Seine Heimatstadt Steinheim zeichnet seit 2009 heutige Pionier*innen mit der „Reineccius-Medaille" aus. Ziel ist die Ermutigung, sich mit Dingen zu beschäftigen, die vielleicht zunächst als *„Nonsens"* bewertet werden, aber fruchtbares Neuland erschließen.

Steuern sparen mit Sinn

Derweil hatte Albrecht Binder endlich den ersehnten Nachfolger für seine Fabrik gefunden. Doch sein Freund und Bio-Unternehmer Reinhard Raffenberg brachte ihn auf eine andere Idee: Statt das Gebäude zu verkaufen und große Teile des Erlöses ans Finanzamt zu überführen, könne er die Immobilie als Vermögens-Grundstock in eine gemeinnützige Stiftung einbringen, schlug er vor. Diese Schenkung spare ihm eine Menge Steuern, aus denen er wiederum Projekte für die Gemeinwohl-Ökonomie finanzieren könne. Und auch für die Beschaffung von weiteren Mitteln sei das Modell vorteilhaft: Durch die Gemeinnützigkeit sinke der Eigenanteil bei öffentlichen Förderanträgen.

Binder erkannte das Potenzial der Idee und zögerte nicht lange. In intensiver Abstimmung mit seinem Steuerberater und Ansprechpartner*innen in der GWÖ-Bewegung erarbeitete er ein Modell, das der Stiftung einerseits eigenständiges Arbeiten ermöglicht, andererseits eine Aufsicht und die regelmäßige Abstimmung mit der GWÖ-Bewegung sicherstellt. Kurz vor Jahresschluss 2017 gründete man die *„Stiftung Gemeinwohl-Ökonomie NRW"*. Ende 2018 wurden dann aus dem LEADER-Fördertopf Mittel für das erste Projekt bewilligt.

Dieses Projekt sollte zur Bildung einer *„Gemeinwohl-Region Kreis Höxter"* alle zehn Kommunen im Kreis über die Gemeinwohl-Ökonomie informieren. Unternehmensbilanzen sollten erstellt, Bildungsworkshops durchgeführt und Bürger*innen befragt werden. Trotz Corona-Pandemie ist das Vorhaben weitgehend geglückt. Es gab Bildungs- und Informations-Events. Über tausend Fragebögen wurden ausgefüllt. Neun Unternehmen haben mit der Bilanzierung begonnen, darunter die Vereinigte Volksbank eG in Brakel, eine der wichtigsten Banken der Region. Und die Städte Brakel und Willebadessen haben sich sogar noch im Projektzeitraum für eine Gemeinwohl-Bilanzierung ihrer Verwaltungen entschieden.

LEADER ist ein europäisches Förderprogramm zur Entwicklung der ländlichen Wirtschaft. Der Kreis Höxter zählt seit 2016 zu den 28 LEADER-Regionen in Nordrhein-Westfalen.

Gutes sichtbar machen – wie geht das?

Zu den Pionier-Unternehmen im Kreis gehört der Biolandhof Engemann aus dem Willebadessener Ortsteil Eissen. *„Wir sind so richtig auf dem Dorf und sind das auch richtig gern!"*, fasst Julia Engemann die besondere Lage des Unternehmens zusammen. Ihr Vater Andreas und Onkel Klaus Engemann haben es gegründet. 1991 geboren, wird sie das Familienunternehmen gemeinsam mit ihrem Bruder und zwei Cousins in die Zukunft führen.

Bio-Pioniere auf Expansionskurs

Schon seit 1988 bewirtschaften die Brüder ihren Hof nach den Grundsätzen des ökologischen Landbaus. Seitdem ist ihr Geschäft beständig expandiert: Die Unternehmensgruppe umfasst mittlerweile Betriebe für Obst-, Gemüse- und Getreideanbau sowie Champignonzucht, mit Standorten vor Ort, aber auch in Thüringen und der Slowakei. Hinzu kommen der Handel mit eigenen Produkten und die Rolle als *„Bündler"*, die Bioprodukte kleinerer, regionaler Betriebe gemeinsam an den Großhandel weitergeben. Im Heimatdorf führen sie einen eigenen Hofladen.

Von Willebadessen in die Welt: Der Engemann'sche Hofladen in Eissen verbindet die Unternehmenszweige mit den Wurzeln im Heimatdorf.

Julia Engemann ist nicht nur für die Direktvermarktung verantwortlich, sondern hat als Assistenz der Geschäftsleitung schon jetzt Einblick in alle Unternehmensbereiche. *„Wir stehen vor mehreren Herausforderungen"*, berichtet sie freimütig: *„Einerseits ist es gar nicht so leicht, Nachwuchskräfte hier in der Region zu gewinnen. Andererseits stellen wir uns auch immer wieder die Frage, wie das Thema Nachhaltigkeit in der jetzigen Belegschaft wirklich ankommt und fest verankert wird."*

Vater und Onkel sind hier Vorbild und engagieren sich seit Langem in Fachverbänden für Biolandbau und regionale Kooperation. Das geht so weit, dass selbst Wettbewerber*innen beratend unterstützt werden, wenn sie von konventioneller Landwirtschaft auf Bio-Zertifizierung umsteigen möchten.

Die Gemeinwohl-Bilanz war für Julia Engemann und ihren Onkel Klaus Engemann die Chance, diese Herausforderungen in einem generationsübergreifenden Projekt anzugehen. *„Das war eine Menge Arbeit, die sich aber definitiv gelohnt hat"*, so die Nachwuchsmanagerin. *„Wir freuen uns einerseits über den schönen Bericht, der unser ganzes Engagement und auch die Haltung, die dahinter steht, noch einmal viel tiefer begreifbar macht. Das hilft uns sicher in der Kommunikation. Wir freuen uns aber auch über die Impulse zur Weiterentwicklung. In einigen Bereichen sind wir schon richtig gut, aber in anderen können wir auch noch viel dazulernen."*

„Wir haben immer alle Hände voll zu tun. Ohne die GWÖ-Bilanz hätten wir Verbesserungsmöglichkeiten sicher nicht so strukturiert in den Blick genommen."

Julia Engemann
Biolandhof Engemann

Dass diesen Worten Taten folgen, zeigt der Bericht ebenfalls. Schon jetzt wurde der bisherige Büromittellieferant durch einen nachhaltigeren Anbieter ersetzt. Als Nächstes sollen unter anderem sozial-ökologische Einkaufsrichtlinien erstellt, Mitentscheidungsprozesse standardisiert, regelmäßige Treffen mit Kund*innen- und Lieferant*innen veranstaltet und Mitarbeitende für ehrenamtliches Engagement belohnt werden. *„Ohne die GWÖ hätten wir das alles sicher nicht so strukturiert in den Blick genommen"*, fasst Julia Engemann den Effekt ihrer ersten Bilanz zusammen.

Gemeinwohl in der Gemeinde

Hans Hermann Bluhm ist Jahrgang 1959, eine Generation älter als Julia Engemann und bis November 2020 Bürgermeister ihrer Heimatgemeinde Willebadessen. Gut 8.500 Menschen leben hier auf halber Strecke zwischen Bielefeld und Kassel, im Dreieck zwischen Paderborn, Warburg und Brakel, verteilt auf zwei größere Ortsteile und elf Dörfer.

Die Gemeinwohl-Ökonomie unter Verdacht

Wie sein Brakeler Amtskollege Hermann Temme ist auch Bluhm erstmals im LEADER-Projekt zur Gemeinwohl-Region Kreis Höxter auf die GWÖ aufmerksam geworden. *„Ich war sofort begeistert, weil das Thema mein Herz angesprochen hat"*, berichtet Bluhm. Später kamen ihm allerdings Zweifel: *„Nachdem ich das Buch von Christian*

Felber von vorne bis hinten gelesen hatte, war ich ein bisschen besorgt, dass hier alte sozialistische Ideen in neuem Gewand daherkommen würden. Diese Bedenken habe ich auch meinen Bürgermeisterkollegen vehement vorgetragen, auf der Sitzung dann aber gemerkt, dass meine Argumente nicht so richtig verfingen."

Die Skepsis mag mit Bluhms Biografie zusammenhängen, die in deutlichem Kontrast zu Bio-Jungunternehmerin Julia Engemann steht: Als Sohn eines Autoschlossers war dem ehemaligen Zeitsoldaten und passionierten Motorradfahrer das Thema Nachhaltigkeit nicht gerade in die Wiege gelegt. Doch das Werben seiner Kollegen brachte ihn erneut zum Nachdenken und schließlich zu der Entscheidung, seinen Ratsmitgliedern die Erstellung einer ersten Gemeinwohl-Bilanz zu empfehlen. *„Wirklich überzeugt hat mich zunächst nur der Marketing-Aspekt"*, gibt er offen zu. *„Erst im Laufe der Bilanzierung sind Einsicht, Erkenntnisse und Zuneigung zu diesem Thema gereift."*

„Das Thema hat sofort mein Herz angesprochen. Ich wünsche mir eine Zukunft, in der möglichst viele Menschen gut leben können, weil sie mit dem, was sie umgibt, vernünftig umgehen."

Hans Hermann Bluhm (CDU)
Bürgermeister Willebadessen bis 2020

Willebadessen will es wissen

Mit dem Ratsbeschluss vom September 2019 war der Weg frei für die Bilanzierung, die ab Januar 2020 in interkommunaler Zusammenarbeit mit der knapp doppelt so großen Nachbargemeinde Brakel durchgeführt wurde. Mitarbeiter*innen beider Städte gestalteten alle Workshops gemeinsam, unterstützten sich gegenseitig und leisteten dabei auch methodisch Pionierarbeit: Als erste Kommunen überhaupt erstellten sie ihre Bilanzen nach der brandneuen Version 2.0 des GWÖ-Standards und konnten dabei nicht nur ihr eigenes Handeln überprüfen, sondern auch der GWÖ-Bewegung einige Hinweise für die künftige Weiterentwicklung geben.

Neues Denken im Kreis Höxter: Drei Städte mit GWÖ-Bilanz

Am 26. November 2020 haben beide Gemeinden ihre Zertifikate erhalten – ein Meilenstein für die Modellregion Höxter, wie bereits die Zertifizierung Steinheims gut zwei Monate zuvor. Und doch erst der Beginn einer Entwicklung, die Bluhms Amtsnachfolger Norbert Hofnagel fortsetzen will. Im Fazit des ersten Willebadessener Gemeinwohl-Berichts heißt es: *„Am Ende ist für alle Beteiligten eines klar: Nicht das Ergebnis der Gemeinwohl-Bilanz … ist ausschlaggebend, sondern die Tatsache, dass sich durch den Bilanzierungsprozess ein neues Denken manifestiert hat. Diese neue Betrachtungsweise der täglichen Arbeit und die Reflexion der ganz persönlichen Einstellungen soll in jedem Fall weitergegeben und weiterentwickelt werden."*

„Unsere Gemeindeordnung gibt uns den Auftrag, das Wohl der Einwohner zu fördern und in Verantwortung für zukünftige Generationen zu handeln. Die Gemeinwohl-Bilanz hat unseren Blick hierauf noch einmal deutlich geschärft."

Norbert Hofnagel (CDU)
Bürgermeister Willebadessen seit 2020

Soziales und Ökologie als Aufgabe für die ganze Gesellschaft

„Vielleicht bietet Corona hier ja auch eine Chance", vermutet Hans Hermann Bluhm. *„Die Menschen merken aktuell wieder: Ich lebe in einer Gesellschaft und in einer Umwelt, um die ich mich auch kümmern muss."* Doch neben der Krisenerfahrung einer Pandemie liefere auch die positive Idee der Gemeinwohl-Ökonomie wichtige Orientierung. Als Weltanschauungs- und Sammlungsbewegung, aber auch ganz konkret. *„Wenn wir zum Beispiel unsere städtischen Reinigungskräfte weiterhin fest anstellen, bekommen wir eine gelbe Warn-Ampel von der Gemeindeprüfungsanstalt, denn dort wird nur aufs Finanzielle geschaut",* so Bluhm. In der Gemeinwohl-Bilanz bedeutet die Entscheidung dagegen Pluspunkte, weil damit Familien vor Ort unterstützt werden, statt Leistungen an auswärtige Billiganbieter*innen auszulagern. So wird nicht nur Lohndumping, sondern auch höherer CO_2-Ausstoß durch längere Anfahrtswege vermieden.

Vielleicht sei es auf dem Land leichter, solche Entscheidungen zu treffen, weil man sich hier noch eher bewusst sei, was das gute Leben jenseits von Konsum ausmache, vermutet Bluhm. *„Ruhe und Ausgeglichenheit kennen wir noch und können sie schätzen, weil uns die Ablenkung durch Cafés, Geschäfte, Verkehr nicht permanent umgibt und wir nicht erst fahren müssen, um ins Grüne zu kommen."*

Nach seiner Vision gefragt, beschreibt Bluhm *„eine Zukunft, in der möglichst viele Menschen gut leben können, weil sie mit dem, was sie umgibt, vernünftig umgehen."* Und ergänzt: *„Ich bin nach eingehender Beschäftigung zu dem Schluss gekommen, dass die Idee der Gemeinwohl-Ökonomie dem Weg entspricht, den wir angesichts neuer Herausforderungen in der Welt einschlagen müssen. Wenn ich in zweihundert Jahren wiedergeboren würde, und es ist dann gelungen, würde ich mich sehr freuen!"*

Der dreifache Nutzen der Gemeinwohl-Bilanz

Julia Engemann, Hans Hermann Bluhm und Albrecht Binder bewegen sich in ganz unterschiedlichen gesellschaftlichen Kontexten. Gemeinsam ist allen dreien, dass sie den Mut hatten, eine neue Erfahrung zu machen. Nachhaltigkeit als komplexes Thema erfordert diesen Mut ebenso wie ständiges Dazulernen. Vielleicht liegt der Charme der Gemeinwohl-Bilanz auch darin, dass sie dieses schrittweise Vorangehen ermöglicht und auf mindestens dreifache Weise begleitet:

Die Bilanz als Marketing-Möglichkeit

Erstens bietet die Gemeinwohl-Bilanz eine Gelegenheit zur Positionierung und Profilierung, schon durch die Sichtbarkeit des GWÖ-Logos und der veröffentlichten Berichte, aber auch durch die oft damit verbundene Medienaufmerksamkeit. Dies schafft einen Anreiz, sich überhaupt einmal systematisch mit dem Themenfeld Nachhaltigkeit und Gemeinwohl zu befassen. Auch für die Städte und Unternehmen im Kreis Höxter war dieser Anreiz mindestens wichtig, zum Teil sogar entscheidend.

Die Bilanz als Werkzeug der nachhaltigen Organisations-Entwicklung

Zweitens schafft die Bilanzierung einen klaren Rahmen für nachhaltige Organisations-Entwicklung, ausgehend von dem, was ist. Sie fordert keinen Mindeststandard ein, sondern stellt einfach einen Rückspiegel bereit, in dem jede Organisation ihr bisheriges Handeln systematisch reflektieren kann. Dabei ist nicht wichtig, ob man schon ein sozialökologisches Vorzeige-Unternehmen betreibt oder sich zum ersten Mal strukturiert mit diesen Themen befassen möchte. Entscheidend ist vielmehr, sich überhaupt auf den Weg zu machen. Die GWÖ vertraut aus Erfahrung darauf, dass so neue Erkenntnisse und Verbesserungs-Ideen entstehen. Und sie gibt mit der regelmäßigen Rebilanzierung einen Anreiz, diese Potenziale auch zu heben und messbare Fortschritte zu erzielen.

Die Bilanz als Beitrag zur Bildung für nachhaltige Entwicklung (BNE)

Drittens liefert die Bilanzierung einen innerbetrieblichen Anlass zur Bildung für nachhaltige Entwicklung. Führungskräfte und Mitarbeitende befassen sich abseits des normalen Arbeitsalltags mit Fragen, die sie sich bisher oft nicht gestellt hatten. Schon in der ersten Bilanz entstehen dadurch Lerneffekte, die sich mit jeder Rebilanzierung weiter vertiefen und verbreiten – innerhalb der Organisation ebenso wie im Umfeld. Dabei entsteht unweigerlich das, was die Steinheimer Möbelindustrie einst groß gemacht hat: der Wille zu immer besserer Kooperation mit allen Berührungsgruppen. Denn wer sich mit Nachhaltigkeit befasst, versteht schnell, dass niemand die damit verbundenen Herausforderungen alleine lösen wird.

Wandel mit System

Im Steinheimer Fabrikgebäude wird unterdessen wieder gearbeitet. Zwei Firmen sollen 2021 ins Erdgeschoss einziehen und die Stiftungsarbeit mit regelmäßigen Mieteinnahmen stärken: Reinhard Raffenbergs Geschäftspartnerin Camilla Pfaffhausen produziert vegane Fleischersatzprodukte aus heimischem Getreide. Albrecht Binders neueste Unternehmung ist ein Start-up im Bereich der medizinischen Cannabis-Nutzung. Mittelfristig sollen auch die Obergeschosse umgebaut werden: Hier könnten Stiftungsbüros, Akademieräume und ein Start-up-Zentrum entstehen.

Noch steht die ehemalige Steinheimer Möbelmanufaktur leer. Doch Albrecht Binders Vision ist klar: *"Mit etwas Glück entsteht hier bald eine Art Gemeinwohl-Fabrik."*

So gehen vom westfälische Städtchen Steinheim erneut nachhaltige Impulse in die Welt. Und der Projekt-Slogan der Gemeinwohl-Region Kreis Höxter bringt auf den Punkt, was in diesem Engagement so deutlich zu spüren ist: *"Die Zeit ist reif für Wandel mit System."*

Über den Autor
Christian Einsiedel ermutigt als Coach und Consultant Menschen dazu, sich persönlich zu entfalten und kreativ die Welt zu verbessern. Er ist in der GWÖ-Regionalgruppe Höxter-Lippe aktiv und leitete gemeinsam mit Christoph Harrach das Projekt *"Gemeinwohl-Region Kreis Höxter"*.

Gemeinwohl-Matrix 2.0 für Gemeinden

Gemeinden spielen bei der Etablierung eines ethischen Wirtschaftssystems und der sozial-ökologischen Transformation eine wichtige Rolle: Sie machen selbst einen Teil der Regeln und sind zugleich wirtschaftliche Akteurinnen.

Das Arbeitsbuch Gemeinden 2.0 berücksichtigt das Zusammenspiel der Werte der Gemeinwohl-Ökonomie mit zentralen Staatsprinzipien. Durch die Kombination mit den fünf Berührungsgruppen – den Stakeholdern einer Gemeinde – ergeben sich 25 Themenfelder. In jedem Themenfeld erarbeitet die Gemeinde entlang konkreter Leitfragen ihre aktuelle Performance und entwickelt daraus Ideen und Ansätze für Verbesserungen. Eine Selbsteinschätzung durch die Gemeinde zeigt an, welche Strecke sie auf dem Weg in Richtung systematischer Gemeinwohl-Steigerung bereits zurückgelegt hat. Die Bewertungsskala reicht von 0 bis 10, wie bei der Gemeinwohl-Matrix 5.0 für Unternehmen (siehe Seite 14 f).

Gemeinwohl-Matrix 2.0 für Gemeinden	MENSCHENWÜRDE	SOLIDARITÄT	ÖKOLOGISCHE NACHHALTIGKEIT	SOZIALE GERECHTIGKEIT	TRANSPARENZ UND DEMOKRATIE
Lieferant*innen, Dienstleister*innen, ausgelagerte selbstständige Betriebe	A1 Grundrechtsschutz und Menschenwürde in der Lieferkette	A2 Nutzen für die Gemeinde	A3 Ökologische Verantwortung für die Lieferkette	A4 Soziale Verantwortung für die Lieferkette	A5 Öffentliche Rechenschaft und Mitsprache
Finanzpartner*innen Geldgeber*innen	B1 Ethisches Finanzgebaren/Geld und Mensch	B2 Nutzen für die Gemeinde	B3 Ökologische Verantwortung der Finanzpolitik	B4 Soziale Verantwortung der Finanzpolitik	B5 Rechenschaft und Partizipation in der Finanzpolitik
Politische Führung Verwaltung koordinierte Ehrenamtliche	C1 Individuelle Rechts- und Gleichstellung	C2 Gemeinsame Zielvereinbarung für das Gemeinwohl	C3 Förderung ökologischen Verhaltens	C4 Gerechte Verteilung von Arbeit	C5 Transparente Kommunikation und demokratische Prozesse
Bevölkerung und Wirtschaft	D1 Schutz des Individuums, Rechtsgleichheit	D2 Gesamtwohl in der Gemeinde	D3 Gestaltung der öffentlichen Leistung	D4 Soziale Gestaltung der öffentlichen Leistung	D5 Transparente Kommunikation und demokratische Einbindung
Staat, Gesellschaft, Natur	E1 Gestaltung der Bedingungen für ein menschenwürdiges Leben – zukünftige Generationen	E2 Beitrag zum Gesamtwohl	E3 Verantwortung für ökologische Auswirkungen	E4 Beitrag zum sozialen Ausgleich	E5 Transparente und demokratische Mitbestimmung
STAATSPRINZIPIEN DES GEMEINWOHLS	RECHTSSTAATSPRINZIP	GEMEINNUTZ	UMWELTVERANTWORTUNG	SOZIALSTAATSPRINZIP	DEMOKRATIE

Mit Holz die Wolken kratzen

Holzindustrie/Bauindustrie (Holzbau)

WIEHAG GmbH
Altheim/Oberösterreich (A)

373 Mitarbeitende
aus zehn Nationen

25 Auszubildende

82,8 Mio. Euro Umsatz

www.wiehag.com

„Ich sah die Begeisterung in den Augen meines Vaters, und da sprang der Funke über", erzählt Erich Wiesner (61), Geschäftsführer und Eigentümer von Wiehag. Er erinnert sich noch genau daran, wie er 1966 als siebenjähriger Bub im Rohbau der Klagenfurter Messehalle stand, nach oben blickte und die beeindruckende Dachkonstruktion aus Holz sah: fast 100 Meter freie Spannweite, eine einzigartige Pionierleistung seines Vaters. Dessen Euphorie war so spürbar für den kleinen Jungen, dass sie die Ahnung von etwas Großem bei ihm auslöste. Es war der Moment, in dem das Feuer vom Vater an den Sohn weitergegeben wurde.

Zwanzig Jahre und ein Jus- und BWL-Studium später kehrte er nach Hause zurück und stieg als ältester Sohn von fünf Kindern in fünfter Generation in den Familienbetrieb ein. Sein Vater gab aus gesundheitlichen Gründen die Geschäftsführung ab. Das Feuer von damals brannte mehr denn je in Erich Wiesner und nährte seine Berufung: Auf Holz als nachhaltigen Baustoff zu setzen und den Holzbau in Europa voranzutreiben. Dazu baute er die Produktion für den konstruktiven Holzbau völlig neu auf.

Lobbying für die ganze Branche

In den 1990er Jahren wurde die österreichische (und europäische) Bauwirtschaft dominiert von den konventionellen Materialien Ziegel, Beton und Stahl. Erich Wiesner sah sich der großen Herausforderung gegenüber, eine ganze Branche zu verändern, die keine Leitbetriebe hatte, sondern aus kleinen und mittelständischen Holzbaufirmen bestand. Er erkannte, dass das nur durch eine unternehmensübergreifende Zusammenarbeit möglich war. So wurde er 1995 Obmann des Fachverbandes der Holzindustrie Österreichs und setzte gemeinsam mit seinen Kollegen auf die strategischen Säulen Bildung, Forschung, Normung und Marketing. Es folgte eine lange, kontinuierliche Entwicklung: der erste Lehrstuhl für Holzbau an der Technischen Universität in Graz (weitere Lehrstühle in Innsbruck und Wien folgten), die Inbetriebnahme einer eigenen Höheren Technischen Lehranstalt und Fachhochschule für Holzbau in Kuchl, intensive Aktivitäten am international wegweisenden österreichischen Holzforschungsinstitut und kooperatives Marketing im Rahmen von *pro Holz Austria*.

„Die Bauwirtschaft trägt eine hohe Verantwortung für unsere Gesellschaft: Sie zählt derzeit zu den ressourcenintensivsten Wirtschaftszweigen und prägt gleichzeitig Landschaften, Kultur und Menschen über lange Zeiträume. Wir wollen an der Gestaltung von gesunden, ästhetischen und inspirierenden Bauwerken mitwirken und mit unserer Holzbaukompetenz Teil der Wende hin zu einer material- und energieeffizienten Bauweise sein. Als regional verwurzeltes Familienunternehmen mit 170 Jahren Geschichte beweisen wir, dass es möglich ist, ökologisch und sozial zu handeln und ökonomisch erfolgreich zu sein."

Erich Wiesner, *Geschäftsführer und Eigentümer von Wiehag*

Hochhäuser komplett aus Holz

Die positiven Auswirkungen dieser Strategie waren unter anderem bestens ausgebildete junge Holzbauingenieure und -architektinnen, die sich kreativ mit dem Material beschäftigten, sowie Produktinnovationen wie Brettschichtholz und CLT (Cross Laminated Timber, ein plattenförmig verleimter Werkstoff), das den massiven Holzbau von Decken und Wänden möglich machte. Somit können heute Hochhäuser komplett aus Holz gebaut werden, und Österreich spielt im Engineering, dem technischen Know-how und den Produktionskapazitäten für Brettschichtholz und CLT eine weltweite Vorreiterrolle. Blickt Erich Wiesner ein Vierteljahrhundert später auf diese Entwicklung zurück, so wird ihm diese Ernte seines Engagements bewusst.

In den letzten fünf Jahren hat die Nachfrage nach Holzbau stark zugenommen, und der nachwachsende Baustoff wird von vielen Seiten gewünscht und gefördert. Besonders begeistern Erich Wiesner zwei Projekte in Asien bzw. den USA, die sein Unternehmen aktuell realisiert: ein Fakultätsgebäude der Nanyang Technical University in Singapur, wo acht Geschosse und 45.000 Quadratmeter ohne jeglichen Beton errichtet werden, sowie „Ascent", das höchste Holzhochhaus der Welt, das demnächst in Urban Milwaukee seinen Baubeginn hat.

Sein Lieblingsprojekt, das er vor der Übergabe an die nächste Generation noch umsetzen will, steht schon fest: „Wir haben weltweit Leuchtturmprojekte aus Holz realisiert. Jetzt will ich noch hier in Altheim für unsere Mitarbeitenden ein innovatives Holzbüro bauen."

Holzarchitektur zum Wohle von Menschen und Natur

Felicity Meares liebt das Kajakfahren. Als junge, britische Architektin im international tätigen Architekturbüro Scott Brownrigg hat sie sich dem Wohlbefinden der Menschen sowie der Aktivierung von Körper und Geist durch Gebäude verschrieben. Innovative Holzarchitektur spielt dabei eine tragende Rolle. *„Es war beim Kajaking auf einem Fluß, als mir die unbändige Kraft der Natur bewusst geworden ist"*, erinnert sich die Kooperationspartnerin von Wiehag. Mit diesem Bewusstsein einer ging ein großes Verantwortungsgefühl für Menschen und Natur, das sie als Gestalterin von bebautem Raum seither hatte. Da kam das Projekt St. George's College – Activity Center wie gerufen.

Der Holzbau wächst national und international. Ein Treiber dieser Entwicklung ist die aktuelle Klima- und Nachhaltigkeits-Diskussion, da Holz eine viel bessere CO_2-Bilanz aufweist als andere Baustoffe.

Mittlere CO_2-Emissionen und -Speicherkapazität je Tonne[1]

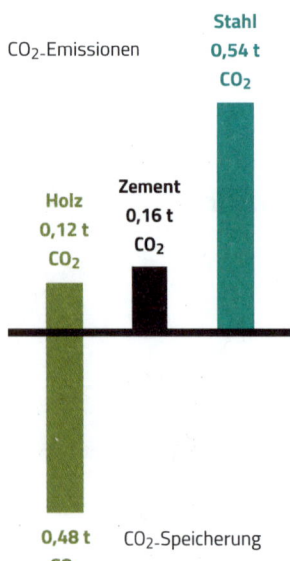

Holz kann Feuchtigkeit aufnehmen und abgeben und sorgt damit für ein natürlich reguliertes Raumklima. Wohnen, Arbeiten und Lernen in einem Holzbau haben positive Auswirkungen. Erhöhte Konzentrationsfähigkeit und Entspannung sowie ein gesenktes Stress- und Konfliktpotenzial sind in Studien nachweisbar.

Ein fliegender Teppich in der Landschaft

Die Geschäftsführung des Colleges wünschte sich ein inspirierendes Umfeld für alle Schüler*innen und Lehrenden, die die Multifunktions-Halle benutzten. Felicity Meares wollte mehr. Es war ihr erstes, großes Projekt, und ihr Anspruch an sich selbst war, all das zu verbinden, was ihr am Herzen lag. Als Verfechterin einer Architektur, die Schönheit und Eleganz mit Gesundheit und Wohlbefinden sowie ökologischer Nachhaltigkeit und Enkeltauglichkeit verbindet, gebar Felicity Meares die Vision eines Gebäudes, das durch ein geschwungenes Holzdach definiert wurde: wie ein fliegender Teppich, der sich über Sporthallen, Tanzstudio und Café wölbte und durch seine Begrünung eins war mit der Umgebung. Die durchlässige Holzarchitektur schaffte eine beruhigende Atmosphäre mit Blick in die Natur und ermöglichte eine nachhaltige Gebäudestruktur. Doch welches Unternehmen war in der Lage, solch ein parametrisch designtes Dach zu bauen? Nach Absagen von britischen Holzbaufirmen wurde Felicity Meares in Altheim im Innviertel bei Wiehag fündig. Es war der Beginn einer bereichernden Kooperation.

Der Physiologe und Forscher Maximilian Moser von der Med Uni Graz konnte in seinen Studien nachweisen, dass Schüler*innen in mit Massivholz ausgestatteten Klassenzimmern wesentlich entspannter waren als solche in Klassenzimmern ohne Holz. Erstere hatten am Ende des Schuljahres pro Schultag 8.600 Herzschläge gespart. Holz beruhigte das Herz-Kreislauf-System und führte darüber hinaus zu weniger aggressivem Verhalten.

Der mit Abstand größte Energieverbrauch (67 Prozent) liegt in der Holztrocknung, deren Aufwand und Genauigkeit für die Verleimung kritisch ist. 2018/19 kaufte Wiehag 87.000 m³ Schnittholz ein. 90 Prozent davon wurden im nassen Zustand bezogen und selbst getrocknet, um eine ideale Trocknungsqualität zu ermöglichen.

Wärme aus dem Biomasse-Kraftwerk

„Die Erzeugung von Energie hat mich schon immer interessiert", sagt Otto Baier (62), Leiter der Instandhaltung bei Wiehag. Seit 39 Jahren ist er im Betrieb. Da passt die Bezeichnung *„Wiehag-Urgestein"*, die er sich bei unserem Gespräch selbst mit einem Augenzwinkern gibt.

Er erzählt davon, wie die Geschäftsführung im Jahr 2017 beschloss, das seit den 1950er-Jahren betriebene Kraft-Wärme-Kopplungs-Kraftwerk zu schließen und ein effizienteres und moderner gefiltertes Biomasse-Heizwerk zu errichten. Das war seine Stunde: Nun konnte er den *„grünen Weg"*, den er in den vergangenen Jahrzehnten bei der Betreuung und Optimierung der Produktionsanlagen gegangen war, auch bei der Energiegewinnung einschlagen. Er recherchierte, konzipierte und rechnete, um dann in Zusammenarbeit mit einem Bioenergiesystem-Ingenieurbüro die Pläne zu verfeinern, nach denen die Anlage im eigenen Haus errichtet wurde. Die Planungs- und Bauphase war ein herausfordernder Wettlauf mit der Zeit sowie ein Hoffen auf einen milden Winter: Da die Ökostromförderung Anfang 2019 auslief, musste das Biomasse-Kraftwerk im Frühjahr 2019 fertig sein. Baubeginn war im Herbst 2018. Der Wettergott meinte es gut, und die Arbeiten gingen zügig voran. So wurde das sportlich gesetzte Ziel erreicht: Im Mai 2019 startete der Probebetrieb. Seit Juli 2019 arbeitet die Anlage im Vollbetrieb.

Jede Menge Brennstoff

Da 70 Prozent der produzierten Leimbinder gebogene Sonderbauteile in außergewöhnlicher Form sind, fallen über 20 Prozent Verschnitt an. Wird dieses trockene Restholz (12 Prozent Feuchtigkeit) mit zugekauftem Waldhackgut (50 Prozent Feuchtigkeit) gemischt, dann entsteht daraus ein optimal verwertbarer Brennstoff. Durch den fast emissionsfreien Betrieb des neuen Kraftwerkes werden jährlich 7.150 Tonnen CO_2 eingespart.

„Denken wir in Kreisläufen, dann liegt es bei einem holzverarbeitenden Unternehmen wie dem unseren auf der Hand, die Holzreste im eigenen Biomassekraftwerk in Wärme umzuwandeln", unterstreicht Otto Baier die Sinnhaftigkeit des Projektes. Doch wie wird aus dem trockenen Restholz ein bestens verwertbarer Brennstoff? Das war die nächste Aufgabe, vor die er gestellt wurde. Die Lösung lag in der richtigen Feuchtigkeit. Die unterschiedlichen Wassergehalte der Brennstoffe bei der Verfeuerung zu beherrschen, gelänge mittlerweile bestens, und der optimale Wirkungsgrad sei bei 1.000 bis 3.000 Kilowattstunden-Kesselleistung erreicht. Durch effiziente Filteranlagen sei das Verbrennen von Leimholzresten unbedenklich. Auch für die anfallende Asche sei eine Verwendung als Dünger in der Landwirtschaft gefunden worden. Bei unserer Tour durch das Kraftwerk und zu den intensiv duftenden Holzbergen, die im Freien lagern, spüre ich, wie sehr ihn sein *„Baby"* begeistert. Die größte Bestätigung für den zukunftsorientierten Weg findet er darin, dass sie hier *„bis zum letzten Krümel alles verwerten".*

Die Vision vom eigenen Biomasse-Ökostrom

„Da unklar war, ob und wann von politischer Seite ein Nachfolgetarif für Ökostrom kommt, haben wir erst einmal nur ein Heizwerk gebaut,", so Otto Baier. Eine Holzvergasungsanlage zur Stromerzeugung wurde als Bauteil 2 mitgeplant. Sie ist bereits gewerblich bewilligt und wird umgesetzt, sobald es einen neuen Einspeisetarif gibt. Diese Vision möchte Otto Baier vor seiner Pensionierung noch realisieren.

Innovation durch Tüfteln und Teamgeist

Schön, warm und nicht einfach: mit diesen drei Eigenschaftswörtern beschreibt Kilian Mittermeyer, Mitglied des 19-köpfigen Wiehag-Engineering-Teams, das Baumaterial Holz. Die Beschäftigung mit einem imaginären Holzturm während seines Masterstudiums brachte ihn in Kontakt mit Wiehag, und aus der studentischen Kooperation wurde eine Anstellung. *„Der Werkstoff Holz verändert sich in jede Richtung anders. Die Statik ist von Projekt zu Projekt ein neues Knobelspiel, das nur im Team zu lösen ist"*, beschreibt der junge Ingenieur den Reiz seiner Tätigkeit.

Was er an seinem Arbeitgeber so schätze, sei die auf Vertrauen aufgebaute Unternehmenskultur, die von einem starken Teamgeist geprägt sei. Nur im Zusammenwirken mit den anderen sei es möglich, die herausfordernden Aufgaben im Ingenieurholzbau zu meistern, – und das mit viel Freude an der täglichen Arbeit, am ständigen Lernen und an der Weitergabe des erworbenen Know-hows.

Immer mehr gewerbliche Auftraggeber entscheiden sich dafür, andere Materialien durch Holz zu ersetzen. So wie 2017 die cargo-partner GmbH, die von Wiehag die Tragstruktur sowie alle Dach- und Wandelemente für ihr iLogistics-Center nahe des Wiener Flughafens errichten ließ. Niedrige Betriebskosten und erhebliche Ersparnisse an CO_2-Emissionen waren u.a. der Grund, die riesige Lagerhalle aus Holz zu errichten. Für Kilian Mittermeyer und seine Kollegen bedeutete diese Gebäude-Innovation eine Rechenaufgabe in bisher nicht geahnter Dimension. Die 20 Meter hohen Holzstützen verlangten ein von Grund auf neues Denken der Statik und Konstruktion.

„Wie kann das funktionieren?", ist die Lieblingsfrage, die sich Kilian Mittermeyer stellt. Ihre Beantwortung führte auch beim iLogistics-Center durch einen vielstufigen, iterativen Prozess in Teamwork zur Lösung.

Ein 170-jähriges Familienunternehmen in die Zukunft führen

Wie finden wir als Familie eine gemeinsame Ausrichtung für unser Unternehmen? Wie sehen Unternehmertum und Leadership der Zukunft aus? Diese Frage beschäftigen Erich Wiesner, seine Ehefrau Elisabeth Wiesner-Landerl (Leiterin der Personalentwicklung) sowie deren Kinder Katharina (27) und Valentin Wiesner (25).

Eine erste Antwort darauf gab Katharina Wiesner, als sie nach ihren Lehr- und Wanderjahren 2019 in den elterlichen Betrieb heimkehrte und die Idee für eine Gemeinwohl-Bilanzierung im Gepäck hatte. Sie war schon immer ein Freigeist, wollte die Dinge von klein auf anders machen, größer und breiter denken und neue, zukunftsweisende Wege erkunden. *„Ich bin eine Allrounderin. Mich haben schon immer die Meta-Themen interessiert. Ich sehe eine meiner aktuellen Aufgaben in der Bewusstseinsbildung für ein enkeltaugliches Wirtschaften",* so die Vertreterin der nächsten Generation. Gesagt getan. Gemeinsam mit der Braucommune in Freistadt, dem Kremser Medizintechnik-Unternehmen Saphenus und dem GWÖ-Verein Oberösterreich nahm sie an der von Isabella Klien geleiteten Workshop-Reihe *„Meine 1. Gemeinwohl-Bilanz"* 2019/2020 teil. Sie nützte die Monate der Bilanzerstellung, um das Unternehmen durch die Brille der Gemeinwohl-Ökonomie zu betrachten. In enger Zusammenarbeit mit ihren Eltern, den Abteilungsleiter*innen Instandhaltung, Vertrieb, Finanzen und Einkauf, dem Qualitätsmanager sowie dem Sicherheits- und Gesundheitsschutzbeauftragten beschrieb sie im ersten Bericht den Status quo und filterte Ziele heraus.

Mit der fertigen Bilanz werde nun sowohl intern als auch bei den übrigen Berührungsgruppen das Bewusstsein für das Thema erweitert. Das langfristige Ziel sei, die durch die Gemeinwohl-Bilanz aufgezeigten, vielfältigen Aspekte der Nachhaltigkeit noch strategischer in die Unternehmenskultur und das Leitbild zu verankern und zu leben.

Bei der ersten Gemeinwohl-Bilanz (Berichtszeitraum 2018/2019) haben sich neben den bereits beschriebenen Bereichen folgende, beispielgebende Aspekte gezeigt:

„Durch die Gemeinwohl-Bilanz werden Unternehmen für die Generation ‚Fridays for Future' zu attraktiveren Arbeitgebern", unterstrich Katharina Wiesner auf der Pressekonferenz zur Zertifikatsverleihung in Linz im Juli 2020 einen weiteren Nutzen der Bilanzierung.

Qualitätssicherung und Kooperation entlang der Lieferkette

- Qualitätsstandards werden durch das Einkaufsteam in Abstimmung mit dem Qualitätsmanagementteam nach ISO 9001:2015 festgelegt

- Bei Schnittholz (mit 53 Prozent größter Teil des Einkaufsvolumens) Orientierung am Produktionsnachweis des PEFC-Labels (Holz aus nachhaltiger Waldbewirtschaftung) bzw. FSC-Labels

- Von 20 Schnittholzlieferant*innen (Sägewerke) kommen 16 aus Österreich, drei aus Deutschland und einer aus Norwegen

- Jedes Sägewerk wird bezüglich der Herkunftsländer seiner Rundholz-Lieferant*innen analysiert und kontrolliert

Unternehmenskultur und Teamgeist

- Langjähriger, verlässlicher und tief in der Region verwurzelter Arbeitgeber

- Eigentümergeführtes Familienunternehmen, das sich seine familiäre Vertrauenskultur trotz seiner Größe bewahrt hat

- Abwicklung komplexer, internationaler Projekte durch ein hochkompetentes Team und eine kooperative Haltung aller Mitarbeitenden

- Regelmäßiger Preisträger des Ineo-Awards (für Betriebe mit vorbildlichem Engagement in der Lehrlingsausbildung der Wirtschaftskammer Oberösterreich)

- Erprobtes *„Onboarding"*-Konzept für neue Mitarbeitende

Weiterempfehlung und Vorzeigeprojekte

- 90 Prozent der Aufträge im Ingenieurholzbau durch Referenzprojekte, Mundpropaganda und zufriedene Stammkund*innen

- Individuelle Bedarfsanalyse und Optimierung der Baupläne führen oft zu günstigeren Lösungen mit weniger Materialverbrauch

- Im Unternehmen entwickelte Kalkulations- und Bestellsoftware WOODY ermöglicht online eine einfache und bequeme Bemessung und Bestellung von Tragsystemen und Bauteilen

Kooperation als zentraler Aspekt des Geschäftsmodells

- 80 Prozent der Produkte und Dienstleistungen in Kooperation erstellt

- Zusammenarbeit verschiedenster Gewerke entlang des gesamten Bauprozesses ermöglicht Leistungspaket aus einer Hand für Kunden

- Erschließen neuer Marktfelder durch Entwicklung innovativer Baulösungen für Holzhochhäuser und Dachkonstruktionen im Zusammenspiel mit internationalen Marktführern wie dem finnisch-schwedischen Forstunternehmen Stora Enso oder dem deutschen Fassadenbauer Seele

- Die Lieferantenkriterien enthalten als Positivkriterium die Entwicklung gemeinsamer Produkte und die Einbringung von Know-how

Die gemeinwohl-orientierten Entwicklungspotenziale liegen in der Förderung des ökologischen Verhaltens der Mitarbeitenden, alternativen Verpackungen der Holzleimbinder, der stetigen Erhöhung des Eigenkapitals und weiteren Investitionen zugunsten der Energieeffizienz.

Laut Umweltproduktdeklaration für Brettschichtholz ist dieser Baustoff im Hinblick auf Formaldehyd emissionsarm. Das liegt an seinem Klebstoffgehalt, seiner Struktur und seiner Verwendungsform. Bei erhöhten Kundenanforderungen an das Raumluftklima werden formaldehyd-reduzierte Klebstoffe verwendet, die vorwiegend für Standard-Brettschichtholz vorgesehen sind.

Bauen mit Holz macht Sinn

Im Holzbau liegt großes Potenzial zur Erreichung der SDGs (Sustainable Development Goals = UN-Nachhaltigkeitsziele 2030).

SDG 3 > Leben und Arbeiten in Holzhäusern führt zu mehr Gesundheit und Wohlergehen.

SDG 7 > Holzabfälle bei der Herstellung von Holzbauteilen sind Material für bezahlbare und saubere Energie.

SDG 8 > Forstwirtschaft und Holzindustrie fördern menschenwürdige Arbeit und Wirtschaftswachstum in waldreichen, strukturschwachen Regionen.

SDG 9 > Referenzprojekte namhafter Architekten wie Norman Foster bewirken einen erhöhten Stellenwert von Holz in Industrie, Innovation und Infrastruktur.

SDG 11 > Durch die hohe Tragfähigkeit bei geringem Eigengewicht ist Holz ein idealer Baustoff für die Nachverdichtung und Schaffung von nachhaltigen Städten und Gemeinden.

SDG 12 > Da Holzhäuser am Ende ihrer Lebensdauer einfach rückgebaut und einzelne Bauteile wiederverwertet werden können, sorgen sie für nachhaltige(n) Konsum und Produktion.

SDG 13 > Holz verlängert den Kohlenstoffspeicher aus dem Wald, und jeder Kubikmeter Holz bindet eine Tonne CO_2 langfristig im Gebäude. Holzbau ist eine zentrale Maßnahme zum Klimaschutz.

Alle **40** Sekunden wächst ein Haus nach.[2]

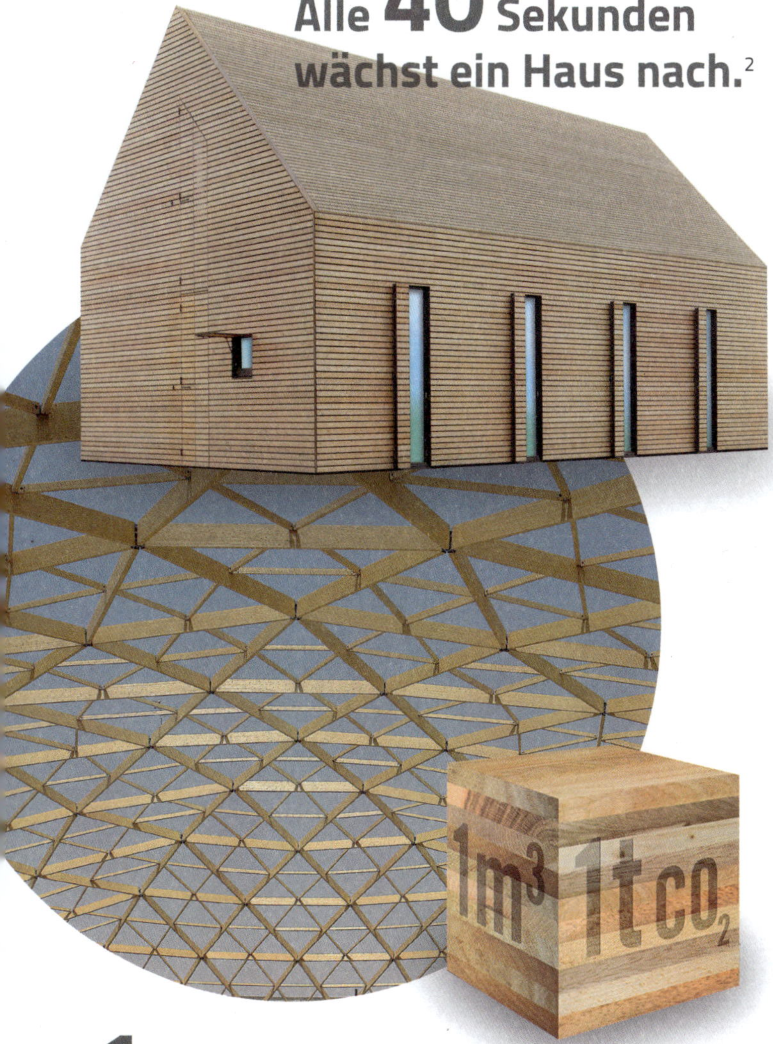

1 Kubikmeter
HOLZ bindet
eine Tonne CO_2

Über die Autorin
Dr. Isabella Klien
Sozial- und Wirtschaftsstudium, arbeitet als ganzheitliche Organisationsentwicklerin und Führungskräfte-Coach, seit 2013 zertifizierte GWÖ-Beraterin, begleitet Unternehmen sowie Gemeinden bei der Erstellung der Gemeinwohl-Bilanz, bildet GWÖ-Berater*innen aus, lebt in Salzburg.

Gemeinnützigkeit ernst genommen

Sozialwirtschaft

Diakonie Herzogsägmühle

Gründung 1894

41,9% Eigenkapitalanteil

1.617 Mitarbeiter

Einkommensspreizung
1:4,1 brutto, 1:3,5 netto

ca. 100 Mio Euro Umsatz

www.herzogsaegmuehle.de

Wie alles begann

Im November 2015 erhielt ich einen überraschenden Anruf von Wilfried Knorr, der sich mir als Geschäftsführer der Diakonie Herzogsägmühle vorstellte, eines Unternehmens, das ich bis dahin ausschließlich vom Hörensagen kannte. Er beabsichtige, eine Gemeinwohl-Bilanz zu erstellen, und würde sich gerne mit mir treffen. Vier Wochen später saßen wir in einem Café in Starnberg und tauschten uns intensiv über sein Unternehmen, die Gemeinwohl-Ökonomie und christliche Ethik aus. Zu diesem Zeitpunkt hatte er bereits eine erste Grobfassung der Bilanz für den internen Gebrauch erstellt.

Die Diakonie Herzogsägmühle bietet Unterstützung für Menschen an 194 Standorten in Oberbayern an. Sitz ist im Dorf Herzogsägmühle, das ein Ortsteil der Marktgemeinde Peiting ist. Hundert Millionen Euro Umsatz, landwirtschaftliche Flächen, die im lokalen Maßstab gigantisch sind, und sehr diverse Geschäftsfelder finden sich in diesem Unternehmen, das per Definition gemeinnützig ist und als *„Non-Profit-Unternehmen"* bezeichnet werden kann.

Diese ethische Ausrichtung hat in der Diakonie Herzogsägmühle eine lange Tradition. Der Name geht zurück auf den von 1450 bis 1493 in Schongau residierenden Herzog Christoph der Starke, der hier eine Sägemühle besaß. 1894 erwarb der „Verein für Arbeiterkolonien in Bayern", ein interkonfessioneller Wohlfahrtsverein auf christlicher Grundlage, das Anwesen und richtete unter dem heutigen Namen eine Arbeiterkolonie ein.

In der Zeit des Nationalsozialismus wurde die Herzogsägmühle als „Zentralwanderhof" dem bayerischen Innenministerium unterstellt. Eine Obdachlosenhilfe, eine „Jugenderziehung" und, gegen Kriegsende, eine Lungenheilanstalt für Rüstungsarbeiter fanden dort ihren Platz. 1946 übertrug das bayerische Innenministerium dem „Verein für Innere Mission in München e.V." die Verantwortung für die Betriebsführung. Seitdem wird das Unternehmen in der Diakonie geführt, dem Wohlfahrtsverband der evangelischen Kirchen.

Die Diakonie Herzogsägmühle und das Gemeinwohl

Dass ein kirchlicher Wohlfahrtsverband gemeinnützig ist, ist zunächst einmal eine aus dem Steuerrecht resultierende Festlegung. Die 1977 in Kraft getretene Abgabenordnung legt Zwecke fest, die steuerrechtlich privilegiert sind, und definiert den Rahmen für die Organisationen (z.B. Vereine), die ihre Gemeinnützigkeit amtlich bescheinigt haben wollen. Die steuerrechtliche Dimension ist aber nur der finanztechnische Aspekt der Gemeinnützigkeit. Im allgemeinen Sprachgebrauch verbindet man damit viel mehr: Generieren und Organisieren von Ehrenamt, Zuwendung zu Hilfebedürftigen, Hilfe für Menschen in Not, Tätigkeit, die nicht in erster Linie der Gewinnerzielung dient (non profit) sind konnotierte Begriffe. Doch der zunehmend kritische Blick auf die Kirchen und ihre Wohlfahrtsverbände führt inzwischen dazu, dass die Allgemeinheit nicht unbedingt davon ausgeht, dass diese immer verlässlich dem Gemeinwohl dienen.

„Unsere inzwischen fast sechsjährige Erfahrung mit der Gemeinwohl-Ökonomie zeigt: Die steuerrechtliche Festsetzung ‚gemeinnütziger Verein' sagt nicht ausreichend viel aus über die Frage, ob das Unternehmen tatsächlich dem Gemeinwohl verpflichtet ist. Innerhalb des Rahmens der Gemeinnützigkeit gibt es viele Möglichkeiten, egoistisch zu handeln, Konkurrenz zu bekämpfen, Menschen in unfairen Arbeitsverhältnissen zu beschäftigen, familienunfreundliche Strukturen aufzubauen, Transparenz möglichst zu vermeiden, Partizipation allenfalls

Die Licht- und Wachsmanufaktur verarbeitet tonnenweise Alt-Wachs zu neuen Produkten.

Der Geschäftsführer der Diakonie Herzogsägmühle, Wilfried Knorr, stellt sich dieser Herausforderung mit der Frage: *„Was tut dieses diakonische Sozialunternehmen tatsächlich für das Gemeinwohl?"*

ansatzweise umzusetzen und die ökologischen Auswirkungen des Tuns weitgehend zu ignorieren. All dies würde nicht zum Entzug des Siegels ‚gemeinnützig' führen. Ein ethisch verantwortetes Wirtschaften muss also weitergehende Aspekte einbeziehen und kann sich nicht einfach auf den Bescheid des Finanzamtes zurückziehen."

Insofern ist die Gemeinwohl-Bilanz das Instrument, das hervorragend geeignet ist, gerade Non-Profit-Organisationen zu helfen. Denn sie stehen vor der Herausforderung, nicht nur ihren Spendern und Sponsoren Rechnung abzulegen, sondern auch gegenüber der Gesellschaft transparent zu berichten, was sie bewirken. Inwiefern sie wirklich positiv für das Gemeinwohl wirken, wird ja meist nicht sichtbar.

Verschiedene Schulen und Ausbildungsbetriebe erfüllen einen wichtigen Bildungsauftrag in der Region.

Die Diakonie Herzogsägmühle als Unternehmen

Die Diakonie Herzogsägmühle beschäftigte 2019 1.617 Mitarbeiter. Damit ist sie im Landkreis Weilheim-Schongau einer der größten Arbeitgeber und ein bedeutender Wirtschaftsfaktor. Eine Studie von 2015 kam zu dem Schluss, dass das Engagement der Diakonie Herzogsägmühle (Umsatz damals ca. neunzig Millionen Euro) zu einer zusätzlichen Wirtschaftsleistung von ca. 195 Millionen Euro in der Region führt.

Dies liegt an ihren vielfältigen Tätigkeitsfeldern. Sie betreibt beispielsweise eine Grund- und Hauptschule zur Erziehungshilfe für Kinder aus dem Altlandkreis Schongau, eine private Berufsschule für junge Menschen mit Lernbehinderung aus acht benachbarten Landkreisen und eine Fachschule für Heilerziehungspflege und -hilfe. Und damit nicht genug: Es gibt einen großen Lebensmittelmarkt, eine Gärtnerei, Landwirtschaft, eine Bäckerei/Konditorei, Metzgerei, Buchbinderei, Schlosserei, Schreinerei, Töpferei, Wäscherei, Weberei, Werkstätten für Elektrotechnik, Holzverarbeitung, Kunsthandwerk, Sanitär und Heizungstechnik und Kraftfahrzeugtechnik sowie eine Licht- und Wachsmanufaktur. Die Diakonie Herzogsägmühle ist für hilfeberechtigte und benachteiligte Menschen ein wichtiger Arbeitgeber und Ausbilder.

Ein bunte Mischung verschiedener Handwerksbetriebe ergänzt das Angebot, hier Mitarbeiterinnen der Töpferei.

Der Mühlenmarkt, ein Lebensmittelmarkt mit angeschlossener Metzgerei und Bäckerei, leistet einen wichtigen Beitrag zur lokalen Nahversorgung. In der Landwirtschaft und in der Versorgung mit Lebensmitteln gelingt es der Diakonie Herzogsägmühle vorbildlich,

Kreisläufe zu schließen. Für den Bereich Ökologie und Ernährung ist Werner Deuring zuständig. Im Idealfall, so berichtete er mir, wird beispielsweise Gemüse am Morgen geerntet, sofort gewaschen und küchenfertig aufbereitet, dann an die Küche für die Gemeinschaftsver- pflegung geliefert und bereits mittags verzehrt. Durch diese ideal kurze Lieferkette erhalten die Mitarbeitenden und Hilfeberechtigten frische Lebensmittel, deren Nährstoffgehalt deutlich höher ist als bei konventioneller Ware.

In der Landwirtschaft sind Bodenfruchtbarkeit und Humusaufbau wichtige Themen. Man setzt Gründüngung ein, achtet auf eine großzügige Fruchtfolge, tauscht Flächen (zwischen Rinderhaltung und Gemüseanbau) und setzt Effektive Mikroorganismen ein.

Landwirtschaft und Gärtnerei liefern täglich frisches Gemüse und Obst.

Auswirkungen der Gemeinwohl-Bilanz

Der Bereich *Menschen in besonderen Lebenslagen* leistet Hilfe für ehemalige Wohnungslose. Sein Ziel ist es, Menschen beim Übergang in ein *normales* Leben zu unterstützen. Der Leiter einer Abteilung in diesem Fachbereich Volker Greiner, beschreibt, welche Auswirkungen die Gemeinwohl-Bilanz hatte:

„Sie hilft uns zum Beispiel, die Sinnhaftigkeit von Normen zu hinterfragen. So fordern Hygienevorschriften Vorgehensweisen, die enorme Mengen Abfall erzeugen. Das neue Pflegewohnqualitätsgesetz fordert bestimmte Wohnungsraumgrößen. Das führt in unserem Fall dazu, dass wir bestehende Gebäude abreißen müssen, weil ein normgerechter Umbau nicht mehr möglich ist. Da geht es manchmal nur um einen Quadratmeter! Am bemerkenswertesten finde ich aber die kleinen Dinge, die sich geändert haben. Heute fragen sich die Mitarbeitenden: ‚Was kann ich bewirken?' Die Gemeinwohl-Bilanz hilft, aus Habituierungen herauszukommen. So wurde endlich damit aufgehört, die berühmte Leberkässemmel in Alufolie zu verpacken, die im Regelfall bereits beim Verlassen des Marktes fortgeworfen wurde."

Volker Greiner betont, man könne den Wertekanon der GWÖ auch bei Menschen umsetzen, die eine intellektuelle Einschränkung haben. Ein Beispiel sei die Mülltrennung. Auch das Einkaufsverhalten hat das Unternehmen dahingehend verändert, dass auf Müllvermeidung geachtet wird. *„Und das Schöne ist, dass das auch Interesse weckt und damit neue Ideen fördert."*

Volker Greiner ist einer der Abteilungsleitenden im Fachbereich *„Menschen in besonderen Lebenslagen"*

Treffpunkt für nachhaltiges Einkaufen – der Mühlenmarkt mit Bäckerei, Konditorei und Metzgerei

„Wir haben zum Beispiel durch die Abschaffung der Coffee-to-go-Becher ca. 10.000 Becher jährlich eingespart. Sämtliche Plastiktüten, bis auf einen unvermeidbaren Bereich in der Metzgerei, wurden aus dem Mühlenmarkt verbannt. In der Metzgerei können die Kunden sich mitgebrachte Boxen befüllen lassen oder ein Pfandsystem nutzen. Dadurch wird jährlich circa eine halbe Tonne Kunststoff eingespart."

Stefanie Kalin, die stellvertretende Leiterin des Mühlenmarktes, hat zuvor im konventionellen Lebensmittel-Einzelhandel gearbeitet. „Die Arbeitsbedingungen hier sind vollkommen anders als meine vorherigen Erfahrungen. Ich habe keine Umsatzvorgaben, ich fühle mich wertgeschätzt und ich werde nicht nur als Arbeitskraft, sondern als Mensch, auch mit meinen Schwächen und Bedürfnissen, wahrgenommen. Und trotzdem ist nach meinem Eindruck unser Pro-Kopf-Umsatz nicht schlechter als in einem konventionellen Vollsortimenter."

„Unsere ‚Hilfeberechtigten' sind Rohdiamanten und viele nutzen ihre Chance. Bei uns entwickeln sich die meisten Mitarbeitenden ganz hervorragend. Die Azubis wohnen in Wohngruppen und die Ausbildungsplätze werden von öffentlichen Trägern finanziert. Wir bilden jährlich drei bis vier Azubis aus. In der Arbeitszeit werden die Azubis begleitet, auf die Prüfungen vorbereitet und in jeder Hinsicht unterstützt. Unsere bisherigen Azubis wurden alle nach der Ausbildung in anderen Märkten eingestellt."

Stefanie Kalin
stellvertretende Leiterin des Mühlenmarktes

Die gestiegene Sensibilität für den Umgang mit ökologischen Ressourcen hat zu einer breiten Reduktion von Verpackungsmüll geführt. Am deutlichsten war das im *Mühlenmarkt* zu spüren. Auch die Beteiligung der Mitarbeiterschaft, die vorher schon hoch war, hat sich nochmals verbessert. Die Mitarbeitenden werden deutlich mehr einbezogen, wenn auch Entscheidungen letztendlich immer noch hierarchisch getroffen werden.

Ingo Massel, der den Bereich *Förderwesen und EU-Projekte* verantwortet, erklärt: „Mir gefällt die Idee, in Aushandlungsprozesse zu gehen, um zum Beispiel festzulegen, wie Arbeit entlohnt wird." Dass die gesamte Belegschaft eingeladen wurde, an der Erstellung der Bilanz mitzuwirken, war ihm sehr sympathisch. Einzelne Arbeitsgruppen entwickelten auf Basis der bisherigen Bilanz eine neue Version. Insgesamt haben bis zu fünfzig Mitarbeitende an der Erstellung mitgewirkt.

Ein Blick in die aktuelle Gemeinwohl-Bilanz zeigt, dass das einer der Punkte ist, in denen das Unternehmen große Anstrengungen zeigt. Inzwischen wurden sogenannte *U-Labs* erprobt, in denen Mitarbeitende aller Hierarchien wichtige Zukunftsthemen diskutierten. Über zweihundert Mitarbeitende beteiligen sich an diesen Prozessen.

Die Ergebnisse werden in der sogenannten Leitungskonferenz, in der die Mitarbeitenden auch vertreten sind, diskutiert und in den meisten Fällen umgesetzt. Nach einer Schätzung des Unternehmens werden 95 Prozent aller Entscheidungen konsensual und unter Einbindung der Mitarbeitenden getroffen. Darüber hinaus gibt es einen sogenannten *Dorfrat*, der die Bürger*innen der Herzogsägmühle mit einbezieht und der regelmäßig konsultiert wird.

Über den Autor
Jörn Wiedemann ist langjähriger zertifizierter Gemeinwohl-Berater in Bayern und berät Organisationen jeder Art bei der Erstellung von Gemeinwohl-Bilanzen.

Die Diakonie Herzogsägmühle ist ein hervorragendes Beispiel dafür, welchen enormen Beitrag gemeinnützige Unternehmen leisten können. Durch die Einführung der Gemeinwohl-Bilanz wird dieser wirtschaftliche Beitrag nun auch beständig ökologisch und sozial optimiert.

In einem Vortrag brachte Wilfried Knorr es auf den Punkt: „*Ich kenne kein anderes Bewertungssystem, das mir so viele Hilfestellungen gegeben hat, wie die Gemeinwohl-Ökonomie in den letzten Jahren.*"

Folgende Aspekte aus der Gemeinwohl-Bilanz der Diakonie Herzogsägmühle sind besonders bemerkenswert:

Landwirtschaft und Lebensmittel
- Landwirtschaft nach Demeter-Prinzipien unter besonderer Berücksichtigung von Bodenfruchtbarkeit und Humusaufbau
- Kurze Wege und geschlossene Kreisläufe
- Integration von Hilfeberechtigten in Ernte und Produktion

Ausbildung
- Eigene Berufs-, Fach- und Volksschulen für ca. 800 Schüler
- Ausbildungsplätze für 42 verschiedene Berufsabschlüsse

Partizipative Unternehmenskultur
- Dorfrat für Bürgerbeteiligung
- Umfangreiche Einbindung der Mitarbeiter in Entscheidungs- und Innovationsprozesse
- Konsensuale Entscheidungsfindung

Kooperation statt Konkurrenz
- Wissen und Informationen werden uneingeschränkt weitergegeben
- Internationale Zusammenarbeit
- Gemeinsame Flüchtlingshilfe mit der Caritas und den örtlichen Behörden

Der Deutschen liebstes Kind: der Wald

Forstwirtschaft

ForstBW

seit 1. Januar 2020 Anstalt des öffentlichen Rechts

aktuell 1.800 Mitarbeitende

Verantwortung für rund 320.000 Hektar Landeswald

www.forstbw.de

Waldwirtschaft im Staatswald Baden-Württemberg

Die Italiener und Spanier lieben ihr Meer. Die Deutschen gehen in den Wald. Bist du als Schwabe in der Welt unterwegs, kennt kaum einer das Bundesland, aus dem du kommst. Erzählst du dagegen vom *„Black Forest"*, leuchten die Augen deiner Gastgeber. Der Schwarzwald ist dabei nicht nur ein touristischer Erfolgsschlager, sondern auch Erholungsort Nummer eins für die hiesige Bevölkerung. Und in Zeiten des Klimawandels gewinnt der Wald insgesamt als größter CO_2-Speicher des Landes zusätzlich an Bedeutung.

Die Waldwirtschaft gehört, wenn der gesamte Wertschöpfungsprozess bis zum Endverbraucher zugrunde gelegt wird, zu den wichtigsten Wirtschaftssektoren in Baden-Württemberg. *„Fast vierzig Prozent der Fläche von Baden-Württemberg sind bewaldet. Damit verfügen wir über eine riesige Schatzkammer der Natur",* so der baden-württembergische Ministerpräsident Winfried Kretschmann. Es geht um eine Gesamtfläche von 1,4 Millionen Hektar.

Mehr als sechzig Prozent davon gehören der Allgemeinheit, befinden sich also im Besitz von Land und Kommunen. Aber auch wenn es um den Wald privater Besitzer geht, findet man nirgendwo das Schild: *„Durchgang verboten"*. Das deutsche Waldgesetz stellt mit dem allgemeinen Betretungsrecht unmissverständlich klar: Jede Bürgerin und jeder Bürger haben ungehinderten Zugang zu allen heimischen Wäldern.

Wildnis als gesuchte Alternative zur Zivilisation

Zwar hat sich das außerhäusliche Freizeitverhalten von Kindern und Jugendlichen deutlich verändert, die Anziehungskraft des Waldes ist jedoch insgesamt ungebrochen. Rund zwei Millionen Menschen, mithin jeder fünfte Einwohner Baden-Württembergs, haben sogar täglich Kontakt mit dem Wald. Wer nicht dort arbeitet oder sich auf andere Weise nützlich macht, nutzt ihn für Spaziergänge, Joggen, Nordic Walking, Wanderungen ... und kommt dann den ebenfalls Erholung suchenden Mountainbikern nicht selten ins Gehege. Der Wald ist groß, aber rund um die Städte wird es auch in diesem großartigen Erholungsraum oft eng. Zunehmend wird der Forst auch zum Kindergarten oder pädagogischen Klassenzimmer. Ob Abenteuerpädagogik, Teambildung oder therapeutischer Rückzugsort – unser Wald soll vielfältige Erwartungen erfüllen.

Über 70 Prozent des Staatswaldes sind als Erholungswald kartiert.

Der Klimawandel setzt die Wälder unter Stress. Borkenkäfer haben mit geschwächten Fichten leichtes Spiel.

Doch infolge des Klimawandels gelten 46 Prozent dieser Waldfläche inzwischen als deutlich geschädigt, Tendenz steigend. Wenn der Temperaturanstieg ungebremst weitergeht, haben viele heimische Baumarten keine Überlebenschance. Der Umbau der Waldbestände muss rasch erfolgen und wird nur das Schlimmste verhindern.

Wie noch bei *„Lothar"* bedarf es heute keines Jahrhundertsturms mehr, um den Wald zu lichten. Kollabiert der Wald weiter, dann liegt die grüne Lunge Baden-Württembergs dauerhaft auf der Intensivstation – und mit ihr der wichtigste CO_2-Speicher im Land.

Über 70 Prozent des Staatswaldes sind naturschutzwichtig (z.B. FFH-Gebiete, Naturschutzgebiete, Bannwälder). Das Bild zeigt ein Moor-Renaturierungsprojekt.

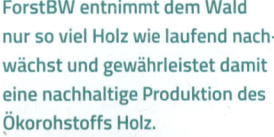

ForstBW entnimmt dem Wald nur so viel Holz wie laufend nachwächst und gewährleistet damit eine nachhaltige Produktion des Ökorohstoffs Holz.

Dreihundert Jahre Nachhaltigkeit

Die Folgen des Klimawandels hinterlassen im Wald mittlerweile so deutliche Spuren, dass dies auch dem normalen Waldbesucher nicht mehr verborgen bleibt. Gerade in solchen Krisenzeiten ist von zentraler Bedeutung, wer sich mit welchen Interessen, welcher Zielsetzung und welchen Maßnahmen um den Wald kümmert. Die Bewirtschaftung des Staatswaldes erfolgt in Baden-Württemberg seit 2020 durch das Unternehmen ForstBW, einer rechtlich selbstständigen Anstalt des öffentlichen Rechts, mit Sitz im malerischen Schloss Bebenhausen nahe der Universitätsstadt Tübingen. Zuvor war ForstBW als Teil der Landesverwaltung dem Ministerium für Ländlichen Raum und Verbraucherschutz zugeordnet.

Etwa 1.800 Beschäftigte sind bei ForstBW heute unmittelbar für den Landeswald tätig, für eine Fläche von über 320.000 Hektar. Gemeinsam mit der Landesforstverwaltung trägt ForstBW die Verantwortung für eine nachhaltige Entwicklung der gesamten Waldfläche Baden-Württembergs. Das ist nur im Zusammenspiel mit Kommunen und privaten Waldbesitzern möglich. Der Staatswald soll dem Allgemeinwohl in besonderer Weise dienen. Es geht darum, das wertvolle Holz nachhaltig zu nutzen und gleichzeitig die Schutz- und Erholungsfunktion des Waldes zu sichern. Darüber hinaus muss ForstBW seinen im Landeswaldgesetz verankerten Bildungsauftrag erfüllen und Angebote für viele unterschiedliche Berührungsgruppen realisieren.

Das Konzept der Nachhaltigkeit wurde in der Forstwirtschaft bereits vor dreihundert Jahren entwickelt. Es steht für eine Wirtschaftsform, die ohne Ausbeutung von natürlichen Ressourcen dem Wald nur so viel entnimmt, dass auch nachfolgende Generationen ihn noch in gleicher Weise nutzen können. Nachhaltigkeit als einer der Eckpfeiler der noch jungen Gemeinwohl-Ökonomie gilt spätestens seit den Forstgesetzen aus dem 19. Jahrhundert als eine zentrale Grundlage für die Bewirtschaftung des Staatswaldes Baden-Württemberg.

Der politische Auftrag – kein einfacher Weg

Der Auftrag zur Gemeinwohl-Bilanzierung war dennoch ein politischer. Im Koalitionsvertrag zwischen Grünen und der CDU wurde 2016 vereinbart, dass ein Unternehmen mit Landesbeteiligung in Baden-Württemberg als Pilotprojekt eine Gemeinwohl-Bilanzierung erstellen soll. Das war kein einfacher Weg, denn es gab in der politischen Umsetzung durchaus Vorbehalte. Und auch als die Wahl schließlich auf ForstBW gefallen war, blieb zunächst strittig, ob tatsächlich die GWÖ-Matrix 5.0 als Berichts-Instrument zum Einsatz kommt. Thekla Walker als stellvertretende Fraktionsvorsitzende war am Zustandekommen maßgeblich beteiligt. Am Ende des anderthalbjährigen Prozesses, bei der Übergabe des Testats im Stuttgarter Landtag im September 2020 durch Verantwortliche der Gemeinwohl-Ökonomie, sprach Peter Hauk, CDU-Minister für den ländlichen Raum, dann auch von einem gelungenen Test für die GWÖ-Bilanzierung weiterer Eigenbetriebe: *„Als erster Landesbetrieb in Baden-Württemberg hat die ForstBW eine Gemeinwohl-Bilanz vorgelegt. ForstBW verfolgt damit das Ziel einer umfassenden und transparenten Darstellung der betrieblichen Gemeinwohlorientierung".*

Pionier der Balanced Scorecard

Das Ergebnis überrascht nicht wirklich, denn ForstBW war auf diesen Prozess gut vorbereitet. Bereits im Jahr 2011 wurde ein *„Strategisches Nachhaltigkeits-Management"* (SNM) bei ForstBW etabliert. Die Landesforstverwaltung hatte sich damals für die sogenannte „Sustainability Balanced Scorecard (SBSC)" entschieden, um diesen Nachhaltigkeitsgedanken im Staatswald weiter voranzubringen und zu modernisieren. Eine *„Balanced Scorecard"* war zu diesem Zeitpunkt im Musterländle allenfalls bekannt, weil sie IBM Manager Erwin Staudt als damaliger Präsident des VfB Stuttgart dort eingeführt hatte.

Dr. Christoph Hartebrodt von der Forstlichen Versuchs- und Forschungsanstalt Baden-Württemberg (FVA) in Freiburg hat als weithin anerkannter Wissenschaftler und Experte für forstliches Berichtswesen, maßgeblich an der Weiterentwicklung einer forstspezifischen SBSC mitgewirkt, die auch in Schleswig-Holstein und einigen anderen Bundesländern eingeführt wurde, jedoch nirgendwo mit so hoher Priorität und Außenwirkung wie bei ForstBW. Er hatte sich schon

„Uns war es ein großes Anliegen, den Einstieg des Landes in die Gemeinwohl- Bilanzierung auch konsequent und qualifiziert anzugehen. Deshalb haben wir ForstBW für diesen Weg zusätzliche Mittel zur Verfügung gestellt."

Thekla Walker
stellvertretende Fraktionsvorsitzende Bündnis 90/Die Grünen

Die naturnahe Verjüngung des Waldes ist eines der 20 indikatorgebundenen, strategischen Nachhaltigkeitsziele von ForstBW.

Ziel 1.3 Naturnahe Waldwirtschaft

Ziel: Das Konzept der naturnahen Waldwirtschaft wurde weiterentwickelt und umgesetzt.

Indikator: Verjüngungsvorräte und Altersstufe 1 nach Bundeswaldinventur-Klassifizierung (sehr naturnah und naturnah) in % Holzbodenfläche

ISTWERT 2018	**69,6 %**
SOLLWERT 2020	**70,0 %**

Sustainability Balanced Scorecard

Jahre zuvor mit den Vor- und Nachteilen der Gemeinwohl-Ökonomie befasst. Aus wissenschaftlicher Sicht hätte er ein eigenes, inhaltlich stärker auf ForstBW zugeschnittenes und mit allen Stakeholdern gemeinsam entwickeltes Konzept bevorzugt, das auf der SBSC basiert und Elemente der Gemeinwohl-Ökonomie hinreichend berücksichtigt. Doch als der politische Auftrag klar war, sich ausschließlich an der Gemeinwohl-Ökonomie auszurichten, wurde er von Hartebrodt und seinen Mitarbeitenden mit höchster Professionalität angegangen.

An der GWÖ schätzt er vor allem die soziale Dimension, die er in den bisher genutzten Berichts- und Steuerungsinstrumenten in der Forstwirtschaft bisher etwas vernachlässigt sieht. Eine gewisse Skepsis bleibt: *„Die GWÖ wird im Spektrum der nicht monetären und sozial ausgerichteten Berichterstattung vermutlich erfolgreicher sein, wenn sie inhaltlich flexibler wird und alle relevanten gesellschaftlichen Gruppen bei der Weiterentwicklung von Berichts- und Bewertungsfaktoren einbezieht."*

Ein junger Wissenschaftler nutzt die Chance

Seine ideale Ergänzung hat der *„Chefstratege"* Hartebrodt in dem jungen Wissenschaftler Klaus Zimmermann gefunden, der eigens für die Erstellung des Gemeinwohl-Berichts eingestellt wurde. Dieser Auftrag erwies sich als extrem herausfordernd. Das lag schon am Zeitpunkt.

ForstBW befand sich im Jahr 2019 mitten in einem radikalen Umbruch. Im Rahmen einer groß angelegten Forstorganisationsreform sollte der wirtschaftlich ausgerichtete Teil von ForstBW bis Ende des Jahres in ein eigenes Unternehmen ausgegliedert werden. Zu der noch bestehenden Konstruktion gehörte jedoch, dass die Mehrzahl der Beschäftigten bei den Landkreisen angestellt war, auf die ForstBW kein unmittelbares Zugriffsrecht hatte. Ebenso wenig hatte man maßgeblichen Einfluss auf Unternehmenskultur und Alltagsbedingungen. Wie sollten in einer solchen Ausnahmesituation umfängliche Kennzahlen ermittelt und recherchiert werden? Wie einheitliche Vorgehensweisen beschrieben und bewertet werden, bezogen auf Lieferant*innen, Mitarbeitende und Kund*innen? Auch wenn Zimmermann betont, dass ihm große Bereitschaft zur Mitwirkung entgegengebracht wurde, schlägt sich diese Situation im Gemeinwohl-Bericht von ForstBW nieder. Viele der beteiligten Mitarbei- tenden hätten sich einen anderen Zeitpunkt gewünscht, um sich noch intensiver mit dem anspruchsvollen Thema beschäftigen zu können.

„Ein wichtiges Thema der Forstwirtschaft ist der Naturschutz. Um dessen Stellenwert zu verdeutlichen, passt die GWÖ gut dazu. Allerdings ist es sicher noch ein weiter Weg, bis diese in den Köpfen aller Mitarbeiter und Mitarbeiterinnen verankert ist. Umdenken ist dabei sicherlich auch eine Generationenfrage."

Franziska Hördegen
ForstBW Holzverkauf

Allen Hindernissen zum Trotz hat sich Klaus Zimmermann mit großer Tatkraft, langem Atem, Gestaltungswillen und Kooperationsbereitschaft ans Werk gemacht. Vor seiner Tätigkeit bei der FVA hatte er nur oberflächliche Kenntnisse von der Gemeinwohl-Ökonomie. Im Prozess der Berichtserstellung konnte er sich jedoch von den großen Potenzialen des Konzepts überzeugen und will sich diesem Thema auch weiterhin beruflich widmen.

Dem guten Leben dienen

Einen besonderen Schwerpunkt der Gemeinwohl-Berichterstattung sieht Zimmermann dort, wo ForstBW mit seinen Produkten und Dienstleistungen zur Erfüllung von Schutz- und Erholungsfunktionen beiträgt. Dabei geht es um den unternehmerischen Beitrag zum guten Leben für alle. Neben dem Klimaschutz spielen da vor allem die Biodiversität durch angepasste Waldbewirtschaftung und betriebseigene Wald-Naturschutz-Konzepte eine wichtige Rolle. Auch der schonende Umgang mit den Wäldern, deren Erholungsfunktion und ästhetischer Wert gehören zur Deckung menschlicher Grundbedürfnisse. Im Hinblick auf die Vermeidung von Armut gerade im ländlichen Raum nimmt die Branche Forst und Holz mit einem Gesamtumsatz von über dreißig Milliarden Euro im Vergleich der Bundesländer eine Spitzenposition ein.

„Es handelt sich um einen sehr umfassenden Berichtsansatz, mit festgelegten Indikatoren, dessen Wert durch eine externe Auditierung noch gesteigert wird. Die weitergehende Verknüpfung des Systems „Strategisches Nachhaltigkeits-Management" mit Gemeinwohl-Bilanzierung ist für ForstBW eine reizvolle und vielversprechende Zukunftsaufgabe."

Klaus Zimmermann, *Verantwortlicher Projektbearbeiter, FVA*

Waldpädagogik ist Naturerfahrung. Sie stößt Fragen an, fördert Einsicht und Erkenntnisse und zeigt die Bedeutung des Waldes auf.

UN-Ziele und hochwertige Bildung

Wie passt das Wirken von ForstBW zu den siebzehn nachhaltigen Entwicklungszielen (Sustainable Development Goals) der Vereinten Nationen? Die Vermeidung von Armut durch nachhaltige Wertschöpfung, die Förderung von Gesundheit und Wohlergehen, die Beiträge zum Klimaschutz und zum Schutz des Lebens erschließen sich auf Anhieb. Auch die Mitwirkung von ForstBW an sauberer und bezahlbarer Energiegewinnung, an Innovation durch Forschung und technologischer Erneuerung sowie an verantwortungsvollem Konsum sind nachvollziehbar.

Etwas aus dem Rahmen fällt das SDG-Ziel der *„hochwertigen Bildung"*. Da lohnt ein Besuch im Stuttgarter *„Haus des Waldes"* mit seinem bundesweit einzigartigen Angebot der Waldpädagogik für Schulklassen und Öffentlichkeit. Auch das Forstliche Bildungszentrum Königsbronn übernimmt zusammen mit der Landesforstverwaltung einen wichtigen Bildungsauftrag: die überbetriebliche Ausbildung aller Forstwirtinnen und Forstwirte in Baden-Württemberg, unabhängig davon, ob die praktische Ausbildung beim Land, den Kommunen oder bei privaten Waldbesitzern stattfindet. Jährlich werden etwa 150 junge Forstwirt*innen ausgebildet. Von denen haben etwa zwei Drittel bei ForstBW selbst, das restliche Drittel bei Kommunen und privaten Unternehmen ihren Ausbildungsvertrag.

Für die Leiterin Dr. Mechthild Freist-Dorr passt die Gemeinwohl-Ökonomie sehr gut in den aus ihrer Sicht bei ForstBW noch weitgehend ausstehenden Kulturwandel. Damit meint sie zum einen eine gendergerechte Personalentwicklung. Außerdem stellt sie die zentrale Frage: Gehört der Wald den Forstleuten oder der Allgemeinheit?

„Der Staatswald ist unser aller Wald. Gleichwertig zur Nutzung des Holzes stehen das Recht der Bürger*innen auf freien Zugang und die Einladung, unsere Wälder als Erholungs- und Bildungsort zu erleben."

Dr. Mechthild Freist-Dorr, *ForstBW Leitererin des forstlichen Bildungszentrums Königsbronn*

Als Aus- und Weiterbildungszentrum legt Königsbronn deshalb größten Wert auf hohe Qualität und Vernetzung mit allen in der Forstwirtschaft beteiligten Berührungsgruppen. Das schlägt sich auch in der Gestaltung der Ausbildung, der Qualifizierung und Beratung von Ausbildern sowie in der Beteiligung an Prüfverfahren für Geräte und Ausrüstung, die bei der Waldarbeit benötigt werden, nieder.

Moderne Unternehmensgestaltung im Zeichen des Klimawandels
Felix Reining ist gemeinsam mit Max Reger Vorstand des neu gestalteten Unternehmens und für das strategische Nachhaltigkeitsmanagement verantwortlich. Aus seiner Sicht ging es bei der Gemeinwohl-Bilanzierung vor allem darum, die vorhandenen Management-Instrumente zu erweitern und für eine noch stärker werteorientierte Unternehmenssteuerung zu nutzen: „Die erste Gemeinwohl-Bilanz für ForstBW sehen wir sowohl als gute Möglichkeit zur Verdeutlichung der Errungenschaften, als auch der Potenziale zur Verbesserung im Hinblick auf ein faires Miteinander. Wir sehen sie im Sinne einer modernen Unternehmenskultur als Impuls für ein bewussteres Handeln und mehr Beteiligung."

Felix Reining
Vorstand ForstBW

Seine rechte Hand ist Monika Grüntjens, der eine nachhaltige Entwicklung des Waldes und der Forstwirtschaft ein besonderes Anliegen ist. In der Stabsstelle des Vorstands ist sie für die Bereiche Unternehmensentwicklung und Zertifizierung von ForstBW verantwortlich. Eine ihrer ersten Aufgaben bestand darin, die Einreichung und Testierung des Gemeinwohl-Berichts zu einem guten Abschluss zu bringen. Ihr Blick geht jedoch nach vorne, und da sieht sie ihr Unternehmen sowohl mittendrin als auch noch am Anfang stehend.

Die Aufarbeitung von Kalamitätsholz ist besonders gefährlich. Sicherheitscoaches begleiten Forstwirt*innen und vermitteln Arbeitsschutzstandards.

Sustainability Balanced Scorecard

Ziel 3.2 Arbeitssicherheit

Ziel: Die Arbeitssicherheit ist kontinuierlich verbessert worden.

Indikator
Unfallbedingte Fehlzeiten je 100 Waldarbeitende [Arbeitstage/Jahr]

ISTWERT 2018	196
SOLLWERT 2020	180

Einerseits liegen langjährige Erfahrungen im Nachhaltigkeitsmanagement und mit den Standards forstlicher Zertifizierungssysteme vor. Der Staatswald Baden-Württemberg ist seit März 2000 nach den Standards von PEFC™ (Programme for the Endorsement of Forest Certification Schemes) und zusätzlich seit Mai 2014 nach den Standards von FSC® (Forest Stewardship Council) zertifiziert. In der Phase der Berichtserstellung hat sich gezeigt, dass es zahlreiche Berührungspunkte zwischen der Gemeinwohl-Ökonomie und der forstlichen Zertifizierung gibt.

Andererseits sieht Grüntjens ForstBW angesichts des umfassenden Wertespektrums der Gemeinwohl-Ökonomie bei manchen Themen derzeit noch klar in den Startlöchern stehend, was sie so nicht erwartet hatte. Für Grüntjens kam die GWÖ-Bilanzierung genau zum richtigen Zeitpunkt: „Der Klimawandel hat für die Gesellschaft und die Forstwirtschaft enorme Bedeutung. Zu seiner Bewältigung wollen wir beitragen, aktiv mitgestalten und im Sinne der nachfolgenden Generationen verantwortungsvolle Entscheidungen treffen."

Über den Autor
Ulrich Fellmeth
Industriekaufmann und Sozialwissenschaftler, Geschäftsführer COSYMA, Lehrender Dozent FoBiS, Zertifizierter GWÖ Berater, Koordination D-Südwest, 30 Jahre Tätigkeit in Führungs- und Aufsichtsgremien der Sozialwirtschaft, lebt in Stuttgart.

Jakob Assmann, Florian Henle und Simon Stadler (v.l.)

Richtungsweisend.
Wirklich.

Energiebranche

Polarstern GmbH

2011 gegründet

100 % Biogas aus 100 % erneuerbaren Energien und Abfällen

Siegel: TÜV Nord, Grüner Strom Label, ÖkoTest u.a.

Unterstützt weltweit Familien bei der Nutzung erneuerbar erzeugter Energie

30 Mitarbeitende

Frauenanteil 60 %

23,5 Vollzeitäquivalente (2020)

21,5 Mio. Euro Umsatz (2019)

www.polarstern-energie.de

Geht man nach der Kraft der Vision, könnte man meinen, bei Polarstern hat alles in einer Garage angefangen. Hat es nicht. Weil seine Gründer anders ticken. Ihr innerer Leitstern: der gesunde Menschenverstand.

„Der Energiemarkt ist ein Haifischbecken und kommt reputationsmäßig direkt hinter der Finanzbranche", sagt Polarstern-Gründer Florian Henle nüchtern. Auf seinem weißen T-Shirt steht groß *Wirklich*. Der Mann weiß, wovon er spricht. Dennoch hat er sich getraut und ist ins Becken gesprungen – zusammen mit seinen Mitgründern Jakob Assmann und Simon Stadler.

Als die drei jungen Männer 2009 im grünen Hinterhof in der Münchner Isar-Au ihr gemütliches After-Work-Bier tranken, leuchtete der Polarstern noch hoch im Abendhimmel. Fix war nur: Alle drei wollten sich beruflich neu orientieren, ihre Lebenszeit für etwas Sinnvolles einsetzen und dabei die Zukunft nachhaltig gestalten. Als komplexes und wichtiges Handlungsfeld war die Energiebranche zwar mit viel Verantwortung und Risiko verbunden, bot aber ebenso einen enormen Gestaltungsspielraum. Außerdem waren alle drei bereits mit der Branche vertraut. Simon hatte Erfahrung mit Biogasanlagen gesammelt. Florian hatte in der Schweiz ein Start-up für nachhaltige Hochleistungsschmierstoffe aufgebaut, und Jakobs Großvater war einer der Verursacher des Atomkraftwerks Isar 2.

Was sie zunächst eher abschreckte, war nicht so sehr die Größe des Vorhabens. *"Man kann für eine gute Flasche Biowein besser schwärmen als für Ökostrom"*, schmunzelt Simon. *"Das Produkt ist so austauschbar, es hat keine schicke Verpackung, die Begierde auslöst."* Trotzdem – die Gründer waren sich einig, dass der Energiemarkt große Möglichkeiten bietet und setzten dort an, wo sie das größte Entwicklungspotenzial sahen: beim Ökogas. Ihnen war es ein Dorn im Auge, dass sich beim Thema Energiewende alles gefühlt nur um den Strom drehte. Bis zu achtzig Prozent des Energieverbrauchs im privaten Haushalt entfallen jedoch auf die Wärme, also Heizung und Warmwasser. Mit *"Wirklich Ökogas"* entwickelten sie ein Produkt, das die Energiewende endlich auch in den Wärmemarkt bringen sollte.

"Wenn du überzeugt bist, musst du es machen, ganz einfach."
Florian

Was für eine motivierende Enttäuschung
Dass die Energiebranche für Hochspannung sorgte, haben sie noch vor der Gründung gemerkt. Hochmotiviert fragten die drei Entrepreneure an die hundert Energieversorger an, doch statt Interesse hagelte es Absagen. Alle fanden das gut, aber keiner sah den Markt dafür. Der Wunsch nach alternativer Wärme war in den Köpfen der Menschen angeblich noch nicht angekommen. So hieß es seitens eines großen Stadtwerks: *"Wir gehen mit der Zeit, nicht vor der Zeit."*

Viele hätten an dieser Stelle aufgegeben. Nicht Florian, Jakob und Simon. Die Dringlichkeit der Energiewende gab ihnen einen neuen, entscheidenden Entwicklungsschub: *"Dann machen wir es eben selbst."* Polarstern war geboren.

"Ich wusste, dass es die richtige Entscheidung war", erinnert sich Simon, *"weil sie bei mir einen Nerv getroffen hatte."* Hinzu kommt, dass es für Konsumenten enorm schwierig ist, echten Ökostrom

„Jede gute Idee ist eine Bewegung, kein Zustand."

Simon

zu finden. Das *Wirklich.* steht bei Polarstern für Veränderung und ist eine Reaktion auf die Tatsache, dass viele Energieversorger die Energiewende nur halbherzig unterstützen. Ein Großteil der Ökostromtarife ändert gar nichts am Status quo – oder manifestiert ihn sogar.

„Achtung! Wir gehen jetzt live"
Erste finanzielle Unterstützung bekamen die Gründer in Form eines EXIST Gründerstipendiums vom Bundesministerium für Wirtschaft und Technologie und dem Europäischen Sozialfonds. Entscheidende Hilfe bot ihnen ebenfalls die damals neu gegründete Social Entrepreneurship Akademie – eine Netzwerk-Kooperation der vier Münchner Hochschulen. Die drei konnten auch einen Business-Angel aus der Energiewirtschaft für sich gewinnen, der ihnen mit seinen Dienstleistungen den Markteintritt ermöglichte.

Es schien also alles am Schnürchen zu laufen. Doch kurz bevor die Website im April 2011 online gehen sollte, landete Jakob, der auch für Datenübertragung und Sicherheit zuständig war, mit einer üblen Mandelentzündung für mehr als eine Woche im Krankenhaus. Da erlebte das kleine Team erstmals, wie wichtig enge Zusammenarbeit ist und dass jeder für den anderen einspringen kann und will. So gingen Web- und Facebook-Seite pünktlich mit den PR-Kampagnen an den Start. Die Aufregung war groß, die Erwartungen hoch bis zu Decke. *„Wie naiv wir damals waren!"*, schüttelt Simon heute noch den Kopf. *„Wir dachten tatsächlich, dass die Fans die Seite stürmen werden. Aber dann passierte ... nichts."* Bis auf ein paar Likes von Freunden und Bekannten blieb die Euphorie aus. Der Funke war nicht übergesprungen.

Wer waren ihre ersten Kunden? Sie selbst. Den Anfang machten im September Florian, Jakob und der Webentwickler, denn Simon lebte damals noch in einer WG. Dabei sahen Florians Pläne ganz anders aus: Er peilte bis Ende des Jahres 5.000 Kunden an. Geworden sind es 103.

„Es gab schon Phasen, da dachten wir uns: Das kann nicht wahr sein!" War es aber. So liefen sie nicht nur ihren Freunden hinterher, von denen manche wegen zwanzig Euro Preisdifferenz dann doch weiterhin bei ihrem fossilen Stromanbieter blieben. Sogar die eigenen Eltern zu überzeugen, erwies sich als eine Hammeraufgabe.

Ihre Angst, dass die Versorgung unterbrochen werden könnte, musste ihnen der Sohn erst nehmen. Laut Florian rühren solche Probleme daher, dass Leute sich und ihr Handeln nicht reflektieren, sich nicht fragen, warum sie dieses oder jenes überhaupt machen, sondern einfach so durchs Leben laufen. Es sei ein Fehler gewesen, zu glauben, ein gutes Produkt brauche keinen Vertrieb.

Noch am Anfang schon kurz vorm Ende
Die größte Überraschung stand ihnen aber erst bevor. Kurz vor Jahresende 2012 sprang ihr Investor ab. Beim Gedanken daran bekommt Simon Gänsehaut: *„Ich habe die Weihnachtsfeier organisiert und weiß noch, wie Jakob und Flo mit langen Gesichtern ankamen."* Mit gutem Grund: Sie hatten nur wenige Monate Zeit, einen Ersatzinvestor zu finden. Ansonsten hätten sie die Firma nicht behalten können.

„Mach dein Ding mit heißem Herz, kühlem Kopf und zeige Haltung."
Florian

Schließlich ist es den Jungunternehmern doch noch gelungen, einen privaten Investor zu überzeugen, an die Polarstern-Idee zu glauben. Trotzdem mussten sie sich in den ersten drei Jahren nach der Gründung immer wieder fragen: *„Geht's denn weiter?"* Jeder einzelne Kunde zählte. Das Geschäftsmodell war riskant, weil der Energieverkauf so wenig Marge brachte. Für die drei war es ein Rennen gegen die Zeit. *„Du hast einen Finanzierungsplan, der eine gewisse Kundenzahl vorsieht. Wenn du langsamer wächst, und wir wuchsen damals deutlich langsamer als gedacht, musst du trotzdem Geld für die Akquise haben. Da wird's knapp."*

Finanziell stabil war die GmbH 2013, also zwei Jahre später. Das hört sich vielleicht kurz an, aber es sind an die 700 mehr oder weniger schlaflose Nächte. Da kommt der Sinn ins Spiel: Gründet man, um Kohle zu verdienen, oder hat man höhere Intentionen? Die hatten sie alle.

Die Gefahr, als Team zu scheitern, ist genauso groß, wie an Geldproblemen. Doch die Polarstern-Gründer haben sich gut ergänzt. Wenn einer dachte: *„Das wird nichts!"*, haben ihn die anderen aus dem Tief rausgeholt. Auch wenn Jakob sich 2016 operativ zurückzog, sind sie im Guten auseinandergegangen und haben bis heute eine offene und wertschätzende Beziehung. *„Hätten wir aber gewusst, was auf uns zukommt, hätten wir es vermutlich nicht gemacht. Eine gesunde Portion Naivität hilft"*, sind sie sich einig.

Social was?

Diese Naivität brauchten die jungen Männer, als sie ihr Unternehmen als Social Business gründeten. Anfangs haben sie sich nicht so genannt, aber es war bereits zu Beginn klar, dass sie den Erfolg von Polarstern nicht nur an wirtschaftlichen Kennzahlen messen wollten, sondern genauso am Nutzen für das Wohl von Mensch und Umwelt. Dieser Gedanke war fest in der Unternehmens-DNA verankert. *„Es ist kein Widerspruch, Geld zu verdienen, um etwas Sinnstiftendes zu leisten"*, so ihre Grundüberzeugung. Natürlich muss man profitabel sein, sagen sie. Wenn man Geld verdient, kann man seine Projekte finanzieren, die Unabhängigkeit bewahren und faire Gehälter an Mitarbeiter und Zulieferer zahlen.

In Florians Augen ist es *„ein totaler Schmarrn"*, heutzutage überhaupt noch erklären zu müssen, was ein Social Business ist. *„Das ist nichts anderes als gesunder Menschenverstand. Eine arschlochfreie Zone. Eigentlich müssten alle Unternehmen so arbeiten"*, regt er sich immer wieder über das Thema auf.

Warum tun sie es denn nicht?, fragen Sie sich jetzt vermutlich. Das versteht Florian auch nicht. *„Es ist nicht schwer, kein Arschloch zu sein! Ganz im Gegenteil – es fühlt sich viel besser an, keine Leichen im Keller zu haben."* Doch eigentlich kennt er den Grund nur zu gut: Die Menschen denken in einfachen Schemata, während ein nachhaltiger Ansatz, bei dem vielfältige Aspekte ineinandergreifen, um einiges komplexer ist.

Gemeinwohl-orientierte Energiewende von unten

Polarstern strebt seit seiner Gründung einen Systemwechsel im Energiemarkt an, eine Veränderung, die von den Menschen ausgeht und nicht von der Politik diktiert wird. Da war es nur eine Frage der Zeit, mit der Gemeinwohl-Ökonomie in Berührung zu kommen. Kaum fühlten sich Florian, Simon und Jakob finanziell einigermaßen stabil, stand fest, dass sie eine Gemeinwohl-Bilanz erstellen möchten. Im Jahr 2015 war es dann so weit. Mit ihrem Bericht über die Geschäftsjahre 2013/2014

„Wir können ganz viel tun. Wir haben alle Technologie, alles Wissen, um den Klimakollaps zu vermeiden. Wir müssen nur wirklich wollen."

Florian

Jährliche Investitionen von Polarstern in die weltweite Energiewende

- 877.144 EUR — 2019
- 619.423 EUR — 2018
- 483.831 EUR — 2017
- 382.776 EUR — 2016
- 249.355 EUR — 2015
- 145.255 EUR — 2014
- 60.927 EUR — 2013

waren sie der erste Energieversorger mit einer GWÖ-Bilanz. Und sie sind immer noch der einzige.

„Es ist ein gelebtes Alleinstellungsmerkmal, und es ging nur mehr darum, es auf Papier zu bringen. Wir haben uns schon vorher und auch privat Gedanken gemacht, wie oft wir beispielsweise Hendl essen, wo es herkommt oder ob wir fair gehandelten Kaffee kaufen. Uns ging es nicht darum, den ‚Stempel' zu haben, vielmehr wollten wir den Gedanken dahinter institutionalisieren", erzählt Simon. Mittlerweile ist bereits die dritte Polarstern-Bilanz fertig. *„Die aktuelle Bestandsaufnahme ist das A und O, um dranzubleiben. Wir tun es, weil wir überzeugt sind, auf dem richtigen Weg zu sein."*

Dabei ist es wesentlich, nicht etwas zu machen, nur um mehr Punkte zu bekommen. Es ist ein Entwicklungsprozess. *„Wir sind, wie wir sind, ob's die GWÖ gut findet oder nicht"*, argumentiert Simon. *„Natürlich bringt uns die Gemeinwohl-Ökonomie-Bewegung auf gute Ideen, doch viel wichtiger ist es, sie zu leben und sie für sich argumentieren zu können."*

> *„Wir ticken anders. Es geht um mehr als nur um Energie, es geht um werteorientierte Wirtschaft allgemein."*
> Simon

Verbesserungspotenzial gibt es überall

Obwohl 2017 die Weichen für ein vorbildliches Testat gestellt waren, hat sich die zweite Bilanz beim Audit von 600 Punkten auf 434 verschlechtert, was erstmal nicht so motivierend war. Das lag auch daran, dass sich die Gemeinwohl-Bilanzierung mit dem Wechsel auf die Matrix 5.0 veränderte und insgesamt strenger wurde. Bei der Neubewertung sind auch bei anderen Unternehmen Defizite deutlich geworden, die bis dato gar nicht aufgefallen waren.

Trotzdem war Simon ernüchtert: *„In einigen Punkten konnten wir das nachvollziehen, aber nicht in allen."* Er wünscht sich von künftigen Audits einen genaueren und nachvollziehbareren Kriterienkatalog bei der Punktevergabe, sowie eine gewisse Dosis Vertrauensvorschuss, wie sie ihn von ihren Kunden bekommen. Diese wüssten es zu schätzen, dass Transparenz im Unternehmen großgeschrieben wird, und würden deshalb gelegentliche Fehler verzeihen. Eine absolute Voraussetzung sei, offen zu kommunizieren, weshalb etwas nicht funktioniert hat, und zu erklären, wie man es beim nächsten Mal besser machen will. *„Was nicht geht, ist, nur die Klappe aufzureißen, damit das Marketing funktioniert! Du musst auch liefern, dann bist du authentisch"*, sagt Florian.

Mit Energie die Welt verändern. Wirklich.

Abfall- und Reststoffe für die nachhaltige Biogasproduktion

Polarsterns Ökostrom kommt aus dem Verbund Inn-Kraftwerk Feldkirchen bei Rosenheim, der die höchsten ökologischen Standards in Deutschland erfüllt. Die Gründer haben sich für Strom aus diesem Wasserkraftwerk entschieden, weil es seit Jahren partnerschaftliche Beziehungen zum Kraftwerksbetreiber gibt. Auch die Nähe zum Kraftwerk war entscheidend. Sie macht es auch möglich, das Kraftwerk gemeinsam mit Kunden zu besuchen. Das Ökogas beziehen sie unter anderem aus Kaposvár in Ungarn, weil deutsches Biogas aufgrund der EEG-Förderung zu teuer ist und die Biogaserzeugung dort besonders nachhaltig erfolgt: aus pflanzlichen Reststoffen. Es gibt also keine Konkurrenz zu Nahrungsmitteln, weil die Pflanzen nicht eigens für die Biogasproduktion angebaut werden.

Der Ökoenergieversorger sieht es als seine Aufgabe, den Energiemarkt zu gestalten. Das Leben und der Alltag der Menschen verändern sich, und damit auch ihr Energiebedarf. Neben Ökostrom und Ökogas hat das Unternehmen beispielsweise Angebote zur autarken Stromversorgung für Einfamilienhausbesitzer und Mehrfamilienhäuser geschaffen.

Wirklich Mieterstrom ist ein Produkt, das die dezentrale Energiewende gerade in Städten und Ballungsräumen forcieren soll. Die Projekte sind vielfältig. Immer wird jedoch lokal Energie erzeugt und von den Bewohnern in Mehrparteienhäusern genutzt. Polarstern realisiert solche Mieterstromprojekte im sozialen Wohnungsbau, im Baubestand genauso wie im Neubau oder auch bei institutionellen Gebäuden wie Altenpflegeeinrichtungen. Davon profitieren die Bewohner, weil dieser Strom günstiger ist als der des Grundversorgers.

„Du kannst wirtschaftlich erfolgreich sein ohne Ellenbogen, ohne rücksichtsloses und egoistisches Handeln. Wirtschaften zum Wohle aller ist möglich – und zwar sehr gut."

Florian

Polarstern ist also nicht nur dank seiner Gemeinwohl-Bilanzen ein Fixstern im Energieuniversum. Die Münchner wollen den Menschen eine Orientierung bieten und wirklich jedem die beste Energiewende ermöglichen, indem sie diese direkt in die Städte und Häuser der Menschen bringen. Das Unternehmen fördert die Energiewende auch, indem es in Europa einen Cent pro Kilowattstunde Strom und einen Viertelcent pro Kilowattstunde Gas in neue Öko-Kraftwerke investiert.

Darüber hinaus ist das Team von Florian und Simon nicht nur in Europa, sondern auch in Kambodscha und in Afrika aktiv. Zwanzig Euro pro Kundenvertrag und Jahr fließen in Energieprojekte. Dort unterstützt der Energieversorger unter anderem den Bau von Mikro-Biogasanlagen. So erzeugen Familien vor Ort ihre Energie ganz einfach selbst. Bis jetzt haben sie 48.000 Menschen damit geholfen.

#teamwirklich

Obwohl Florian und Simon inzwischen mehrfache Familienväter sind, versuchen sie trotzdem, alle zwei Wochen miteinander essen zu gehen oder die Tage in der Sauna Revue passieren zu lassen. Was sie stärkt, ist die gemeinsame Basis, die sie in Krisenzeiten zusammenhält. *„Es ist wichtig, über die geschäftlichen und fachlichen Themen hinaus einen Draht zueinander zu haben"*, stellt Simon fest. Verliebt in die Natur, den Sport und die Berge, haben sie schon die eine oder andere Besprechung frühmorgens auf ihren Mountainbikes abgehalten. Gemeinsam mit der *Energiemarktskirunde* gehen sie auf Skitouren. Kreative Ideen kommen ihnen da nicht selten beim fast meditativen Aufstieg.

Polarstern unterstützt den Bau von Mikro-Biogasanlagen in Kambodscha.

Innerhalb von zehn Jahren hat sich das Polarstern-Team verzehnfacht.

Das Polarstern-Team ist ebenfalls eine große Kraftquelle, die sie fördert, weil alle für die gemeinsame Sache brennen. Damit das so bleibt, ist die wichtigste Frage bei Vorstellungsgespräch, die nach dem Warum. Wörtlich *gestärkt* wird das Teamgefühl einmal in der Woche, wenn Simon oder eine*r aus dem Team die veganen Penne all'arrabiata kocht, sowie in den Yogastunden im Büro, bei gemeinsamen Events, wie das alljährliche Isar-Cleanup oder etwa bei den Teamtagen in den Bergen, wo in Hausschuhen die gemeinsamen Ziele von *Polartopia* priorisiert werden.

An der Wand im Polarstern-Büro steht geschrieben:

ⓟ Weniger Worte.
Mehr Taten.
Weniger Ich.
Mehr Wir.
Weniger Irgendwann.
Mehr Jetzt.
Weniger Vielleicht.
Mehr Wirklich.
Mit Energie die Welt verändern. Wirklich.

polarstern

Über die Autorin
Sibylle Reuter
Die studierte Dolmetscherin, Fachjournalistin und Copywriterin arbeitet seit 2016 als freie Texterin und Autorin und hat sich auf nachhaltige Themen spezialisiert. Mit ihrer Fortbildung zur GWÖ-Beraterin unterstützt sie redaktionell Unternehmen bei der Erstellung ihrer Gemeinwohl-Bilanzen.

Steter Tropfen höhlt den Stein

Wohin will Polarstern die Gesellschaft leiten? Für Florian ist die Antwort ganz klar: Zu einer möglichst dezentralen Energieversorgung. Simon gibt seinem Partner recht: *„Es geht nicht darum, dass wir in ein paar Jahren 500.000 Kunden haben. Es geht darum, Spuren in die richtige Richtung zu hinterlassen, sodass unsere Begeisterung auf Organisationen und Menschen überschwappt. Steter Tropfen höhlt den Stein."*

Dass dies auch für die Politik gilt, wünschen sich beide Unternehmer von ganzem Herzen. Aus ihrer Sicht ist diese jedoch vor Angst wie gelähmt. Für Florian und Simon ist Warten keine Option. Die Kinderfotos in den Regalen erinnern sie daran, dass die Zukunft schon da ist. Die Energiewende ist nun mal eine der größten Herausforderungen unserer Generation. Es ist höchste Zeit, mit Energie die Welt zu verändern.

Es ist höchste Zeit, mit Energie die Welt zu verändern.

Als sie damit angefangen haben, waren sie zu dritt. Heute, zehn Jahre später, sind sie über 30. Gemeinsam haben sie mit vielen Vorurteilen im Energiesektor aufgeräumt und so manche Lösungen neu gedacht. An Stromschlägen hat es nicht gemangelt und manchmal ist ihnen die Sicherung auch fast durchgebrannt. Doch jemand, der so eine große Vision hat, hat ebenfalls die Kraft, einmal mehr die Orientierung zu finden. Polarstern hat sie.

„Die Energiewende soll wieder Spaß machen", sagt Simon. Mit Polarstern macht sie das. Und das Allerschönste: Jeder kann sofort mitmachen. Wirklich.

Vom Kreis der „Weltverbesserer" zum Onlinehandel

2007 trafen sich in Augsburg sieben junge Menschen zu einem philosophischen Debattierkreis. Diese kleine Gruppe hatte drei Gemeinsamkeiten: Sie lasen viel und gerne, sie wollten die Welt verbessern und zu diesem Zweck Geld auftreiben.

Wie alles begann

Auf der Suche nach Einnahmequellen für ihre zahlreichen Weltverbesserungsprojekte entstand die Idee, selbst mit Büchern zu handeln. Ein erster Kontakt zu einem Großhändler brachte die Gewissheit: Diese Idee war umsetzbar. Noch im selben Jahr war der erste Onlineshop programmiert.

2008 wurde eine GmbH gegründet, mit dem Ziel, einen großen Teil des Gewinns für ökologische, soziale und kulturelle Zwecke zu spenden. Unter den ersten Gründern waren Benedikt Gleich, noch heute Geschäftsführer, Martin Luy, der auch aktuell den Großteil der Programmierarbeit leistet, und Carmen Gleich (damals noch Seyfried), die sich heute noch um den Kundenservice und die Buchhaltung kümmert.

Buchhandel

buch7
Gründung 2008
100 % Eigenkapitalquote
30 % Eigenkapitalanteil der Mitarbeitenden
50 % Frauen in Führungspositionen
Einkommensspreizung 1:3 brutto, 1:2 netto
13 Mitarbeitende
über 2 Mio. Euro Umsatz
100 % CO$_2$-Kompensation
www.buch7.de

Da sämtliche Gründer ohne Bezahlung arbeiteten, konnte bereits von den ersten Gewinnen die Hälfte gespendet werden. Dennoch war das Geschäftsmodell alles andere als erfolgreich. In den ersten Jahren gab es manchmal nur eine Bestellung am Tag, und das gemeinsame Unternehmen glich eher einem Hobby. Sie trafen sich in ihren Wohnungen, um beispielsweise die Buchhaltung zu erledigen. Meist wurde dann gemeinsam gegessen und viel geplaudert. *„Eine Aktion, in der wir viele Schulen in der Umgebung angeschrieben und auf uns aufmerksam gemacht haben, ist mir in Erinnerung geblieben. Da haben wir fleißig gedruckt und Briefchen verschickt. Oft war es dann so viel Papierzeug, dass wir auf Essbereich und Wohnzimmer ausweichen mussten"*, erinnert sich Carmen. Und Martin programmierte Stunde um Stunde, um den Onlineshop leistungsfähiger und kundenfreundlicher zu machen.

Anders als viele Start-ups, die irgendwann einen Investor finden, der die Pionierphase finanziert, überlebte buch7 die ersten fünf Jahre nur deshalb, weil die wesentlichen Personen von der Idee überzeugt waren und sich und ihre Werte in die Tätigkeit integrieren konnten. Alle Beteiligten arbeiteten aus einer inneren Überzeugung heraus ehrenamtlich für die gute Sache. Dazu kam, dass in den Anfangsjahren die Lebenshaltungskosten noch niedrig waren. Man wohnte noch bei den Eltern und verdiente über diverse Nebenjobs das Nötigste hinzu. Insbesondere Carmen, Martin und Benedikt empfanden den Kundenservice und die ständige Optimierung des Onlineshops eher als anregendes Hobby, denn als lästige Arbeit (wobei das Team auch davon selbstverständlich nicht verschont blieb).

„Ohne Zweifel gehörte auch viel Glück dazu, dass buch7 heute ein erfolgreiches soziales Unternehmen ist. Wir sind dankbar, dass wir trotz Gegenwind und schwieriger Jahre nicht aufgegeben haben."

Benedikt Gleich
Geschäftsführer Buch7

Dennoch stand buch7 im Jahr 2012 kurz vor dem Ende. Benedikt sprach aus, was andere bereits seit Längerem dachten: Seit fünf Jahren investierten sie Hunderte, wenn nicht Tausende Stunden an ehrenamtlicher Arbeit, um das Projekt am Laufen zu halten, und erwirtschafteten doch nur Spenden von ein paar Hundert Euro im Jahr. Dabei wiesen sie auch noch Verluste aus. Das Gründungskapital war fast aufgebraucht. Vielleicht war es Zeit, sich endlich einzugestehen, dass das Geschäftsmodell nicht funktionierte?

Alternative: buch7

Der Durchbruch kam 2013, als eine vielbeachtete Dokumentation über die Arbeitsbedingungen bei Amazon erschien. Sie brachte viele Kunden dazu, über alternative Bezugsquellen für Bücher nachzudenken und bescherte buch7 schlagartig ein kräftiges Wachstum. Diverse Blogs und Journalisten griffen das Thema auf und steigerten damit die Bekanntheit von buch7.

Doch schon gab es wieder Gegenwind. Es begann mit einer zunächst unverständlichen Zeile im Steuerbescheid: Von einem Spendenvortrag war die Rede. Aus irgendeinem Grund wurde nur ein Teil der Spenden als Betriebsausgabe anerkannt. Es stellte sich heraus, dass Unternehmen nur bis zu zwanzig Prozent des Gewinns oder zirka 0,4 Prozent der Summe von Umsätzen, Löhnen und Gehältern spenden dürfen. Der Rest wird behandelt, als hätten sich die Inhaber das Geld aus der Kasse genommen.

Die Konsequenzen wurden dem Team erst nach und nach bewusst. Wurden ihre Spenden nicht voll anerkannt, fehlte dem Unternehmen die Liquidität. Der nicht anerkannte Betrag zählte nicht als Ausgabe, sondern erhöhte den Gewinn. Für jeden gespendeten Euro oberhalb der Höchstgrenze hätten sie Steuern zahlen müssen. Das wäre das Ende gewesen! Zusätzlich zur immensen, unbezahlten Arbeit auch noch dafür bezahlen zu müssen, spenden zu dürfen, war dann doch zu viel.

Sie fanden eine Lösung: Anders als bei der klassischen Spende darf beim Sponsoring unbegrenzt Geld bereitgestellt werden. Heute braucht buch7 deshalb für jede Projektförderung einen Sponsoring-Vertrag. Damit war das Problem gelöst, und es konnten weiter wertvolle Projekte unterstützt werden.

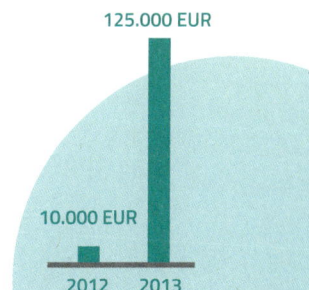

2013 stieg der Umsatz von buch7 sprunghaft an. Damit konnten endlich die ersten Gründer*innen über Minijobs angestellt werden.

Das buch7-Prinzip

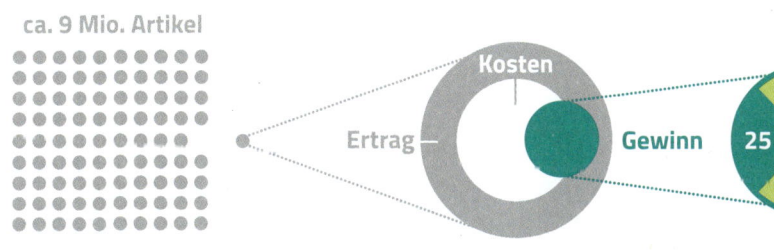

ca. 9 Mio. Artikel — Gleiche Preise dank Buchpreisbindung

Ertrag abzüglich Kosten (z. B. Versand, Personalkosten, Shop-Betrieb) = Gewinn

Seit Gründung über 400.000 € Spenden für soziale, kulturelle oder ökologische Projekte

Doch die Arbeitsbelastung blieb hoch. Als die Tochter von Carmen und Benedikt früher geboren wurde als erwartet, brachte das den beruflichen Terminplan durcheinander: Zwei Vorstellungsgespräche für neue Mitarbeiter standen an. Außerdem fiel die Geburt mitten ins Weihnachtsgeschäft. Eine Großbestellung, die gerade geliefert worden war, musste sortiert, umverpackt und versandt werden. Noch auf dem Weg ins Krankenhaus wurde der Wohnungsschlüssel bei einem Mitarbeiter eingeworfen, damit dieser im Notfall die Pakete fertig packen konnte. Und vom Kreißsaal aus sagte Benedikt die Vorstellungsgespräche ab. Die nächsten Abende waren dann fürs Paketepacken und -verschicken reserviert.

Vom Hobby zum Beruf

Erst 2014 wurde Benedikt auch als Geschäftsführer fest angestellt und entlohnt. Damit begann eine längere Übergangsphase, in der nach und nach sämtliche ehrenamtlichen Tätigkeiten auf Festanstellung umgestellt wurden. Heute ist die Entlohnung aller Angestellten das Ergebnis eines regelmäßigen, konsensorientierten Dialogs. In der letzten abgeschlossenen Gehaltsrunde wurde beispielsweise das Gehalt aller Mitarbeiter*innen (einschließlich Geschäftsführer) vom gesamten Team gemeinschaftlich legitimiert. Sämtliche Bedenken konnten dabei offen angesprochen werden, und das Ergebnis war ein einvernehmliches Gehaltskonzept.

Heute ist buch7 ein Unternehmen mit dreizehn Mitarbeiter*innen, über zwei Millionen Euro Umsatz und einer kumulierten Förderleistung von über 500.000 Euro. 75 Prozent des Gewinns werden für ökologische, soziale und kulturelle Zwecke aufgewendet. Darüber berichtet buch7 transparent auf der eigenen Website. Dabei haben die Kund*innen die Möglichkeit, neue Projekte vorzuschlagen. Zu den Geförderten gehören beispielsweise Viva con Agua, der Verein Kinderweihnachtswunsch oder Foodwatch. Zudem hat buch7 gerade die Renovierung des alten Bahnhofs am Firmensitz Langweid am Lech finanziert und dort auch einen eigenen Buchladen als Ergänzung zum Onlineshop eingerichtet.

buch7 und die Gemeinwohl-Ökonomie

Auf die Frage, wie der erste Kontakt zur Gemeinwohl-Ökonomie zustande kam, erzählt Benedikt: *„Ich habe an der Uni über mein Philosophie-Studium schon verschiedene alternative Wirtschaftsmodelle kennengelernt, darunter die GWÖ. Als ich dann Doktorand war, durfte ich auch Bachelor-Arbeiten betreuen und habe tatsächlich eine Arbeit ausgegeben, bei der es um den Vergleich verschiedener alternativer Wirtschaftsmodelle (GWÖ, Postwachstumsökonomie, Global Marshall Plan etc.) ging. Diese Arbeit hat ein Student sehr schön ausgeführt, und die GWÖ war sein und mein Gewinner."*

Was bringt die Gemeinwohl-Bilanz?

Drei wesentliche Erkenntnisse aus dem Bilanzierungsprozess:

1. Wenn man etwas Gutes tut, sollte man es auch dokumentieren. Zum einen, damit andere davon erfahren und das Bestehende weiterentwickeln können. Zum anderen, weil nur dann die Vergleichbarkeit mit anderen Unternehmen gewährleistet ist.

2. An vielen Stellen ist buch7 in Bezug auf seinen Beitrag zum Gemeinwohl schon gut aufgestellt. Im Prozess der Bilanzerstellung wurden aber auch etliche *blinde Flecken* entdeckt.

3. Auch ein kleiner Akteur kann im Markt etwas bewirken. So fragt buch7 seit der ersten Bilanzerstellung jährlich bei den Großhändlern nach, was sich bei ihnen hinsichtlich Nachhaltigkeit verändert hat. Und die Verantwortlichen haben den Eindruck, dass ihre Impulse etwas bewirken, auch wenn sie als *kleiner Fisch* mit viel Geduld, Durchhaltevermögen und Bescheidenheit vorgehen müssen.

Über den Autor
Jörn Wiedemann
ist langjähriger zertifizierter Gemeinwohl-Berater in Bayern und berät Organisationen jeder Art bei der Erstellung von Gemeinwohl-Bilanzen.

Was macht buch7 aus?

Auf die Frage, warum sich die Gründer dafür entschieden, einen Großteil des Gewinns für gemeinnützige Zwecke auszugeben, sagt Benedikt Gleich: *„Zum einen wären wir nicht so erfolgreich, wenn die Gewinnverwendung nicht Teil unseres Geschäftsmodells wäre. Und zum anderen ist es ja auch schön, wenn wir mit unserer wirtschaftlichen Tätigkeit etwas zum Guten bewirken können. Heute werden wir sozusagen dafür bezahlt, Gutes zu tun – wie kann man es denn beruflich besser treffen?"*

„Diese Agenda ist ein Aktionsplan für die Menschen, den Planeten und den Wohlstand. Sie will außerdem den universellen Frieden in größerer Freiheit festigen. Wir sind uns dessen bewusst, dass die Beseitigung der Armut in allen ihren Formen und Dimensionen, einschließlich der extremen Armut, die größte Herausforderung und eine unabdingbare Voraussetzung für eine nachhaltige Entwicklung ist.

Alle Länder und alle Interessenträger werden diesen Plan in kooperativer Partnerschaft umsetzen. Wir sind entschlossen, die Menschheit von der Tyrannei der Armut und der Not zu befreien und unseren Planeten zu heilen und zu schützen. Wir sind entschlossen, die kühnen und transformativen Schritte zu unternehmen, die dringend notwendig sind, um die Welt auf den Pfad der Nachhaltigkeit und der Widerstandsfähigkeit zu bringen. Wir versprechen, auf dieser gemeinsamen Reise, die wir heute antreten, niemanden zurückzulassen."[1]

Auszug aus der Präambel der Agenda 2030 für nachhaltige Entwicklung

Die 17 Weltnachhaltigkeitsziele

Globale Transformation

Agenda 2030 für nachhaltige Entwicklung
17 Ziele
169 Unterziele
232 Indikatoren
universell
interkonnektiv
ambitioniert

www.sdgs.un.org

Im Jahr 2015 haben die Vereinten Nationen mit diesen Worten die Agenda 2030 für nachhaltige Entwicklung verabschiedet und damit zur *„Transformation unserer Welt"* bis zum Jahr 2030 aufgerufen. Bei der Erarbeitung dieser Agenda waren 193 Staaten und diverse zivilgesellschaftliche Organisationen und Unternehmen beteiligt. Im Zentrum dieses ambitionierten Projekts stehen die Sustainable Development Goals, kurz SDGs (zu Deutsch: Ziele für nachhaltige Entwicklung): siebzehn Ziele, die diverse globale Herausforderungen heutiger und zukünftiger Generationen adressieren und der *„Weltgemeinschaft"* als Wegweiser für deren Bewältigung bis zum Jahr 2030 dienen sollen. Es geht darum, das Leben für alle Menschen nachhaltig zu verbessern und gleichzeitig deren Lebensgrundlagen und den Planeten zu schützen.

Die SDGs richten sich explizit an alle Staaten der *„Weltgemeinschaft"*. Dies stellt ein Novum dar. Denn die Vorgänger der SDGs, die Millenium Development Goals, die im Jahr 2015 auslaufen, richteten sich noch vor allem an die sogenannten Länder des globalen Südens, die gesellschaftlich, politisch und ökonomisch benachteiligten Länder. Mit den SDGs geht nun also ein Ansatz einher, der alle Staaten als Länder mit Verbesserungspotenzial in Sachen nachhaltiger Entwicklung sieht.[2]

Ganz konkret beinhalten die SDGs unter anderem die Bekämpfung von globaler Armut und Hunger (SDGs 1 und 2), die Förderung von Gesundheit (SDG 3), hochwertiger Bildung (SDG 4), menschenwürdiger Arbeit und Wirtschaftswachstum (SDG 8), das Streben nach Geschlechtergleichheit (SDG 5) und weniger Ungleichheiten (SDG 10), die Errichtung nachhaltiger und widerstandsfähiger Infrastrukturen (SDG 6, 7, 11), die Etablierung nachhaltiger Konsum- und Produktionsmuster (SDG 12), die Bekämpfung des Klimawandels (SDG 13) und den Schutz der Ökosysteme (SDGs 14 und 15) sowie die Stärkung von Frieden, Gerechtigkeit, inklusiven Institutionen (SDG 16) und Partnerschaften zur Umsetzung der Ziele (SDG 17).

„Globaler Süden" beschreibt eine gesellschaftlich, politisch, ökonomisch benachteiligte Position im globalen Kontext. *„Globaler Norden"* steht dahingegen für eine mit Vorteilen und Privilegien bedachte Position. Dieses Begriffspaar verweist auf unterschiedliche Erfahrungen mit Kolonialismus und Ausbeutung, auf der einen Seite vor allem als Profitierende und auf der anderen Seite vor allem als Ausgebeutete.[3]

Die 17 Ziele für nachhaltige Entwicklung (SDGs)

Die siebzehn Ziele erfassen somit sowohl ökologische als auch soziale und ökonomische Themenbereiche und lassen sich dadurch den Ebenen Umwelt, Gesellschaft und Wirtschaft zuordnen. Da die SDGs ganzheitlich zu verstehen sind, ergibt sich für die Praxis zwangsläufig eine starke Verknüpfung zwischen den einzelnen Zielen. Das führt zu möglichen Synergien, aber auch zu Konflikten bei der Umsetzung. Produzieren und konsumieren wir bis zum Jahr 2030 zum Beispiel ökologisch nachhaltiger (SDG 12), trägt dies sehr wahrscheinlich zum Erhalt lebenswerter Umweltbedingungen (SDG 13) bei. Schaffen wir menschenwürdigere Arbeitsbedingungen (SDG 8), kann dies einen wichtigen Beitrag zum Abbau von Ungleichheiten (SDG 10) leisten. Gelingt es nicht, sämtliche Energiesysteme (SDG 7) auf einen ökologisch nachhaltigen Pfad zu bringen, ist ein effektiver Schutz des Klimas (SDG 13) und der Ökosysteme (SDG 14 und 15) kaum möglich.

https://www.un.org/sustainabledevelopment

Der Inhalt dieser Veröffentlichung wurde nicht von den Vereinten Nationen genehmigt und spiegelt nicht die Ansichten der Vereinten Nationen, ihrer Mitarbeiter*innen oder Mitgliedsstaaten wider.

Angesichts der großen Herausforderungen, die die Agenda 2030 umfasst, kann die Umsetzung zweifelsohne nur durch ein hohes Maß an Kooperation gelingen. Dafür braucht es globale Partnerschaften zwischen nationalen Regierungen, Zivilgesellschaft und Wirtschaft, die sich gemeinsam für diese angestrebte Transformation einsetzen. Ein wichtiger Aspekt ist dabei, dass die Agenda 2030 als Ganzes gedacht wird und keine Einzellösungen angestrebt werden.

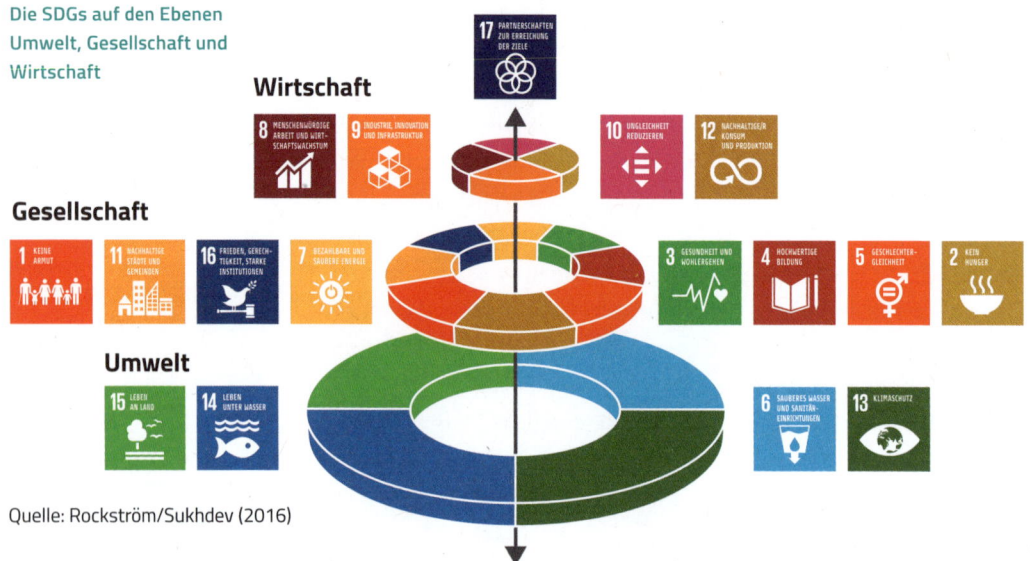

Die SDGs auf den Ebenen Umwelt, Gesellschaft und Wirtschaft

Quelle: Rockström/Sukhdev (2016)

Auch wenn die SDGs keine rechtliche Verbindlichkeit besitzen, haben die Vereinten Nationen damit doch ein wichtiges Signal gesetzt. Denn zum einen setzen die siebzehn Ziele das Thema der globalen, nachhaltigen Entwicklung wieder stärker auf die politische Agenda, und zum anderen können sie in diesem Kontext als Orientierungsrahmen für das Handeln von Staaten und Organisationen dienen.

Alles *„sustainable"*, alles gut?

Gleichwohl enthält die Agenda 2030 aber auch potentielle Widersprüche. Denn Wirtschaftswachstum spielt weiterhin eine große Rolle und soll grundsätzlich gefördert werden. Gleichzeitig nimmt man sich vor, den Klimawandel zu bekämpfen und die Ökosysteme (wie die Meere, Ozeane, Wälder, Böden ...) zu schützen. Ob dies in der Praxis möglich ist, scheint mehr als fraglich. Zumindest historisch betrachtet, konnte bisher keine (absolute) Entkopplung von Wirtschaftswachstum und Ressourcenverbrauch verzeichnet werden. Der Beweis, dass *„grünes Wachstum"* in der Praxis möglich ist, ist also erst noch zu erbringen.

Dies bedeutet aber nicht zwangsläufig, dass die SDGs zu verwerfen sind. Vielmehr sind solche Zielkonflikte wohl Ausdruck von Trade-Offs, die sich angesichts des globalen Rahmens und der vielfältigen Interessenlage kaum vermeiden lassen. Die SDGs bieten zumindest auf dem Papier einen durchaus sinnvollen Zielrahmen für globale nachhaltige Entwicklung, der weit über die reine Orientierung am Bruttoinlandsprodukt hinausgeht und wohl weit akzeptierte ethische Vorstellungen von menschlichen Grundbedürfnissen abbildet: unter anderem Zugang zu grundlegenden Gütern wie Ernährung, Wohnen, Bildung, Mobilität, Energie und lebenswerte Umweltbedingungen.[6] Entscheidend ist, dass die entsprechenden Zielkonflikte transparent gemacht und gesellschaftlich beziehungsweise politisch bearbeitet werden. Dass diese Aushandlungsprozesse mit viel Konfliktpotenzial verbunden sind, steht außer Frage.

> Der ökologische Fußabdruck gibt an, wie viel produktive Fläche eine Person oder eine Gesellschaft benötigt, um die konsumierten Güter und Ressourcen zu produzieren und deren Abfälle zu absorbieren.[4]

Stand der Umsetzung „nachhaltiger Entwicklung" 2016

Außer Frage steht auch, dass die SDGs mit einem *„Weiter wie bisher"* nicht zu erreichen sind. Denn wirft man einen Blick auf den weltweiten Stand der Umsetzung, muss man zu dem Schluss kommen, dass eine *„globale nachhaltige Entwicklung"* noch in weiter Ferne ist.

- Afrika
- Mittlerer Osten/Zentralasien
- Asien und Pazifik
- Südamerika
- Mittelamerika/Karibik
- Nordamerika
- EU-28
- Europa ohne EU-28

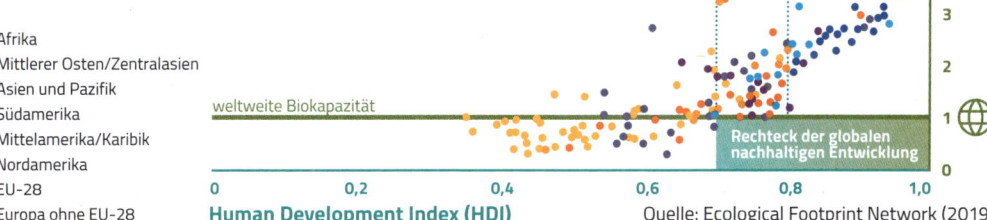

Quelle: Ecological Footprint Network (2019)

Das Digramm stellt die Werte des Human Development Index (HDI) und des ökologischen Fußabdrucks der jeweiligen Staaten gegenüber und zeigt auf, wie diese im Kontext von nachhaltiger Entwicklung nach dem Verständnis der Vereinten Nationen abschneiden. Festzustellen ist dabei, dass sich kein Staat im sogenannten *„Rechteck der globalen nachhaltigen Entwicklung"* befindet, in dem sowohl ein hoher HDI-Wert als auch ein ökologischer Fußabdruck erreicht wird, der mit der Einhaltung der planetaren Grenzen vereinbar wäre. Dass die *„Weltgemeinschaft"* noch weit von einem Zustand *„nachhaltiger Entwicklung"* entfernt ist, wird durch den Eindruck weiterer aktuell vorherrschender Krisen wie des Klimawandels und stark steigender sozialer Ungleichheit verstärkt, die sehr viel mit der Frage zu tun haben, wie wir wirtschaften.

> Der Human Development Index ist ein Indikator der Vereinten Nationen, der Aufschluss über den „Entwicklungsstand" einer Gesellschaft bzw. Volkswirtschaft geben soll. Er fasst dabei Pro-Kopf-Einkommen und Faktoren wie Gesundheit und Bildung in einem Index zusammen.[5]

Denn das derzeit vorherrschende Wirtschaftssystem ist im Kern mit Wirtschaftswachstum und der Ausbeutung von Mensch und Natur verknüpft. Vor allem im *„globalen Norden"*, den mit Vorteilen und Privilegien bedachten Staaten, werden Lebensstile praktiziert, die im globalen Maßstab ökologisch nicht verallgemeinerbar sind. Paradoxerweise geht dies vor allem auf Kosten der Menschen im globalen Süden, die am wenigsten zum Voranschreiten des Klimawandels beitragen und gleichzeitig bereits jetzt am stärksten von dessen Folgen betroffen sind. Wir setzen im globalen Norden also auf ein Wachstums- und Wohlstandsmodell, das weit von Klimagerechtigkeit entfernt ist. Konzepte von Suffizienz, die auch auf eine Senkung des Ressourcenverbrauchs abzielen, spielen dabei kaum eine Rolle.

> In der Konsequenz bedeutet dies, dass die SDGs als Leitlinie für globale nachhaltige Entwicklung nur in Verbindung mit einer alternativen Wirtschaftsweise sinnvoll erscheinen.

What's next?

Es braucht also einen grundsätzlichen Paradigmenwechsel und alternative Formen des Wirtschaftens, die ökologische und soziale Aspekte genauso in den Mittelpunkt rücken wie eine entsprechende Nord-Süd-Gerechtigkeit und Praktiken von Suffizienz.

Auf dem Weg zu dieser Transformation der Wirtschaft und der Umsetzung der Agenda 2030 können Unternehmen, aber auch Kommunen, Bildungseinrichtungen und zivilgesellschaftliche Organisationen, einen wichtigen Beitrag leisten. Indem sie sozial-ökologische Formen des Wirtschaftens praktizieren, können sie als Pioniere eines solchen Wandels wirken, weil sie zeigen, dass und wie Wirtschaft auch anders gehen kann.

Einen ganzheitlichen Ansatz, der auf diesem Weg unterstützen kann, bietet unter anderem die Gemeinwohl-Ökonomie (GWÖ), deren Modell an anderer Stelle in diesem Buch erläutert wird (siehe Seite 12). In der Gemeinwohl-Ökonomie rücken Unternehmen das Wohl von Mensch und Mitwelt – statt reiner Profiterzielung – in den Fokus des ökonomischen Handelns und betrachten mit der Gemeinwohl-Bilanz ganzheitlich alle Unternehmenspraktiken, die dazu beitragen.

> Im Bewusstsein des Klimawandels und begrenzter Ressourcen stellt Suffizienz die Frage nach dem rechten Maß und steht für ein *„Weniger"*, das auf die absolute Einsparung von Material und Energie abzielt. Suffizienz bedeutet nicht zwangsläufig Verzicht, da damit auch Perspektiven von Entschleunigung, Entrümpelung und Zeitwohlstand eröffnet werden, die zur Steigerung von Lebensqualität beitragen können. Im Fokus stehen also Fragen wie: Was brauchen wir wirklich und wie viel ist genug?[7]

Die Gemeinwohl-Bilanz kann Unternehmen auch eine wertvolle Hilfe bei der Umsetzung der SDGs sein. Dass es Bedarf an entsprechenden Instrumenten gibt, zeigt eine Umfrage des deutschen Global Compact Netzwerks, der zufolge 72 Prozent der Unternehmen in Deutschland die SDGs für ihr eigenes Unternehmen für relevant halten.[8] Gleichzeitig haben aber bisher lediglich dreizehn Prozent der Unternehmen die für sie passenden Instrumente zur Umsetzung der SDGs identifiziert.[9]

Bei der Umsetzung der SDGs auf unternehmerische Ebene ist das sogenannte *„Cherry Picking"* kritisch zu beobachten. Das meint im Kontext der SDGs, dass Unternehmen die siebzehn Ziele oft nicht ganzheitlich bearbeiten, sondern lediglich die Ziele adressieren, die ohnehin ihren Interessen entsprechen. Dass dieser Kritikpunkt nicht ganz aus der Luft gegriffen ist, zeigt eine Umfrage der IHK München und Oberbayern.[10] Der zufolge sehen siebzig Prozent der befragten Unternehmen ihren Beitrag zu den SDGs bei SDG 8 (Nachhaltiges Wirtschaftswachstum und faire Arbeit), lediglich 24 bzw. elf Prozent aber ihren Beitrag bei SDG 1 (Keine Armut) und SDG 2 (Kein Hunger). Damit scheint beispielsweise die Verantwortung für faire Bezahlung entlang der Lieferkette weitgehend ausgeblendet.

Durch die systematische Betrachtung sozialer, ökologischer und ökonomischer Auswirkungen auf die fünf gesellschaftlichen Berührungsgruppen kann die Gemeinwohl-Bilanz aufzeigen, wie und auf welchen Ebenen ein Unternehmen im Hinblick auf die SDGs bereits wirkt und wo es noch *„Baustellen"* hat, also beispielsweise schädliche Praktiken für Mensch und Mitwelt aufweist. Welche Bereiche der Lieferkette weisen zum Beispiel eine besondere Gefährdung der Menschenwürde auf? Und welche Maßnahmen werden getroffen, um diese Auswirkungen zu reduzieren oder zu vermeiden (Gemeinwohl-Thema A1, Menschenwürde in der Zulieferkette)? Welche ökologisch bedenklichen Ressourcen werden für das Geschäftsmodell eingesetzt (Gemeinwohl-Thema B3, sozial-ökologische Investitionen und Mittelverwendung)? Bei welchen Entscheidungen können die Mitarbeitenden wie mitwirken? Und was wird im Unternehmen getan, damit mehr Mitarbeitende mehr Verantwortung übernehmen können (Gemeinwohl-Thema C4, Innerbetriebliche Transparenz und Mitentscheidung)? Inwieweit ist Suffizienz, beziehungsweise eine maßvolle Nutzung, im Geschäftsmodell verankert? (Gemeinwohl-Thema D3, ökologische Auswirkung durch Nutzung und Entsorgung von Produkten und Dienstleistungen)? Oder welche gesellschaftlichen bzw. ökologischen Probleme (regional oder global) werden durch die Produkte und Dienstleistungen gelöst bzw. gemindert (Gemeinwohl-Thema E1, Sinn und gesellschaftliche Wirkung der

Produkte und Dienstleistungen)? Diese durchaus tiefgreifenden Berichtsfragen erlauben eine umfassende Analyse des Ist-Zustands und schaffen Transparenz, sodass ersichtlich wird, inwieweit ein Unternehmen bereits im Rahmen der SDGs wirkt.

Unabdingbar für die Erfüllung dieser Transparenzfunktion ist die umfassende Bereitschaft zur Auseinandersetzung und kritischen Reflexion mit der eigenen Organisationskultur und den Geschäftspraktiken und -Prozessen. Unternehmen sollten die ganzheitliche Förderung der SDGs in den Mittelpunkt der unternehmerischen Ausrichtung stellen und dabei eben kein *„Cherry-Picking"* betreiben. Das ist sicherlich keine einfache Aufgabe, denn dadurch können auch mögliche Widersprüche und vermeintliche Dilemmata auftauchen, wie die Frage von Wachstum versus Klimaschutz auf unternehmerischer Ebene oder die Frage, inwiefern Suffizienz im Geschäftsmodell integriert ist und wie dies im Unternehmensalltag gelebt wird. Letztendlich sind diese Fragen aber unvermeidbar, wenn Unternehmen zu einer echten nachhaltigen Entwicklung beitragen wollen.

Neben dieser Analyse- und Transparenzfunktion kann die Gemeinwohl-Bilanz zudem als eine Art Unternehmenskompass bei der Frage wirken, in welchen Bereichen der Beitrag zu Umsetzung der SDGs noch ausgeweitet werden kann. Die Gemeinwohl-Praktiken bieten dabei wertvolle Orientierung, da sie Unternehmen Inspiration für zukünftige Zielsetzungen und Verbesserungspotenziale aufzeigen, aus denen sich konkrete Maßnahmen ableiten lassen. Gerade im Kontext von Suffizienz kann dies interessanterweise bedeuten, dass ein wesentlicher Beitrag zur nachhaltigen Entwicklung nicht zwangsläufig mit *„mehr tun"*, sondern auch mit *„mehr lassen"* verbunden sein kann und somit auf Exnovation statt Innovation hinausläuft.

> Als Pendant zu Innovation beschreibt Exnovation in diesem Kontext den Ausstieg aus alten, nicht nachhaltigen Strukturen. Der Prozess der Exnovation kann z. B. auf Technologien, Geschäftsmodelle, Lebensweisen oder Produkte angewendet werden.[11]

Auf Basis dieses Ansatzes können Unternehmen die eigene Organisationsentwicklung im Sinne der Gemeinwohl-Orientierung vorantreiben und gleichzeitig die SDGs gezielt im ganzheitlichen Sinne adressieren. Die Chance für Unternehmen besteht dann darin, anhand der Gemeinwohl-Praktiken zu erkennen, inwieweit und auf welche SDGs das eigene Geschäftsmodell positiv einwirkt. Die Rolle der Gemeinwohl-Bilanz ist es, diesen Beitrag differenziert zu bewerten und auf Verbesserungspotenziale hinzuweisen.

Verbindung von Gemeinwohl-Bilanz und SDGs

Bezugsgruppen: A = Lieferant*innen, B = Eigentümer*innen und Finanzpartner*innen, C = Mitarbeitende, D = Kund*innen und Mitunternehmen, E = gesellschaftliches Umfeld | Quelle: Hofielen/Kasper (2019)

Wie diese Verbindung von Gemeinwohl-Bilanz und SDGs konkret aussehen kann, zeigen einige Beispiele aus der Unternehmens-Praxis.

Setzen Unternehmen zum Beispiel entsprechende Maßnahmen im Sinne des Gemeinwohl-Themas A1 *„Menschenwürde in der Zulieferkette"* um, stellen also die Bezahlung existenzsichernder Löhne in der gesamten Zulieferkette sicher und setzen sich aktiv für ein menschenwürdigeres Verhalten in dieser ein, helfen sie dadurch unter anderem bei der Bekämpfung von Armut und Hunger (SDG 1 und 2), leisten einen Beitrag für Geschlechtergleichheit (SDG 5), fördern menschenwürdige Arbeit (SDG 8) und den Abbau von Ungleichheiten (SDG 10). Ein Blick in die Praxis der Berliner Brotbäckerei *„Märkisches Landbrot"* zeigt, wie dies im Unternehmensalltag konkret aussehen kann. Durch den jährlich stattfindenden *„Runden Tisch Getreide"* werden gemeinsam mit den regionalen Demeter-Bäuer*innen und Demeter-Bäcker*innen die Getreidepreise vereinbart.[12] Die Preisbildung bezieht also alle Beteiligten ein. Die Bäuer*innen bestimmen dabei einen einheitlichen Preis, der ihre Existenz sichert und dafür sorgt, dass sie auch zukünftig qualitativ gute Arbeit leisten können.

Praxisbeispiel A1
Menschenwürde in der Zulieferkette

Praxisbeispiel C3
Förderung des ökologischen Verhaltens der Mitarbeitenden

Ein weiteres Beispiel findet sich im Gemeinwohl-Thema C3, *„Förderung des ökologischen Verhaltens der Mitarbeitenden"*. Durch die Schaffung einer Unternehmenskultur, in der das ökologische Verhalten der Mitarbeitenden gefördert und entsprechende Projekte zur Umsetzung nachhaltiger Lebensstile ermöglicht werden, trägt ein Unternehmen langfristig zur Förderung der Gesundheit (SDG 3) und des nachhaltigen Konsums (SDG 12) bei und unterstützt gleichzeitig Klima- und Umweltschutzmaßnahmen (SDG 13, 14 und 15). Das GWÖ-Unternehmen Sparda-Bank München fördert die Nutzung eines Online-Gesundheitsportals durch die Mitarbeiter*innen mit einer zusätzlichen Sozialleistung.[13] Dadurch können Mitarbeiter*innen auf zusätzliche Angebote im Bereich Sport, Bewegung und gesunde Ernährung zurückgreifen.

Praxisbeispiel E4
Transparenz und gesellschaftliche Mitentscheidung

Das Gemeinwohl-Thema E4 *„Transparenz und gesellschaftliche Mitentscheidung"* zeigt ebenfalls eindrücklich, wie der Ansatz der Gemeinwohl-Ökonomie mit den SDGs verbunden werden kann. In diesem Zusammenhang stellen GWÖ-Unternehmen Transparenz über das Handeln der Organisationen und die Vorkommnisse her, die für die Öffentlichkeit von Interesse sind. Außerdem erhalten alle Personen und Berührungsgruppen (zum Beispiel Mitarbeiter*innen, Kund*innen, Nonprofit-Organisationen) das Recht und die Möglichkeit, Einwände zu erheben, öffentliche Auskunft und Argumente über unternehmerische Handlungen zu verlangen und darüber in den Dialog zu treten. Entscheidend ist dann, dass die berechtigten Interessen der Berührungsgruppen bei unternehmerischen Entscheidungen auch berücksichtigt werden. Setzen Unternehmen diese Maßnahmen konsequent um, fördern sie dadurch den Abbau von Ungleichheiten (SDG 10), tragen zu Stärkung partizipativer und inklusiver Entscheidungsprozesse und Institutionen (SDG 16) bei und helfen beim Aufbau von Partnerschaften im Sinne einer nachhaltigen Entwicklung (SDG 17). Beim Social Business *„Quartiermeister"* werden beispielsweise alle Fragen der strategischen Ausrichtung und Rahmenentscheidungen grundsätzlich mit den Mitarbeiter*innen und Vereinsmitgliedern diskutiert und beschlossen.[14] Das Unternehmen Quartiermeister wird dabei von einem Verein kontrolliert, der für die Verteilung der Gewinne verantwortlich ist. Ein Teil des Unternehmensgewinns fließt in lokale Kiezprojekte, die per Abstimmung von Kund*innen und Interessierten ausgewählt werden.

Neben diesen drei Beispielen könnte man sicherlich noch einige weitere nennen, um zu zeigen, wie eine Verbindung von Gemeinwohl-Ökonomie und SDGs in der Praxis von Unternehmen aussehen kann. Gleichwohl haben solche Ansätze unter derzeitigen Rahmenbedingungen auch Grenzen. Denn auch Gemeinwohl-Ökonomie-Unternehmen bewegen sich zumeist in Märkten, die von Konkurrenz- und Kostensenkungsdruck geprägt sind, was eine konsequent nachhaltige Wirtschaftsweise sicherlich erschwert. Sie müssen sich oft auch einem gewissen Wachstumszwang stellen, der in Verbindung mit Kriterien der nachhaltigen Entwicklung zu Zielkonflikten oder Widersprüchen führen kann. Indem sie sich aber auf den Weg *„in die richtige Richtung"* machen, leisten sie wichtige Pionierarbeit. Damit dieser Weg langfristig weitergeht und wesentliche Fortschritte bei der Umsetzung der Agenda 2030 erreicht werden können, bedarf es neben veränderter Lebensstile und unternehmerischer Praktiken eben auch systemischer Veränderungen, die solche Ansätze des sozial-ökologischen Wirtschaftens fördern und in das Zentrum der Ökonomie stellen.

Um es mit den Worten von Prof. Dr. Hubert Weige, Vorsitzender des BUND und Mitglied des Rates für nachhaltige Entwicklung, zu sagen: *„Wir brauchen mutige politische Entscheidungen, die weniger Wachstum und mehr Nachhaltigkeit belohnen, die Gemeinwohl statt Gewinnstreben fördern."*

Der Leitfaden *„Punkten für das Gemeinwohl und die SDGs"* enthält Praxisbeispiele zu jedem SDG.

https://gwoe.17plus.org

Über den Autor
Matthias Kasper
hat Nonprofit-Management und Public Governance in Berlin und Amman studiert und ist derzeit für die Humanistic Management Practices gGmbH tätig, wo er sich mit gemeinwohlorientierter Organisationsberatung und sozial-ökologischen Wirtschaftsformen beschäftigt.

Gemeinwohl und Finanzwende

Anna Deparnay-Grunenberg im Gespräch mit Gerhard Schick

Gerhard Schick wurde 1972 in Hechingen geboren und ist ein Politiker von Bündnis 90/Die Grünen. Er war von 2000 bis 2001 Sprecher der Landesarbeitsgemeinschaft Wirtschaft und Arbeit der Grünen in Baden-Württemberg und von 2001 bis 2007 Sprecher der Bundesarbeitsgemeinschaft Wirtschaft und Finanzen von Bündnis 90/Die Grünen. Von 2005 bis 2018 war er Mitglied des Deutschen Bundestags und wurde zum finanzpolitischen Sprecher der Fraktion gewählt. Der promovierte Volkswirt ist der geschäftsführende Vorstand des im Juli 2018 in Berlin gegründeten gemeinnützigen Vereins *Bürgerbewegung* Finanzwende. Die Organisation steht für die Bekämpfung der Finanzkriminalität, ein stabiles Finanzsystem und umweltfreundliche Finanzmärkte in Deutschland.

ANNA: Gerhard, du hast einen interessanten Weg hinter und vor dir. Du hast dich dreizehn Jahre lang im Bundestag für eine bessere Regulierung der Finanzbranche und eine gerechtere und solidarische Steuerpolitik eingesetzt. Dann hast du Ende 2018 dein Mandat niedergelegt und mit „Finanzwende" eine Bürgerbewegung begründet, die mittlerweile mehr als 3.200 Mitglieder hat.

Wie wurde dir klar, dass du diesen Schritt machen musst? Gab es eine bestimmte Begegnung oder Erfahrung?

GERHARD: Es gab nicht das eine Erlebnis, sondern über viele Jahre die Beobachtung, dass die Anliegen so vieler Menschen untergehen und die Finanzlobby einen Sieg nach dem anderen erzielt. Und das war ja nicht nur meine Beobachtung, sondern das hat eine größere Gruppe von Menschen beschäftigt, die sich seit Jahren für besseren Verbraucherschutz am Finanzmarkt, für eine Finanztransaktionssteuer oder für stabile und nachhaltige Banken einsetzen. Unsere Analyse war: Die richtigen Vorschläge lagen meistens auf dem Tisch, aber der Finanzlobby ist es gelungen, sie auszubremsen oder zu verwässern. Der zehnte Jahrestag der Pleite der Lehman Bank war dann der Anlass, mit Finanzwende ein Gegengewicht zur Finanzlobby zu schaffen.

ANNA: *Wie hast du diesen Neustart geplant?*

GERHARD: Eigentlich hatte ich nicht vor, vor Ende der Legislaturperiode aus dem Bundestag auszusteigen. Und ich sah meine Rolle zunächst mehr darin, die Gründung einer solchen Organisation mit anzustoßen, als sie selbst zu leiten. Aber dann lief es auf mich hinaus, und ich stand vor der Frage, ob diese Neugründung – mit natürlich erst einmal unsicherer Perspektive – es wert ist, dafür ein Abgeordnetenmandat aufzugeben. Leicht gefallen ist mir diese Entscheidung nicht, weil ich ein begeisterter Parlamentarier gewesen bin. Doch die Entscheidung war absolut richtig.

ANNA: *Was für eine Vision hattest du, als du den Sprung gewagt hast? Und wo steht die Bewegung heute?*

GERHARD: Die Hoffnung war, dass so viele Menschen mitmachen, dass wir in wenigen Jahren eine kraftvolle NGO aufbauen können, die ähnlich wie Umwelt- oder Menschenrechtsorganisationen die gesellschaftliche Debatte und Realität verändern kann. Aber das weiß man natürlich am Anfang nicht, ob das gelingt oder ob alle sagen: Schön, dass der Schick das macht, aber mich interessieren Finanzen nicht. In dem Fall würden wir scheitern. Denn die Idee der Bürgerbewegung Finanzwende funktioniert ja nur, wenn viele mitmachen. Nur dann verändert sich das Kräfteverhältnis bei Finanzmarktfragen.

Anna Deparnay-Grunenberg ist deutsch-französische EU-Abgeordnete von Bündnis 90/Die Grünen und Mitglied im Verkehrs- und Landwirtschaftsausschuss. Die Forstwissenschaftlerin und Mutter von 3 Kindern war GWÖ-Pionierin auf kommunaler Ebene in Stuttgart, wo sie 10 Jahre lang Stadträtin war.

Heute können wir sagen: Bisher ist der Zuspruch größer, als wir beim Start erwartet hatten. Mehr Mitglieder, mehr Medienresonanz, mehr aktive Mitarbeit von Menschen mit Finanzmarktkompetenz. Deswegen können wir erste Erfolge vorweisen. Aber trotzdem sind wir natürlich noch viel zu klein, um angesichts von Hunderten von Lobbyisten aus Banken, Fonds und Versicherungen schon sehr große Veränderungen zu bewirken. Da braucht es einfach noch viel mehr Mitstreiter und Mitstreiterinnen.

ANNA: *Wo siehst du Verbindungen oder Synergien zwischen den Prinzipien der Gemeinwohl-Ökonomie und der Finanzwende?*

GERHARD: Unser Ziel, dass Banken, Fondsgesellschaften und Versicherer wieder den Menschen dienen und nicht umgekehrt, hat ganz große Überschneidungen mit der Gemeinwohlökonomik. An manchen Stellen nehmen wir auch explizit Bezug zur Gemeinwohl-Ökonomie, zum Beispiel in unserer Auseinandersetzung mit den Sparkassen, die ja dem Gemeinwohl verpflichtet sind, aber trotzdem in den letzten Jahren mit vielen negativen Schlagzeilen aufwarten mussten: überhöhte Vorstandsgehälter, mangelnde Ausrichtung auf Nachhaltigkeit, Verkauf ungeeigneter Finanzprodukte und das ganze Desaster bei den Landesbanken, an denen die Sparkassen ja beteiligt sind.

Auch beim Thema Sustainable Finance geht es ja eigentlich um Gemeinwohl-Ökonomie: Endlich soll nicht mehr nur auf finanzwirtschaftliche Daten geschaut werden, sondern ökologische und soziale

Aspekte der Finanzgeschäfte sollen offengelegt und bei der Risikosteuerung berücksichtigt werden. Auch den Kunden soll damit die Möglichkeit gegeben werden, verantwortliche Geldentscheidungen treffen zu können, weil eben die nötigen Informationen verfügbar sind. Darum geht es bei der sogenannten Taxonomie-Diskussion – man könnte sie auch als einen ersten kleinen Schritt Richtung Gemeinwohlbilanzierung bezeichnen.

ANNA: *Hat sich auf Bundesebene etwas bewegt in Richtung Gemeinwohl-Ökonomie?*

GERHARD: Die Dynamik beim Thema Sustainable Finance ist in Brüssel größer als in Berlin. Aber immerhin gibt es jetzt einen Sustainable-Finance-Beirat der Bundesregierung, an dem ich auch mitwirke. Er hat das erklärte Ziel, Deutschland zum führenden Standort für Sustainable Finance zu machen. Das wäre – wenn man es denn richtig macht - ein großer Schritt Richtung Gemeinwohl-Ökonomie. Allerdings fehlt bisher der politische Elan in der Bundesregierung.

Zumindest angesprochen wurde in den letzten Jahren auch das Thema Gemeinwohl-Bilanzierung bei der Deutschen Bahn AG. Es wäre sehr wichtig, dass dieser bundeseigene Konzern nicht über reine Finanzzahlen gesteuert wird, sondern auch über die Ziele für eine nachhaltige Mobilität.

ANNA: *Was ist deine Botschaft für Menschen, die in diesem Bereich etwas verändern wollen?*

GERHARD: Ich finde, die Gemeinwohl-Bewegung hat es gut geschafft, zahlreiche Akteure davon zu überzeugen, auf eine Gemeinwohl-Bilanzierung umzuschwenken. Private wie öffentliche Unternehmen sind dabei, allerdings meist kleinere. In der Summe ist unsere Wirtschaft aber noch weit weg von einer wirklichen Ausrichtung am Gemeinwohl, denken wir nur an den Handel von Wertpapieren im Millisekundentakt oder an die Schlachthöfe. Ich werbe also dafür, auch die Organisationen zu unterstützen, die sich konkret mit den mächtigen Vertretern des Status quo anlegen und flächendeckende Veränderungen herbeiführen wollen. Die Finanzwende versucht, das im Finanzbereich zu leisten.

Wendezeit

Gemeinwohl-Ökonomie in Bildung und Schule

Er blickt in die Runde, ein Nicken. Er legt den Taschenrechner zur Seite. Dann notiert er mit dem Bleistift eine Null auf den Bogen Papier, der vor ihm auf dem Tisch liegt. Sie werden in diesem Jahr nichts produzieren. Nicht eine Tafel Schokolade.

Dabei hatte alles so gut begonnen. Das gemeinsame Unternehmen lag im Wettbewerb vorne, die Zahlen waren gut, das Betriebsvermögen wuchs. Ihre Strategie, die Kosten beim Einkauf zu optimieren und dadurch Schokolade preiswert und dennoch mit guter Marge auf den Markt zu bringen, war aufgegangen. Sie hatten die Konkurrenz im Blick. Die überzeugten Ökos dümpelten mit geringem Marktanteil bei offenbar niedriger Marge vor sich hin. Andere bekamen zwar auch ihren Teil vom Kuchen, waren aber nicht so konsequent in ihrer kostenoptimierten Ausrichtung wie der eigene Betrieb.

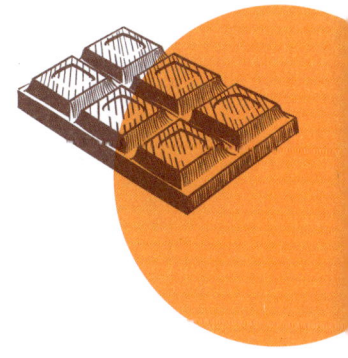

Doch nach sechs erfolgreichen Jahren war Schluss: Die Spielregeln hatten sich geändert. Und auf einmal sahen die Erfolgreichen, die unbestrittenen Sieger keine andere Möglichkeit, als gemeinsam eine Nullrunde einzulegen. Um das Erreichte zu sichern, den Wandel zu beobachten und dann das Unternehmen neu auszurichten.

Was ist der Wert von Schokolade?

Der Ort dieser denkwürdigen Entscheidung ist ein Klassenraum in einem Berufskolleg in Westfalen. Die konkurrierenden Unternehmen sitzen an Gruppentischen und sind Teilnehmende eines Planspiels, das der AK Bildung der Gemeinwohl-Ökonomie entwickelt hat. Die Simulation lässt die Teams in die Rolle von Unternehmer*innen schlüpfen. Sie erhalten einen Kredit und entscheiden beispielsweise darüber, ob der Kakao bio und fair produziert wurde, ob der Strom aus Windrädern oder Kohlekraftwerken kommt und wie sie ihre Mitarbeitenden behandeln. Ein softwaregestütztes Marktmodell zeigt, wie gut sich ihr Produkt verkauft, ein wesentliches Kriterium ist der gewählte Preis.

Nach sechs Runden bekommen die Teilnehmenden, die bislang in Konkurrenz zueinander ihre Erträge optimiert haben, die Folgen ihres Handelns zu Gesicht: Eine grafische Auswertung zeigt, wie ihr Handeln die Böden ruiniert, den Klimawandel beschleunigt und Arbeiter*innen ihrer Gesundheit beraubt hat.

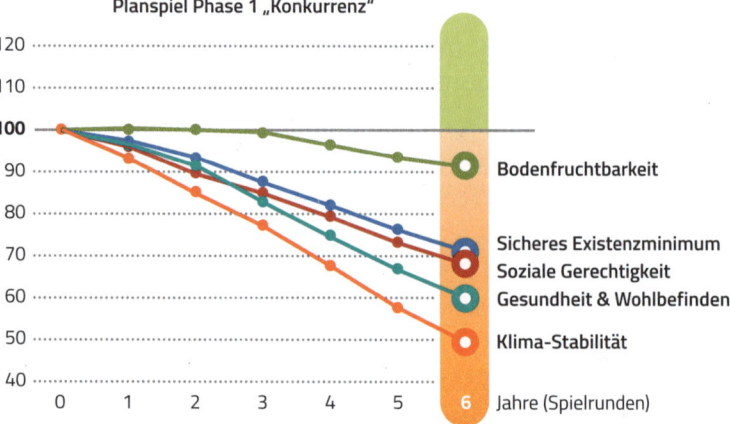

Individuelle Entscheidungen der Unternehmen wirken sich auf Gesellschaft und Umwelt aus – das Planspiel macht die Folgen sichtbar.

Die nun folgende Diskussion zeigt die Widersprüche auf, zwischen dem individuellen Handeln einerseits und den Systemspielregeln andererseits. Die kapitalistische Marktwirtschaft bevorzugt diejenigen, die ihre Kosten externalisieren, also an Dritte abgeben, und benachteiligt diejenigen, denen Verantwortung gegenüber Gesellschaft und Umwelt wichtig ist.

Dabei müsste es doch umgekehrt sein: Die systemischen Anreize sollten die Unternehmen stärken, die gemeinwohlorientiert wirtschaften. Die Gruppe entwickelt Lösungsvorschläge, schlägt Steuersätze in Abhängigkeit vom Gemeinwohlwert des Unternehmens vor.

Nun kommt der Clou: Der Spielleiter legt einen Schalter um. Auf einmal wird das ethische Handeln der Unternehmen für alle sichtbar, und der auf den kalkulierten Verkaufspreis erhobene Mehrwertsteuersatz ist an die Gemeinwohlpunkte gekoppelt. Das Spiel wird unter diesen veränderten Rahmenbedingungen fortgesetzt.

Wir haben nur noch wenig Zeit

Joachim Langer aus Heidelberg ist einer von denen, die mit dem Planspiel und anderen spielerischen Werkzeugen des AK Bildung die Gemeinwohl-Ökonomie in die Schulen tragen. Als Bildungsreferent bietet er Rollenspiele an den Beruflichen Schulen Bad Nauheim an, hält Vorträge an der pädagogischen Hochschule Heidelberg und vergleicht mit Schüler*innen in einem Seminar der Landeszentrale für politische Bildung in Bad Urach die Werte des aktuellen Wirtschaftssystems mit denen der Gemeinwohl-Ökonomie.

„Wir haben nur noch wenig Zeit", sagt Langer und verweist auf Forschungsergebnisse, die die nötigen Weichenstellungen für eine Begrenzung des Klimawandels innerhalb der nächsten fünf Jahre verorten. Die Arbeit in den Schulen ist ihm wichtig, er erlebt, wie die Schüler*innen offen sind für die komplexen Themen der GWÖ. Die angeregten Diskussionen zeigen ihm, dass es sich lohnt, junge Menschen mit Fragen nach einer ethischen Lieferkette oder dem Ressourcenverbrauch des neu gekauften T-Shirts zu konfrontieren.

„Wir brauchen wiederkehrende, auf Dauer angelegte Formate in den Schulen, damit sich ein Bewusstsein entwickelt."

Joachim Langer
GWÖ-Bildungsreferent

Aber die Arbeit ist ihm zu punktuell: *„Wir brauchen wiederkehrende, auf Dauer angelegte Formate in den Schulen, damit sich ein Bewusstsein entwickelt."*

Das Planspiel und andere Materialien des GWÖ-Akteur*innen-Kreises Bildung sind frei verfügbar.

https://gwoe-praxis.de/bildung

Beim *„Langen Tag der Gemeinwohl-Ökonomie"* stellen die Berlin Bees ihr Unternehmen vor.

Die wesensgemäße Bienenhaltung ist ihnen wichtig: Die Berlin Bees bieten unter anderem Honig vom eigenen Bienenvolk und Bienenwachskerzen an.

Berliner Bienen

Die Emil Molt Akademie in Berlin hat hier einen entscheidenden Schritt gemacht. Als Berufsfachschule mit den Fachbereichen Wirtschaft und Sozialwesen hat sie ihr Ohr an den Unternehmen. 2015 hatte Yvonne Walther die zündende Idee: Wirtschaft unterrichtete sie bis dahin mithilfe einer Modellfirma, auf dem Papier. So richtig spannend und praxisnah war das nicht. Sie entwickelte das Konzept der *„Berlin Bees"*, einer Genossenschaft aus Schüler*innen zweier Jahrgangsstufen des Bildungsgangs der kaufmännischen Assistenz – eine Schüler*innenfirma. Die Schulleitung zog mit, und so erzeugt nun ein eigenes Bienenvolk Honig und Bienenwachs. Die daraus selbst hergestellten Produkte vertreiben die Schüler*innen dann beispielsweise auf Märkten. Ganz praktisch lernen sie alle Aufgaben in einem Unternehmen kennen.

Die Ausrichtung der Schule an der Waldorfpädagogik spiegelt sich auch in der Schüler*innenfirma wider. *„Uns ist wichtig, dass wir mit dem, was wir tun, niemandem weh tun"*, steht im Credo auf der Unternehmenswebsite. Der freundliche Umgang mit der Umwelt, das Zusammenleben mit den Menschen ist den Schüler*innen wichtig, sie möchten *„ein Teil von Veränderung sein"*.

Da kam die Anfrage der Deutschen Kinder- und Jungendstiftung DKJS genau passend. Ob die Schüler*innenfirma nicht eine Gemeinwohl-Bilanz erstellen wolle? Yvonne Walther fand die Idee interessant, doch Philipp Wodara von der Gemeinwohl-Ökonomie Berlin-Brandenburg war zunächst skeptisch. Eine Gemeinwohl-Bilanz ist

auch für gestandene Unternehmen eine Menge Arbeit. Das Handbuch stellt Fragen, die in einem gewöhnlichen Unternehmen keine Rolle spielen. Material für die Indikatoren muss gesammelt, Lieferant*innen müssen begutachtet und Verkaufsprozesse analysiert werden.

Trauen wir uns das zu?
Wodara stellte der Schülerfirma das Konzept der Gemeinwohl-Bilanzierung vor. Walther überließ die Entscheidung der Mitarbeiter*innenkonferenz. *„Die Schülerinnen und Schüler haben abgewogen: Trauen wir uns das zu, kriegen wir das so hin?"* Sie trauten sich.

Das interdisziplinäre Team aus GWÖlern, DKJS und Lehrer*innen, nahm die Arbeit auf und wuchs im Laufe der Zeit zusammen. Workshops und Filmmaterial bildeten die Basis, ein Besuch bei der gemeinwohlbilanzierenden Malzfabrik diente als Praxisbeispiel. Die Schüler*innen identifizierten Probleme und entwickelten Lösungen. Die zwanzig Themen aus dem Bilanzierungshandbuch bearbeiteten die Schüler*innen in Kleingruppen. Der schriftliche Teil wurde als Klausurersatzleistung gewertet, die Präsentation und Diskussion der Einstufung galt als mündliche Leistung.

Das Schema der Bilanzierung passte erstaunlich gut auf die Schüler*innenfirma. *„Gerade weil die Lieferant*innenliste überschaubar ist, konnten die Schüler*innen sich tiefer mit den einzelnen Lieferant*innen beschäftigen"*, meint dazu Philipp Wodara. Natürlich gibt

*„Gerade weil die Lieferant*innenliste überschaubar ist, konnten die Schüler*innen sich tiefer mit den einzelnen Lieferant*innen beschäftigen."*

Philipp Wodara
GWÖ-Berater

es auch Themen, bei denen im Bericht wenig steht – wenn es kein Gehalt gibt, kann man auch nicht über die Gehältersspreizung diskutieren. Andererseits sind die Berlin Bees mit ihrer genossenschaftlichen Struktur weiter als so manches Unternehmen: Mitbestimmung und Transparenz sind wichtig, die Positionen rotieren.

Die Schüler*innen diskutierten viel untereinander, offen und kritisch. Für ihre Lieferkette entdeckten sie beispielsweise den Wert der Regionalität. Ein schwedisches Möbelhaus und ein großer Onlineversender wurden zugunsten lokaler Anbieter aussortiert, eine Kooperation mit einem Berliner Hersteller von Naturkosmetik führte zu einer Veränderung der Verpackung: Statt Kunststoff gibt es nun Gläser.

Kreative Umnutzung eines Klassenzimmers: Die Produkte der Berlin Bees verkaufen die Schüler*innen in der Pause durchs geöffnete Fenster.

Eine Herausforderung ist die hohe Fluktuation: Die Schüler*innen sind zwei Jahre in dem Bildungsgang der kaufmännischen Assistenz. Aber auch dafür hat Yvonne Walther eine Lösung gefunden. Schüler*innen aus dem ersten und dem zweiten Jahrgang bearbeiten Themen gemeinsam, die älteren geben so ihre Erfahrungen an die jüngeren weiter. Die Gemeinwohl-Bilanz ist dabei eine Hilfe.

Die hohe Verbundenheit mit der eigenen Firma wird deutlich, wenn man sich die Mitgliederstruktur der Genossenschaft anschaut: Alle neuen Schüler*innen erwerben zu Beginn des Schuljahres einen Stimmanteil für fünf Euro. Sie könnten nach dem Ende der zwei Jahre die Genossenschaft wieder verlassen, aber *„wir haben bislang nicht einen Genossen, nicht eine Genossin, die danach ausgestiegen ist"*, sagt Yvonne Walther und klingt dabei ein wenig stolz.

Ein Modell für die Zukunft der Gesellschaft
Offenbar gibt es eine besondere Nähe der Waldorf-Pädagogik zur Gemeinwohl-Ökonomie. Steffen Schürkens ist Lehrer an der Waldorfschule Freiburg-Rieselfeld. Als diplomierter Biologe naturwissenschaftlich geprägt, entdeckte er mit Anfang dreißig, dass es Waldorfschulen gibt. Und war fasziniert. Von einer Pädagogik, die er als „menschengemäß" erlebt, orientiert an der menschlichen Entwicklung. Und von der Selbstbestimmtheit.

Die Freiburger Waldorfschule beschreibt er als Organismus, der sich grundlegend selbst organisiert. „Wir haben keinen Direktor, es gibt niemanden, der dem anderen vorgesetzt ist." Der Vorstand des Trägervereins ist finanziell und rechtlich verantwortlich, die Schulleitung besteht aus einem Gremium, das aus dem Kollegium beauftragt wird und die Verantwortung für die pädagogischen Fragen trägt. Seit einigen Jahren haben sie diese beiden Gremien sogar zusammengelegt. „Ich kann in der Waldorfschule jede Aufgabe übernehmen, die es an der Schule gibt, neben meinen Aufgaben als Fachlehrer. Und ich kann die Aufgabe wieder abgeben." Und Vertrauen in denjenigen haben, der oder die dann die Arbeit übernimmt. Die Schulführung wählen sie gemeinsam – eingeladen sind alle Mitarbeiter*innen, alle interessierten Eltern und die Oberstufe der Schule.

Natürlich machen auch sie Fehler, reiben sich aneinander. Es sind nun mal Menschen. „Wir versuchen immer, gemeinschaftsbildend zu sein, Begegnung zu haben." Weil niemand etwas vorgibt, ist der regelmäßige Kontakt wichtig. Aufgaben werden nicht direktiv vergeben, sondern irgendjemand übernimmt die Verantwortung. Rudolf Steiner, auf den das Modell zurückgeht, sagte über die Waldorfschulen: „Ihr seid ein Modell für die Zukunft der Gesellschaft." Das gilt dann auch für die Praxis: Die Schule betreibt eine eigene Küche, unter Mithilfe der Schüler*innen kochen sie bio, vegetarisch und regional. Die schuleigene Gärtnerei steuert das selbst gezogene Gemüse bei.

Die Schule im Rieselfeld, 1994 gegründet, ist die jüngste von drei Waldorfschulen in Freiburg. „Uns wird immer nachgesagt, wir seien am entspanntesten oder am beweglichsten." Er bezweifelt aber, dass das stimmt.

Die Frage nach dem Umgang mit der Welt beschäftigt Schürkens schon sehr lange. Welchen Fußabdruck hinterlasse ich? Wie kann ich leben, ohne Ausbeutung und Sklaverei zu erzeugen? Als Biologe an Umweltfragen interessiert, stößt er auf das FSC-Büro und auf das Ökoinstitut Freiburg, macht Praktika. Als Waldorfschullehrer bringt er seine Themen in der elften Klasse ein, bearbeitet Fragen zur Energieversorgung im Geografieunterricht.

Ein Schüler hat dann Fragen zur *„Transition Town Bewegung"*. Und Schürkens merkt, dass er das Thema weiter fassen muss: Die Idee zur Wendezeit-Epoche ist ja längst geboren. Er thematisiert die Krisen des Anthropozäns, die Klimafrage, den Artenschwund, die Rohstoffausbeutung, die soziale Ungerechtigkeit. Wirft die Frage nach dem ökologischen Fußabdruck auf, diskutiert Lösungswege, wie das Regionalgeld und die solidarische Landwirtschaft. Als die GWÖ-Bewegung entsteht, integriert er auch sie in sein Unterrichtskonzept.

Konsequent sein im Schulalltag

Im Gespräch mit seinen Schüler*innen über die GWÖ merkt er, dass im Schulalltag noch etwas fehlt. Die Schule verwendet Recyclingpapier und bezieht Ökostrom, hier passen Reden und Handeln zusammen. Den Anspruch Rudolf Steiners, die Schule solle ein Vorbild für die Gesellschaft sein, möchte er aber auch hier einlösen: *„Wir müssen Beispiel sein, vorweglaufen."*

In der Projektwoche am Ende des Schuljahres erstellen fünf Schüler*innen eine erste Bestandsaufnahme entlang der GWÖ-Matrix. Sie laufen durch die Schule, machen Interviews und formulieren einen Text. Einer aus dieser Gruppe, Jeremie Queyras, treibt das Thema weiter und schreibt eine Einstiegsbilanz als Jahresarbeit. Und bringt den Schulverein dazu, Mitglied in der GWÖ zu werden. *„Aber eigentlich müssten wir das richtig machen!"* Der Schüler bohrt immer wieder nach – und hat letztlich Erfolg.

Gemeinsam mit einem ehemaligen Schüler, Julius Schulze-Schilddorf, erstellt er in einem Zeitraum von mehr als einem Dreivierteljahr die erste Gemeinwohl-Bilanz. *„Ich wusste, dass wir gut sind, aber keiner erfährt es"*, beschreibt er seine Motivation.

Die Bilanzierungsmethode der GWÖ ist zugeschnitten auf Unternehmen, die etwas produzieren, das verkauft werden soll. Eine Schule produziert und verkauft aber nichts. *„Wir haben dann viel Übersetzungsarbeit geleistet"*, schildert er den Prozess. Wer sind die Kund*innen? Die Schüler oder die Eltern? Was ist das Produkt? Bildung, ja, aber wie lässt sich das fassen? Die Fragen der Bilanz trug er in die Gremien der Schule, hielt Rücksprache mit dem Vorstand, der Mitgliederversammlung, dem Kollegium.

Eine Wirkung erzielt die Bilanz vor allem nach innen und im Nachhinein. In der Schulentwicklung schauen sie sich einzelne Bereiche an. Bei ihrem Putzprojekt stellen sie beispielsweise die Putzmittel wieder auf ökologische Produkte um. Und der Geschäftsführer der Schule stellt immer wieder die Frage, welche Wirkung eine Entscheidung auf die Gemeinwohl-Bilanz hat. Die Bilanz wird zum Impuls, die richtigen Wege zu gehen.

Die Erfahrungen der Bilanzierung flossen in einen Leitfaden des AK Bildung ein: *„Gemeinwohl-Bilanz für Bildungseinrichtungen"* macht es jetzt weiteren Schulen einfacher, den Prozess umzusetzen.

https://gwoe-praxis.de/leitfaden-schulen

Die richtigen Wege

Die Unternehmen aus dem Planspiel erleben die Wirkung des Systemwechsels als befreiend. Die veränderten Regeln bestärken die Teams darin, ihre Schokolade ökologisch, fair und sozial zu produzieren. Der finanzielle Erfolg verläuft parallel zum ethischen.

Auch der Betrieb, der mit der Nullrunde die anderen Teams verblüffte, nimmt Fahrt auf, stellt die Produktionsweise um und setzt sich nach weiteren vier Runden wieder an die Spitze. Kein Wunder: Der Teamleiter unterrichtet im wirklichen Leben Betriebswirtschaft.

Über den Autor
Tobias Daur
ist Bildungsreferent in der Gemeinwohl-Ökonomie, GWÖ-Berater, Hochschuldozent für Gemeinwohl-Ökonomie und Koordinator der Regionalgruppe Münsterland. Mit seinem Unternehmen lands bietet er Beratung, Konzepte und Kommunikation für gemeinwohlorientierte Unternehmen, Organisationen und Projekte.

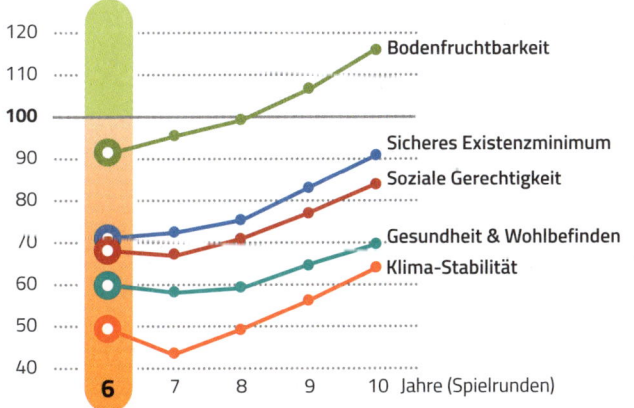

Planspiel Phase 2 „nach den Werten der Gemeinwohl-Ökonomie"

Als Start-up neue Werte funken

Mobilfunkbranche

WEtell GmbH
gegründet 2019
11 Mitarbeitende
63 % Frauenanteil

www.wetell.de

Eine Flugreise bringt den Stein ins Rollen

Die vier Freunde Alma, Andreas, Benjamin und Nico verband schon im Studium die Idee, sich aktiv für ein nachhaltiges und sozialverantwortliches Handeln einzusetzen. So engagierten sie sich bei Ingenieure ohne Grenzen, einer gemeinnützigen Hilfsorganisation mit Fokus auf der partnerschaftlichen Unterstützung notleidender und benachteiligter Menschen im In- und Ausland. Mobilität gehört bei diesen Hilfsprojekten notwendigerweise dazu, und so auch das Fliegen. Nach einem Rückflug von Korsika kam Nico ins Grübeln, über die intransparenten und unzureichenden Möglichkeiten der CO_2-Kompensationen. Aus diesem anfänglichen Impuls entstand die Idee, ein Start-up zu gründen, das es möglich macht, den CO_2-Fußabdruck so einfach und nachhaltig wie möglich zu reduzieren.

Sie standen wenige Tage vor dem Pitch ihres Konzepts bei einem Start-up-Wettbewerb, als sie merkten: Wir müssen konkreter werden. CO_2-Kompensationen reichen nicht aus, wenn wir Nachhaltigkeit konsequent denken wollen. Die größte Wirkung erreichen wir, wenn wir jeder und jedem Einzelnen die eigene Wirksamkeit in Alltagsentscheidungen bewusst machen. Und womit könnte man das besser als mit dem Medium, das 67 Prozent der Bevölkerung weltweit und 82 Prozent deutschlandweit nutzen? Richtig, das Mobiltelefon. Beispiele für nachhaltige Telefone gibt es schon. Aber was ist mit der Telefonie und den verbundenen Dienstleistungen selbst?

In zwei durchwachten Nächsten schrieben sie ihr Konzept komplett um – und gewannen den Pitch! Sie hatten sich nichts Geringeres vorgenommen, als die Mobilfunkbranche umzukrempeln.

Der klassische Weg ist ein anderer
Sie konkretisierten ihre Idee, führten Interviews mit Kosument*innen und Expert*innen, erhöhten durch eine Crowdfunding Kampagne den Bekanntheitsgrad und suchten nach Partner*innen sowie Investor*innen für die Umsetzung. Im Juli 2019 wurde WEtell offiziell gegründet. Ihr Produkt: ein Mobilfunk, der nicht nur den Klimaschutz ernst nimmt, sondern auch Datenschutz sowie Fairness und Transparenz gegenüber Kund*innen und Mitarbeitenden. Diese Werte haben auch die Auswahl geeigneter Kooperationen geleitet. Die erste SIM-Karte folgte. Ein Jahr später ging WEtell an den Markt und ans Netz.

Eine klassische Gründungs- und Start-up-Geschichte? Nichts davon ist klassisch, betrachtet man das Unternehmen genauer.

Das erste Startkapital bekam WEtell durch die Crowdfunding Kampagne. Dabei kam jedoch viel mehr zusammen als Geld: Es entstand eine emotionale Basis von Wohlwollen und Hilfsbereitschaft, die das Gründungsteam weiter ermutigte. Sie erreichten viele Menschen sowie Organisationen, die eine intrinsische Motivation mitbrachten, die Idee zu unterstützen, statt eigene Partikularinteressen zu verfolgen. Der Fokus lag von Anfang an auf Wirksamkeit und Reichweite statt auf Profit und Investorenrunden. Und die Ausrichtung auf die Gemeinwohl-Ökonomie half dem Team früh, eine Struktur für die eigenen Werte und Ziele zu finden und sie transparent zu kommunizieren.

Nachhaltiges Banking gibt's, warum nicht auch Mobilfunk?

67 Prozent der Weltbevölkerung nutzen ein Mobiltelefon ...

... und 82 Prozent der Deutschen.

„Erfolg hieß für uns: An den Markt zu kommen. Zu zeigen, dass man es schaffen kann. Es ging uns nicht um das große Geld, sondern darum, zu zeigen, dass Mobilfunk nachhaltig sein kann."

„Wir machen Mobilfunk, weil wir Nachhaltigkeit nach vorne bringen wollen – und nicht Nachhaltigkeit, um Mobilfunk voran zu bringen."

Alma Spribille
Gründerin

„Wir wollen mit Partnern ein Universum aufbauen, das anders funktioniert und bestehende Marktlogik aushebelt."

Nico Tucher
Gründer

Werteorientierung statt Preisführung

WEtell will deutlich mehr sein als nur ein Anbieter für den Weiterverkauf von Mobilfunkverträgen. WEtell geht weg von einer Ausrichtung auf die Preisführerschaft am Markt, hin zu einer Werteorientierung. So ist das Produkt vielleicht am Ende teurer als das der Konkurrenz, aber hinter der Marke steht ein Versprechen, das weiter geht: Das Unternehmen will andere inspirieren, ihm zu folgen und somit gemeinsam den Markt zu verändern.

Den kooperativen Gedanken hat WEtell verinnerlicht. Um genau die Menschen zu erreichen, die einen Wandel aktiv mitgestalten wollen, hat sich WEtell starke Partnerunternehmen mit ins Boot geholt: Anbieter nachhaltiger Energie, eine genossenschaftliche Bank, Hersteller von konfliktfreien Smartphones und Bio-Lebensmittelmärkte für die Distribution der SIM-Karten stärken die WEtell-Welt. Auch der Markt für nachhaltige Dienstleistungen wächst.

Die Partnerschaften im WEtell Universum

Die Konsument*innen haben den Datenschutz in der eigenen Hand: Sie entscheiden mit einem Klick, ob Einzelverbindungsnachweise – und damit hochsensible Daten – gespeichert werden müssen.

Das Thema Transparenz in der Datennutzung ist bei WEtell ebenfalls zentral. Auch im Austausch mit Expert*innen vom Chaos Computer Club haben sie versucht, Datenschutz ganz neu zu denken und dabei Lösungen in den Blick genommen, die konservative Mobilfunkanbieter nicht umsetzen können, solange sie den Regeln der Marktlogik unterworfen sind. Das fängt damit an, dass auf der Website nur anonymisiertes Tracking stattfindet, das keine Rückschlüsse auf die Nutzer*innen zulässt, setzt sich in einer Trennung der Nutzernamen von ihrem Mobilfunkverhalten fort und nimmt am Ende auch die Nutzer*innen selbst in die Verantwortung, über ihre Daten zu entscheiden.

Vom Fabelwesen zum Zebra

WEtell hat durch die Ausrichtung auf die GWÖ und als werteorientiertes Start-up gezeigt, wie Gemeinwohl-Innovation funktioniert. Damit unterscheidet es sich deutlich von den überwiegend Exit-getriebenen Start-ups, in denen es meist um Profitmaximierung und den schnellen Verkauf geht; den so genannten Einhorn-Start-ups also. Dem stehen die neuen Zebra-Gründungen gegenüber, die Gewinn und Gemeinwohl in Einklang bringen.

Solche Start-ups sind nicht mehr nur auf gesellschaftliche Themen ausgerichtet, um daraus Kapital zu schlagen. Stattdessen leitet sie primär ein intrinsischer Werteantrieb, Selbstwirksamkeit und der Wunsch, wirklich nachhaltig etwas zu verändern.

WEtell will nun auch den nächsten konsequenten Schritt gehen: die Transformation zum *Purpose-Unternehmen*, also einem Unternehmen in Verantwortungseigentum, das den Sinn seines Tuns ins Zentrum stellt. Dann nämlich wird es ganzsich selbst und den Mitarbeitenden gehören und wird unverkäuflich.

Einhorn-Start-ups sind Fabelwesen der Gründungswelt, die für 1 Mrd. USD verkauft werden, gegründet mit dem Ziel des schnellen, profitablen *Exits*.

Zebra-Start-ups hingegen bringen schwarz und weiß in Einklang: die Verbindung von Gewinn und Gemeinwohl-Orientierung.

EINHORN
- *kurzfristiges Denken*
- *fehlende Transparenz*
- *Fremdeigentum*

ZEBRA
- *echtes Tier*
- *schwarz UND weiß*
- *Verantwortungseigentum*

WEtell und die GWÖ: Eine starke Partnerschaft

Ein roter Faden zog sich durch die Gründungsgeschichte von WEtell: der Wunsch nach (Selbst-)Wirksamkeit, danach, einen Beitrag zu einer lebenswerten Zukunft zu leisten. Die Idee der Gemeinwohl-Ökonomie war also immer schon immanent. Auch die GWÖ denkt das Thema Nachhaltigkeit weiter und konsequenter, über die reine Klimagerechtigkeit hinaus: Sie bezieht die gesellschaftliche Dimension mit ein und fördert mit ihrem Streben nach Kooperation statt Konkurrenz ein faires, gemeinschaftliches Wirtschaften.

> *„Die GWÖ gibt uns Struktur und Transparenz dafür, was wir im Wesentlichen wollen."*
> Nico Tucher
> *Gründer*

Das Unternehmen hat sich früh mit der Gemeinwohl-Bilanzierung auseinandergesetzt. Die Gewichtung der *Felder* in der GWÖ-Matrix passte perfekt: Lieferant*innen, Partner*innen und Dienstleister*innen, wie etwa die Netzbetreiber*innen, werden genau unter die Lupe genommen, nach dem Motto: *„Wie läuft das bei euch?"*. Von der Kundenbetreuung bis zur Technik wird möglichst viel inhouse gemacht, ohne eine Auslagerung ins Ausland. Auch im Team selbst zeigten sich die Effekte: Wer es sich zum Wert macht, für Menschenwürde am Arbeitsplatz einzustehen, beutet sich auch selbst nicht so stark aus. Die klassische Start-up-Mentalität der Achtzig-Stunden-Woche wird bei WEtell nicht gelebt. Im Gegenteil: Eine familienfreundliche Work-Life-Balance gehört selbstverständlich dazu.

Zentral ist für WEtell nicht nur, klimaneutral zu sein, sondern klimapositiv zu werden. Dafür bauen sie z. B. Solaranlagen, damit die Netznutzung der Kund*innen bilanziell über Ökostrom läuft. Starker Partner dahinter ist Ecosia.

WEtell greift die Werte der GWÖ auch auf seiner Homepage auf: Das junge Unternehmen zeigt transparent auf, wie es bei ihnen um die drei Achsen Klimaschutz, Datenschutz sowie Fairness und Transparenz bestellt ist. So wird auf einen Blick ersichtlich, welche Erfolge schon umgesetzt wurden und wo noch Entwicklungsfelder bestehen:

Der Prozentsatz gibt den Grad der Zielerreichung an.

Klimaschutz

- 90 % Bau von Solaranlagen
- 20 % Kompensation unvermeidbaren CO_2-Ausstoßes
- 60 % Erneuerbare Energien

Datenschutz

- 100 % Keine Verknüpfung von Namen und Mobilfunkverhalten beim Netzbetreiber
- 50 % Frühstmögliche Löschung personenbezogener Daten
- 90 % Speicherung aller Daten in Deutschland

Fairness und Transparenz

- 90 % Fairness und Transparenz gegenüber Kund*innen
- 70 % Fairness und Transparenz im WEtell-Team
- 75 % Faire und transparente Partnerschaften

Nur in einem Bereich hakte die GWÖ-Matrix: Sie ist bisher eher auf klassische Bereiche ausgerichtet und wenig internetaffin, weshalb es ihr schwerfällt, digitale Geschäftsmodelle wie WEtell zu bewerten. Dennoch war und ist die Gemeinwohl-Orientierung ein wichtiger Leitstern für die Entwicklung der eigenen Unternehmensidee.

Innovation im Wandel

Das Beispiel von WEtell zeigt: Bei Gründer*innen weht ein neuer Wind. Nicht nur wird die Exit-getriebene Start-up-Kultur zunehmend durch soziales Unternehmertum abgelöst. Gründungen sind nicht mehr nur auf gesellschaftliche Themen ausgerichtet, um daraus Kapital zu schlagen, vielmehr leitet sie der Wunsch, wirklich etwas zu verändern.

Wie wertvoll dabei die Orientierung an der Gemeinwohl-Ökonomie war, ist deutlich in der Unternehmensentwicklung von WEtell zu sehen. Es braucht jedoch auch einfachere Methoden, mit denen sich innovative Vorhaben von Anfang an gemeinwohl- statt (nur) profitorientiert entwickeln können. Daher wurde innerhalb der Gemeinwohl-Ökonomie im deutschsprachigen Raum die Arbeitsgruppe *Innovation & Start-up* reaktiviert.

Gerade 2020 sind wir schonungslos an unsere zentralen Werte und Lebensentwürfe erinnert worden. Es ist deutlich geworden, dass wir die Wirtschaft grundlegend transformieren müssen. (Europäische) Werte und Gemeinwohl-Orientierung müssen wieder Eingang in die Innovationslehre finden. Nicht jedes Start-up muss in einen Exit münden oder die Monopolstellung am Markt anstreben. Zebras, Sozialunternehmen sowie die Wohlfahrt zeigen, was alles abseits der Profitorientierung mit Gemeinwohl-Innovationen möglich ist.

"Ohne uns würde der Mobilfunkmarkt sich zwar Richtung Werte entwickeln – aufgrund der Forderungen der Öffentlichkeit – und sich darüber differenzieren. Aber keiner wird es aus Einsicht tun, sondern ‚nur' den Marketing-Effekt nutzen."

Nico Tucher
Gründer

Über die Autor*innen

Ana-Laura Lemke
Narrative Trainerin. Hebt Geschichten von Menschen und Teams, um sie in ihrer vollen Potenzialentfaltung zu unterstützen.

Daniel Bartel
Seit 12 Jahren selbstständig. Aussteiger aus der klassischen Start-up-Szene, begleitet nun Sozial-Unternehmende online bei ihrer Gemeinwohl-Innovation.

Warum noch Kirche im Dorf?

Eine seltsame Frage? Wir wollen sie uns dennoch stellen. Welche Bedeutung hat Kirche in der heutigen Zeit, für unsere Gesellschaft und fürs Gemeinwohl – allgemein und in einer konkreten Dorfgemeinde?

Für diejenigen, die sich schon mit der weltweiten Ökumene beschäftigt haben, ist die Antwort eigentlich klar. Natürlich sind wir als Christen und auch als Gemeinde Teil dieser Welt. Und am liebsten sehen wir uns Frieden stiftend, fair handelnd, die Mitwelt und die Schöpfung schützend. Wo uns das gelingt, ist es schön. Allerdings wissen wir auch, dass es uns manchmal nicht gelingt. Lange Jahre haben wir geübt, nach dem Billigen, dem Bequemen, dem Schnell-Erreichbaren Ausschau zu halten, ohne nachzudenken, welche Auswirkungen das auf künftige Generationen oder auch auf unsere Umwelt hat.

Ev. Kirchengemeinde Rosphetal-Mellnau

Fusion der ehemals selbstständigen Gemeinden Oberrosphe, Unterrosphe, Mellnau, Göttingen

ca. 2.000 Gemeindemitglieder

3 Kirchen

1 Pfarrerstelle in Vollzeit
Pfarrerin Wilma Ruppert-Golin

15-köpfiger Kirchenvorstand

www.rosphetal-mellnau.de

Für mich gibt es schon lange zahlreiche Fragen zur Zukunft von Kirche. Sie betreffen nicht mich und meinen Glauben, da fühle ich mich fest verankert. Sie betreffen Aspekte von Amtskirche, Verordnungen, Kirche als Arbeitgeber, Worte, die benutzt werden, Verstehbarkeit der Texte, des Systems, Fragen zur Transparenz.

Ich hatte Glück. Ich hatte immer wieder Phasen und Begegnungen, die mich Kirche so glaubhaft haben erleben lassen, dass sie sich für mich wertvoll anfühlte. So wertvoll, dass sie mich und mein Wertegerüst bis heute trägt. Gerade deshalb möchte ich mich engagieren, Fragen zu stellen, zur Zukunft von Kirche.

„Wir schauen hin"
Unter diesem Kirchentagsmotto erstellt die evangelische Gemeinde Rosphetal-Mellnau als erste Kirchengemeinde in Deutschland eine Gemeinwohl-Bilanz. Das Ergebnis wird auf dem ökumenischen Kirchentag 2021 in Frankfurt unser Beitrag sein. Die

Werte der Gemeinwohl-Ökonomie heißen: Menschenwürde, soziale Gerechtigkeit, ökologische Nachhaltigkeit, Transparenz und Mitentscheidung. Werte, die mit unseren christlichen Werten vollkommen kompatibel sind.

Ein Samenkorn geht auf
Montags ist Singkreis – so auch im Juni 2019. Meine Mitsänger*innen erkundigten sich interessiert nach meinen Eindrücken vom Kirchentag in Dortmund. Und die Frage schloss sich an, was ich denn da für diese GWÖ gearbeitet habe? Ich fasste ein paar Sätze zum Thema zusammen, und sofort blubberten die Ideen: *„Das ist doch was für uns! Es geht nicht so weiter, dass wir Kuchen backen und kaufen Eier bei A oder L …, und wir haben alle immer so viele gelbe Säcke stehen …"* Man bat mich, einen Vortrag fürs Dorf zu halten. Aus ihm ergaben sich monatliche Treffen.

Doch ein *nebliges* Gefühl hielt sich hartnäckig. *„Das ist für mich zu hoch!"*, hörte ich immer wieder. Diesen Satz kannte ich schon, und es geht wohl vielen Menschen so, die sich auf das Thema Gemeinwohl-Ökonomie einlassen. Für mich ist es deshalb das Größte, wenn es gelingt, die Thesen der Gemeinwohl-Ökonomie so herunterzubrechen, dass wir spüren, was sie mit uns und unserem Alltag zu tun haben, und dass es Handlungsfelder für jeden von uns gibt. Und sind die Schritte noch so klein.

„Falls du glaubst, dass du zu klein bist, um etwas zu bewirken, dann versuche doch mal mit einer Mücke im Raum zu schlafen."

Dalai Lama

Wo passt diese Theorie in unseren Alltag? Zu dieser Frage haben wir uns ein Beispiel ganz praktisch erarbeitet. Wir durften den Gemeinderaum unserer Kirche für die GWÖ-Treffen nutzen. So haben wir die Fragen der GWÖ nach dem Sinn und der gesellschaftlichen Wirkung ganz direkt auf diesen Raum der Kirchengemeinde bezogen, auf die Angebote und Dienstleistungen, die in ihm stattfanden. Hier konnten wir konkrete Fragen stellen und sie konkret beantworten, zum Beispiel nach dem Energielieferanten, nach Zulieferer*innen, Dienstleister*innen, nach dem Zugang für Menschen mit Behinderungen … Der Nebel lichtete sich. Begeisterte Rückmeldungen zeigten, dass die GWÖ einen Platz in unserem alltäglichen Leben gefunden hatte.

Mit einem einstimmigen Beschluss des Kirchenvorstands haben wir uns auf den Weg gemacht, unser *Gemeinwohl* zu erkunden.

Vier Dörfer wollen Mitgestalter sein

Vier Dörfer, von denes jedes für sich agiert. Als Kirchengemeinde sind wir „*vereint*" und haben das Ziel, das Gefühl von Verbundenheit immer weiter zu stärken. Eine Lenkungsgruppe von fünf Personen ist über den gesamten Prozess engagiert und Ansprechpartner*in für alle Interessierten. Immer wieder kommen Kirchenvorstandsmitglieder zu einzelnen Themen hinzu, unterstützen mit ihrem Fachwissen im jeweiligen Bereich. So vorbereitet gehen wir dann *raus*: Jeden Monat gibt es ein öffentliches Treffen zu den Berührungsgruppen.

Alle Bewohner*innen unserer vier Dörfer und auch des weiteren Umfelds dürfen hier *schnuppern* und Fragen stellen. Wir laden gezielt Personen aus der jeweiligen Berührungsgruppe ein, so zum Beispiel unsere Lieferant*innen, Kooperationspartner*innen und natürlich unsere Mitarbeiter*innen, die wertvolle Ideen einbringen können.

Aus dem Kund*innenumfeld kam beispielsweise der Wunsch, zum Thema *behindertengerecht* auch die Gruppe der Hörgeschädigten mit einzubeziehen. Oder unsere Zulieferer*innen: Sie sind im Bereich Nachhaltigkeit sehr unterschiedlich aufgestellt. In dem öffentlichen Termin erfahren sie, wie wertschätzend und leicht man mit dem Thema umgehen kann, und nehmen vielleicht unser Angebot an, gemeinsam in einer Gruppe einen Mikro-GWÖ-Bericht zu erstellen. Oder die Energiegenossenschaft hier vor Ort: Sie agiert schon jetzt vorbildlich, doch von Gemeinwohl-Orientierung hatte sie noch nichts gehört. Nun können wir ihr Engagement mithilfe der GWÖ-Kriterien konkreter wertschätzen.

Wenn wir uns wirklich auf unser Gegenüber einlassen und intensiv hinschauen, führt das immer wieder zu einem neuen Miteinander, das auch aus der Gemeinde heraus wirkt. Beispielsweise hatten wir eine *Kundin* eingeladen, die bisher nicht kirchlich gebunden war.

Der öffentliche Abend hat sie begeistert. Nun schreibt sie darüber einen Artikel für den Gemeindebrief und stellt unser *57Wasser-Projekt* in einer Aktionsgruppe vor, die sich mit dem Zukunftsthema Wasser beschäftigt. *57Wasser* ist ein Unternehmen, das 57 Prozent des Erlöses aus dem Mineralwasserverkauf an soziale Projekte spendet. Diese werden von Kund*innen vorgeschlagen und auch von Kund*innen oder Interessierten online gewählt.

Auch Corona hat dazu geführt, dass viel Neues entstanden ist. Zum Beispiel Telefonandachten, eine Facebook-Seite der Kirchengemeinde, Erntedank-Gottesdienste auf dem Bauernhof oder eine gänzlich neue Gestaltung der Weihnachtsgottesdienste. Wir haben uns darüber gefreut, wie gut diese neuen Aktionen angenommen wurden. Auf der Facebook-Seite beobachten wir, dass es immer mehr werden, die regelmäßig lesen.

Drei Aspekte, die uns wichtig sind:

Verstehbarkeit
Warum brauchen wir eine Gemeinwohl-Bilanz, und was ist das überhaupt?

Handhabbarkeit
Wie soll ich solche Fragen beantworten, und was bewirkt dieses Projekt für unsere Gemeinde?

Sinnhaftigkeit
Jeder von uns kann etwas tun. Auch die Kirche übernimmt Verantwortung für die Zukunft unserer Kinder und Enkel.

Die öffentlichen Termine – das große Überraschungsei

Sie haben uns überrascht, diese öffentlichen Termine, und begeistert. Von Anfang an war meine Idee, so viele Menschen aus unserem Umfeld mit einzubeziehen wie möglich. Sie Mitgestalter*innen sein zu lassen. Nahezu alle geladenen Gäste sind auch gekommen, haben den Berichten gelauscht und wunderbare Vorschläge eingebracht. Eine wichtige Erkenntnis war: Wir wussten gar nicht, was Kirche beiträgt und beitragen kann.

Einige Ideen aus diesen Terminen sind schon umgesetzt worden, was das Vertrauen in uns gestärkt hat. So haben wir bei unseren Einkäufen Schwachstellen entdeckt, die hinterfragt und neu entschieden wurden.

Rekord bei Kirchenaustritten – warum?

Wollen die Menschen einfach nur die Kirchensteuer sparen? Inwiefern haben die Skandale der letzten Jahre dazu beigetragen? Eine Studie des Bistums Essen bestätigt, dass die Gründe tiefer liegen. Entfremdung lautet das erste Stichwort, fehlende Bindung das zweite. Die Studie zeigt auch: Oft führen persönlich enttäuschende Erlebnisse mit der Kirche zum Austritt. Nicht nur der baden-württembergische Ministerpräsident Winfried Kretschmann sieht den Mitgliederschwund der großen Kirchen mit Sorge. Kirchenaustritte senkten die *„soziale Temperatur"*, sagt er. Die wenigen Kirchenbesucher*innen sind fast alle bereits etwas älter. Wer sitzt dort in zehn Jahren? Wollen wir diese Gottesdienste weiterführen? Sind die Texte noch angemessen für diese Zeit? Es gibt so viele Fragen, die nicht unmittelbar in unserem Entscheidungsfeld liegen und für uns nicht Grundlage für die GWÖ-Bilanzerstellung sind. Doch wir sehen jetzt genauer hin. Es sind die gelebten, christlichen Werte, die ebenso die Werte der Gemeinwohl-Ökonomie sind, die unsere Beziehungen gelingen lassen und für die es sich lohnt, sich einzusetzen: Vertrauensbildung, Wertschätzung, Kooperation, Solidarität und Teilen.

Von Woche zu Woche wurde uns immer deutlicher, wie viel Sinn es auch für eine Kirchengemeinde macht, eine Gemeinwohl-Bilanz zu erstellen. Harald aus der Lenkungsgruppe – er engagiert sich für die *Berührungsgruppe Mitarbeitende* – bemerkte beispielsweise, dass wir auf diese Weise unser schon vorhandenes Wissen sichern und ergänzen können. In unserem Bericht stellen wir nun diese Fakten zusammen. Zum Beispiel wurden in den Corona-Monaten Honorarkräfte weiterbezahlt. Uns ist bewusst geworden, dass ihre Bezahlung unterschiedlich hoch ist. Außerdem war es uns wichtig, die Honorarkräfte um Auskunft zu bitten, wer Corona-Soforthilfe oder andere staatliche Unterstützung bekommt, um unsere Weiterzahlungen in gesetzeskonformer Weise mit allen Beteiligten abzustimmen.

Die GWÖ-Bilanz ist unser Bewerbungsschreiben

Für uns ist all das umso wichtiger, als in den nächsten Jahren das Pfarramt neu besetzt werden muss. Die Veröffentlichung unserer Gemeinwohl-Bilanz ist unsere Bewerbung für Nachfolgekandidat*innen. Wir glauben, es ist eine gute Möglichkeit, nach außen zu signalisieren, dass wir lebendige, engagierte Dörfer sind. Das erhöht

---

Warum eine Gemeinwohl-Bilanz?

Sie ist ein effektives und erprobtes Werkzeug der Organisationsentwicklung und Zukunftsgestaltung.

Sie berichtet transparent über sämtliche Aktivitäten, macht Zusammenhänge verstehbar und schaft Vertrauen.

Sie stärkt die Bindung aller Berührungsgruppen zur Kirchengemeinde.

Sie erhöht die Attraktivität von Kirche als wichtiger Teil unserer Gesellschaft.

unsere Chance, dass sich Pfarrer*innen bewerben, denen die Lebendigkeit unserer Gemeinde gefällt und die selbst das Engagement mitbringen, die Bewahrung unserer Schöpfung als Auftrag zu sehen.

Die Bewahrung der Schöpfung ist unser christlicher Auftrag. 2019 wurden wir bereits als *ökofaire Gemeinde* ausgezeichnet. Fairer Kaffee, Blühwiesen, Flächen für Maßnahmen zur Biodiversität … Es gibt schon einiges bei uns. Doch es gibt auch Fragen. Wir verpachten Land – bereits jetzt haben wir uns mit dem Text der Pachtverträge auseinandergesetzt. Da in vier Jahren die Neuverpachtung ansteht, wollen wir frühzeitig mit unseren Pächtern Gespräche führen, welchen ökologischen Weg wir gemeinsam gehen können. So möchten wir den Einsatz von Pestiziden noch deutlicher regeln als bisher.

Unser Beitrag zum Kirchentag 2021

Unsere GWÖ-Bilanz werden wir erstmalig auf dem Ökumenischen Kirchentag im Mai 2021 in Frankfurt präsentieren und dort unser Testat erhalten. Eine Gruppe unserer Gemeinde freut sich darauf, dort mit anderen ins Gespräch und in den Austausch zu gehen. Wir wollen ein Leuchtturmprojekt sein – ein Leuchtturm, der ein Orientierungslicht ist auf dem Weg, die Erde unter den Füßen wieder wahrzunehmen. Es gefällt uns, wie auf dem Weg der Bilanzerstellung immer mehr Menschen verstehen, worum es wirklich geht und was die GWÖ für unseren Alltag bedeutet. Gelebte Werte der Gemeinwohl-Ökonomie sind gleichzeitig christliche Werte. Es freut uns, wenn möglichst viele Menschen über diese Aspekte nachdenken und demnächst vielleicht sich selbst und anderen eine Antwort geben können auf die Frage: Braucht es noch Kirche im Dorf?

Über die Autorin
Gerlinde Lamberty
Dipl. Pädagogin, seit 18 Jahren Coach und Beraterin für lebendige Organisationen, seit 2018 zertifizierte Beraterin Gemeinwohl-Ökonomie, lebt in Wetter-Oberrosphe.

Effektiv miteinander

Umwelttechnik

**Christoph Fischer GmbH
EM-Chiemgau**

2019:

30 Mitarbeitende

21,6 % Vollzeitäquivalente

70 % Eigenprodukte

5,1 Mio. Euro Umsatz (netto)

www.em-chiemgau.de

„Was kann ich tun?" Genau diese Frage hat sich Christoph Fischer von EM-Chiemgau vor über 25 Jahren gestellt und seitdem setzt er sich für neue Wege ein, die unser Miteinander verbessern.

Beim Blick über den Tellerrand zeigen sich manchmal Lösungen, die überraschend einfach sind. In den 1990er Jahren kam er erstmals mit effektiven Mikroorganismen (EM) in Kontakt. Durch deren positive Eigenschaften blüht der Garten auf, die Umwelt wird nicht durch aggressive Reinigungsmittel belastet, die Landwirtschaft arbeitet nahezu geruchsfrei und der Boden wird nachhaltig verbessert. Der Anfang war dennoch schwierig. Die Notwendigkeit, etwas zu ändern, haben viele noch nicht gesehen. Das Bewusstsein für Natur und Umwelt war ein anderes. Mit Beharrlichkeit und Ausdauer, Informationsveranstaltungen und Beratungen schärfte Christoph Fischer die Erkenntnis und den Mut bei Landwirten, andere Wege zu gehen. Die ersten Erfolge waren schnell sichtbar und überraschten. Denn nicht nur die Böden verbesserten sich, sondern auch die Tierarztkosten konnten massiv gesenkt werden. Grund dafür war die Qualitätsverbesserung des Grundfutters und damit die Steigerung der Tiergesundheit.

Problemlöser „Effektive Mikroorganismen"

Von Anfang an spielte die Landwirtschaft für den Familienbetrieb eine zentrale Rolle. Nach und nach kamen weitere Anwendungsgebiete wie Garten, Gewässer, Reinigung, Wohlfühlprodukte zur Stärkung des Immunsystems und Kosmetik hinzu. Die Produktion wuchs aus ihren Kinderschuhen heraus. Moderne Anlagen hielten Einzug, um den Anforderungen nach qualitativ hochwertigen Produkten gerecht zu werden. Mittlerweile werden circa 35 eigene EM-Produkte in Stephanskirchen/Högering hergestellt: vom probiotischen Reiniger mit hoher biologischer Abbaubarkeit über Bodenhilfsstoffe und Pflanzenstärkungsmittel bis hin zu zertifizierten Futtermitteln. EM-Chiemgau legt großen Wert auf regionale und biologische Zutaten. Die meisten Produkte sind bio-zertifiziert.

Den Erfahrungsschatz weitergeben

Christoph Fischer und seine Frau Annerose geben ihr Wissen in vielen Seminaren und Workshops weiter. Aus diesem Engagement heraus entstanden viele Aktivitäten, die einen bereichernden Erfahrungsaustausch möglich machen.

Neue Wege in der Landwirtschaft

Zusammen mit regionalen Landwirten entwickelte Christoph Fischer das „*Rosenheimer Projekt*". Das Projekt schafft ein Bewusstsein bei den Landwirten, andere Wege zu gehen und die Wertschätzung für das eigene Handeln zu stärken. Miteinander kann mehr bewegt werden und es entstehen neue Synergien. In über 17 Jahren hat dieser gemeinsame Austausch die ökologische und ökonomische Gesamtsituation der teilnehmenden Betriebe deutlich und dauerhaft verbessert.

Effektive Mikroorganismen, kurz EM, sind eine Mischung aus verschiedenen Bakterienstämmen, die zusammen eine Gemeinschaft bilden. EM kommen in allen Bereichen des Lebens zum Einsatz: Haushalt, Garten, Kosmetik, Landwirtschaft u. v. m. Die Mikroorganismen schaffen ein positives Milieu in ihrem Lebensraum und wirken u. a. antioxidativ, regenerativ und energetisch.

Bis 2016 war EM-Chiemgau über sechs verschiedene Standorte verteilt. Mit der Zusammenführung von Verwaltung, Laden, Herstellung und Lager wurde vieles einfacher.

Die Gemeinschaft „*Rosenheimer Projekt*" wächst stetig und vereint mittlerweile circa tausend Landwirte.

Hier sitzen konventionell arbeitende mit Bio-Landwirten an einem Tisch. Ziel ist es, einen Denkanstoß zu geben: Jeder einzelne Bereich im Wirtschaftskreislauf sollte ständig optimiert werden, um das Mikrobiom (das Zusammenspiel aller Mikroorganismen in und auf einem Organismus) der Tiere, im Futter, im Stall, im Wirtschaftsdünger, im Boden und auf den Kulturen zu stärken. So gesunden nach und nach alle Bereiche. Das fängt bei der Gülle an und endet bei den Inhaltsstoffen der eigenen Produktionsgüter.

Fruchtbare Kooperation im Weinberg

Die Zusammenarbeit zwischen Familie Vierthaler und Familie Fischer besteht schon seit Jahren und entstand aus einer Not heraus: Aufgrund einer allergischen Reaktion nach der Arbeit im Weinberg begannen die Winzer über ihre Art der Bewirtschaftung nachzudenken. Sie suchten die Ursache und begannen, den Weingarten mithilfe des *„Rosenheimer Projekts"* umzustellen. Seit 2009 setzen sie EM, Pflanzenkohle und Gesteinsmehl erfolgreich ein. Fermentierte Organik (Bokashi-Trester) wird zurück in den Weingarten gegeben und EM wird zur Pflanzenstärkung gespritzt. Zuvor war der Wein der Vierthalers in der Winzereigenossenschaft Alde Gott mit dem anderer Winzer gemischt worden. Nun erreichte ihr Rebensaft eine andere Qualitätsstufe und der *„EM-Kostbarkeiten"*-Wein wird gesondert abgefüllt.

Verantwortungsvolles Handeln durch Zivilcourage

Christoph Fischer gründete 2006 gemeinsam mit 40 Landwirten aus der Region die Initiative *„Zivilcourage Rosenheim – freie Bauern und Bürger AG gegen Agro-Gentechnik".* Die Arbeitsgruppe agiert unabhängig von jeglicher politischen Vereinigung und sonstigen Verbänden oder Gruppierungen. Ziel war und ist es, die Bevölkerung über die Gefahren der Agro-Gentechnik zu informieren und Widerstand zu leisten. In einem Jahr wurden fast 150 Vorträge zu den Risiken der Gentechnik veranstaltet. Die Bewegung verbreitete sich und in Deutschland gründeten sich in 32 Landkreisen Gruppen unter dem Motto *„Agro-gentechnikfreier Landkreis".* In Österreich machten sogar vier Bundesländer mit. Viele dieser Gruppen sind bis heute aktiv.

Die Bürger AGen betrieben aktive Aufklärungsarbeit und die Mobilisierung hatte Erfolg: Im April 2009 wurde vom Bundeslandwirtschaftsministerium als erster wichtiger Schritt der Anbau vom gentechnisch veränderten Mais MON810 verboten – unter sichtbarer Irritation der Konzerne! Im Laufe der Jahre folgten weitere Veranstaltungen mit renommierten Sprechern wie Percy Schmeiser, Landwirt und Saatgutzüchter aus Kanada.

Höhepunkt der Zivilcourage-Veranstaltungen war 2009 der Besuch der Trägerin des Alternativen Nobelpreises Dr. Vandana Shiva in Rosenheim. Zu dieser Veranstaltung reisten rund 4.000 Besucher an.

Effektive Mikroorganismen erlebbar machen

2006 rief das Unternehmen die *„EM-Tage"* ins Leben, ein Wissenssymposium rund um die Themen Effektive Mikroorganismen und Nachhaltigkeit: spannende Vorträge, praxisnahe Workshops und ein bunter Markt mit zahlreichen Ausstellern im Zwei-Jahres-Turnus. Die EM-Tage stehen im Zeichen des Wissenstausches, denn *„Unser Wissen ist ein Schatz, der sich vermehrt, wenn wir ihn teilen"*, so Christoph Fischer. Sie bieten Landwirten und weiteren Produzenten eine Plattform, um ihre mit EM produzierten Produkte zu präsentieren und über ihre Erfahrungen zu sprechen.

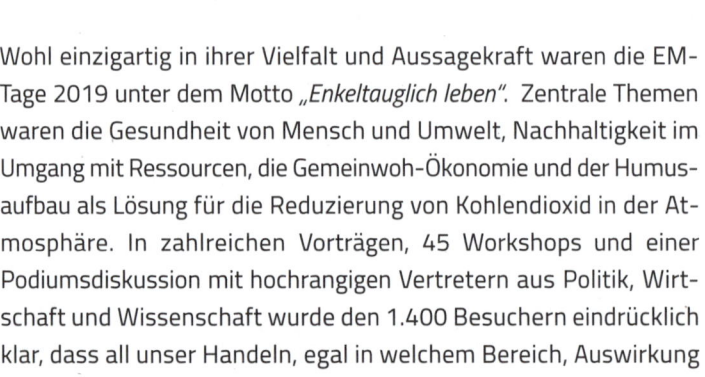

Bei den EM-Tagen konnten sich Besucher über Produkte und Anwendungen informieren. Aussteller wie die Regionalwährung „Chiemgauer", die Gemeinwohl-Ökonomie oder ein EM-Winzer zeigten viele inspirierende Wege auf.

Wohl einzigartig in ihrer Vielfalt und Aussagekraft waren die EM-Tage 2019 unter dem Motto *„Enkeltauglich leben"*. Zentrale Themen waren die Gesundheit von Mensch und Umwelt, Nachhaltigkeit im Umgang mit Ressourcen, die Gemeinwoh-Ökonomie und der Humusaufbau als Lösung für die Reduzierung von Kohlendioxid in der Atmosphäre. In zahlreichen Vorträgen, 45 Workshops und einer Podiumsdiskussion mit hochrangigen Vertretern aus Politik, Wirtschaft und Wissenschaft wurde den 1.400 Besuchern eindrücklich klar, dass all unser Handeln, egal in welchem Bereich, Auswirkung auf die nächsten Generationen hat.

Für eine enkeltaugliche Zukunft – positerra

Einen weiteren Beitrag zum Klima- und Umweltschutz leistet Christoph Fischer als Mitbegründer von *positerra*. Dieses Start-up entwickelt Lösungen zur CO_2-Bindung durch Humusaufbau mit einer Nachhaltigkeitsberatung für Landwirte. Der Aufbau von

Humus zur CO_2-Kompensierung ist bisher ein stiefmütterlich behandeltes Thema. Positerra hilft Landwirten, nachhaltig zu wirtschaften. Gleichzeitig bietet es Unternehmen die Möglichkeit, ihre Emissionen durch den Erwerb von Humusprämien zu kompensieren. Und schließlich eröffnet es Landwirten die Möglichkeit, Prämien dafür zu erhalten, dass sie Humus aufbauen, CO_2 im Boden fixieren und so einen aktiven Beitrag zum Klimaschutz leisten. Das ist ein weiterer Schritt in Richtung enkeltaugliche Zukunft, die dem Gemeinwohl der gesamten Gesellschaft dient. Auch wenn das Unternehmen als GmbH angelegt ist, besteht keine Gewinnerzielungsabsicht. Die Gewinne werden zur Förderung einer humussteigernden Landbewirtschaftung verwendet, zum Beispiel für Fortbildungen von Landwirten oder die Teilnahme an Forschungsvorhaben.

Gemeinsames Lernen aus der Praxis und Kooperation eröffnen Wege für eine Zukunft im Sinne unserer Umwelt.

Effektiv miteinander – Gemeinwohl-Ökonomie

Das Motto *„Effektiv miteinander"* wird bei EM-Chiemgau schon immer gelebt. Ziel war und ist es, einen Beitrag zum verantwortungsvollen Umgang mit Ressourcen zu leisten und gemeinsame Potenziale zu nutzen. Daher war der Schritt zur Gemeinwohl-Ökonomie (GWÖ) eine logische Schlussfolgerung. Doch schon Jahre zuvor gab es Berührungspunkte. So sprach Gründungsmitglied der GWÖ Christian Felber 2013 bei den EM-Tagen auf der Fraueninsel am Chiemsee. Von seinen Ideen und Forderungen inspiriert, fasste das Unternehmen einige Jahre später den Beschluss, selbst die Zertifizierung als GWÖ-Unternehmen anzustreben.

In den vergangenen Jahren hat EM-Chiemgau mithilfe der GWÖ-Bilanzierung zahlreiche Maßnahmen umgesetzt, die die Mitarbeiterzufriedenheit, die Produktqualität und viele weitere Bereiche steigerten. Regelmäßig besucht Christoph Fischer GWÖ-Veranstaltungen, trifft Unternehmer und nimmt aktiv am Wissensaustausch innerhalb der GWÖ-Gemeinschaft teil. Auch außerhalb dieser Gemeinschaft trägt er ihre Gedanken weiter.

In regelmäßigen Intervallen finden Lehrfahrten mit Vorträgen, Führungen und intensivem Erfahrungsaustausch für die Mitarbeiter*innen und Kund*innen statt.

Das Gemeinwohl vorantreiben

2018 erschien der erste, mit viel Engagement erstellte Gemeinwohl-Bericht. Alles begann mit einer Workshopreihe mit unterschiedlichen Unternehmen aus der Region. Die verschiedenen Felder der GWÖ-Matrix wurden intensiv angeschaut und auf Potenziale hin untersucht. Es gab immer wieder Aha-Erlebnisse. Mithilfe der Bilanzierung konnte EM-Chiemgau den Ist-Zustand reflektieren und

Konsequenzen ziehen. Durch diesen Prozess verankerte sich das Thema Gemeinwohl im täglichen Handeln und in der Unternehmensphilosophie. Alle Mitarbeitenden wurden mit ins Boot geholt, was schnell zu einer verbesserten Arbeitssituation führte. Transparenz war auch schon vor der Gemeinwohl-Bilanzierung ein wichtiger Aspekt in der Mitarbeiter*innenkommunikation. Die Geschäftsführung informiert in Blitz-Treffen, bei Workshops oder Lehrfahrten über Neuerungen und die aktuelle Situation im Unternehmen.

Veränderungen für eine enkeltaugliche Zukunft

Ein wichtiger Schritt war die Umstellung von Kunststoffverpackungen auf Papier für mehrere Produkte. Im Ladengeschäft sind die Plastiktüten schon lange gewichen und wurden durch Stoff- und Steintaschen ersetzt. Etiketten werden vorwiegend auf Papier gedruckt, die Klebebänder für den Versand bestehen aus Papier mit eingearbeiteten Seidenfäden, und das Füllmaterial stellt das Unternehmen selbst aus den gelieferten Transportverpackungen her. Durch eine günstigere Preisgestaltung wird der Kauf von sogenannten Bag-in-Box-Systemen gefördert. Das flüssige EM-Produkt wird dabei unter Vakuum in einen Kunststoffbeutel gefüllt, der von einer Kartonbox mit Auslaufhahn umschlossen ist. Mit dieser Verpackungsart werden im Vergleich zu Kanistern etwa 80 Prozent Kunststoff eingespart, und Kunststoff und Pappe können getrennt entsorgt werden. Eine weitere Veränderung war die Umstellung der 1-Liter-Flaschen aus recyceltem Kunststoff.

Eine ergonomische Verpackstation entlastet die Mitarbeiter*innen.

Das Wirken der Gemeinwohl-Bilanz

Mitarbeiter*innenförderung
- Lehrfahrten zum gemeinsamen Lernen aus der Praxis durch Mitarbeiter*innenschulungen an anderen Orten
- Jobrad – Förderung des ökologischen Mobilitätsverhaltens der Mitarbeitenden durch firmenunterstützte Finanzierung
- Anlegen von Pflanzbeeten für Mitarbeiter*innen
- Möglichkeit, E-Autos und E-Bikes am Standort aufzuladen
- Weiterführung des Angebots zur Behandlung durch eine Physiotherapeutin/Osteopathin im Betrieb
- Packstraße, um körperliche Belastungen von Mitarbeitenden zu reduzieren

Nachhaltiges Handeln
- Aufbau eines internen Labors zur Qualitätssicherung
- Herstellung aller Eigenprodukte ausschließlich mit Bio-Zuckerrohrmelasse statt konventionell erzeugter Zuckerrohrmelasse
- Berechnung des CO_2-Fußabdrucks für die Firma und ausgewählte Produkte
- Umstellung von Plastikdosen auf Pappdosen

Zertifizierung
- Ecocert-Zertifizierung der Produkte EM-Mikrorein, EM-blond, EM-Spüli, Stallreiniger, Sauerstoffbleiche, Kalklöser als ökologische Reiniger

Verantwortung regional wahrnehmen
- Anlage eines Bio-Kräutergartens und Bienenweide mit 4.000 vorgekeimten Blühpflanzen
- Wechsel zu einer ethischen Bank
- Teilnahme am Projekt *Klimabonus,* um einen klimafreundlichen Einkauf zu fördern und CO_2 zu reduzieren
- Einführung der EM-Kostbarkeiten wie Wein von Alde Gott und Schwarzer Knoblauch
- Defibrillator mit selbsterklärender Anleitung wurde am Firmenstandort öffentlich zugänglich für Anrainer und Nachbarfirmen aufgestellt

Über die Autorin
Judith Zahn
Dipl. Betriebswirtin und Mental Coach, Begleiterin und Moderatorin im Chance-Management-Prozess zu einer werteorientierten Organisationseinheit mit Freude, mit Leichtigkeit, mit Sinn. Wohnhaft in Traunreut in Oberbayern.

„Unsere Mission ist es zu sensibilisieren und zu motivieren. Und zwar für die wichtigsten Themen unseres Lebens."
www.em-faktor.de

Tue Gutes und rede darüber

Kommunikation

em-faktor
Die Social Profit Agentur

2003 gegründet

Geschäftsstellen in Stuttgart (Hauptsitz) und Frankfurt

17 Mitarbeitende

5 Leistungsbereiche
- Campaigning & Strategie
- Corporate Design & Branding
- Interactive & Web
- Fundraising & PR
- CSR & Nachhaltigkeit

www.em-faktor.de

„Als ich 2006 anfing, ist mir ein Anfängerfehler unterlaufen, und ich habe ihn – Ärger erwartend – den Chefs gestanden. Die Reaktion hat mich sehr erstaunt. Statt Vorhaltungen wurden mir drei Fragen gestellt: ‚Okay, was können auch die anderen daraus lernen? Was können wir als Team für das nächste Mal mitnehmen? Und was würdest du vorschlagen, was wir zusammen tun können, um den Schaden zu begrenzen?' Das hat mich damals wirklich begeistert. Eine angstfreie Unternehmenskultur mit Gestaltungsspielraum. Das war neu."

„Gute Kommunikation verändert die Welt", heißt es auf der Homepage von em-faktor. Mitarbeiterin Judith Feeser erklärt mit ihrer kleinen Anekdote, wie man auch im Unternehmen selbst auf gute Kommunikation achtet. Doch was macht em-faktor eigentlich genau?

Judith Feeser
Unit-Leiterin Campaigning & Strategie

Typische Kunden sind Stiftungen und Hilfsorganisationen, kommunale Unternehmen, aber auch Banken, soziale Träger, Kirchen, Institutionen und Behörden. Die Themen: Gesundheit und Pflege, Erziehung und Bildung, ethisches Wirtschaften, Gesellschaft und Gerechtigkeit, Natur und Umwelt, Integration und Inklusion. Deutlich machen lässt sich die Arbeit von em-faktor am besten an Beispielen.

Die Bundeszentrale für gesundheitliche Aufklärung (BZgA) trägt maßgeblich zur gesundheitlichen Aufklärung und Prävention in Deutschland bei. Sie versorgt in Zeiten des Coronavirus die Bürger*innen mit qualitätsgesicherten Informationen. em-faktor unterstützte die BZgA, indem sie beispielsweise Anleitungen für die Kommunikation mit Angehörigen über Videochat entwickelte. Sie machte über Banner und Google Ads auf das Angebot der BZgA aufmerksam und ermöglichte tagesaktuelle Informationen für Raucher*innen.

Kunde von em-faktor ist auch der Evangelische Verein für Innere Mission in Nassau, der mit rund 2.500 Beschäftigten in mehr als sechzig sozialen Einrichtungen Menschen mit Beeinträchtigungen in allen Altersstufen betreut. Für diesen Verein wurde eine neue Website für den Dachverband entwickelt, außerdem eine Kampagne, um Mitarbeiter*innen zu gewinnen.

Oder die Sparda-Bank München: em-faktor beriet sie bei der Erstellung ihrer Gemeinwohl-Bilanzen und gestaltete Broschüren und Flyer.

em-faktor zieht die „richtigen" Mitarbeiter an

em-faktor-Mitarbeiter David Plocher: „Ich wollte nicht einfach nur Werbung für einen Konzern machen, sondern Menschen helfen. Bei em-faktor konnte ich sinnstiftend arbeiten und gleichzeitig viele Facetten des Berufs kennenlernen. Meine Tätigkeit bestand in der Konzeption und Gestaltung von Webseiten für soziale Träger. Das hat mir viel Freude bereitet. Das Team war super, ich hatte viel Eigenverantwortung."

David Plocher
Art Director Interactive

Beate Wallner, langjährige Mitarbeiterin, formuliert es so: „Meine beiden Studiengänge an der Hochschule der Medien befähigen mich, die Schnittstelle zwischen Kundenwunsch, Kreation und Produktion auszufüllen. Hinzu kam, dass ich mich mit den Aufgaben auch inhaltlich identifizieren konnte. Mich hier einzubringen bedeutet für mich bis heute, dass ich etwas bewirken kann, was gesellschaftlich relevant ist. Das macht mich wirklich glücklich. Es ist in gewisser Weise ein Luxus."

Beate Wallner
Unit-Leiterin Corporate Design & Branding

Einen Wermutstropfen gibt es auch: Das Gehalt für die Mitarbeiter*innen bei einer derartigen Agentur ist niedriger als bei Werbeagenturen, die Mainstream-Produkte wie Autos oder Handys zum kommerziellen Erfolg bringen sollen.

David Plocher gibt zu: *„Frustriert haben mich manchmal die oft niedrigen Budgets der Kunden. Diese lassen dann wenig Spielraum für neuartige Ideen. Aber das ist in diesem Sektor nun mal so."* Auch Judith Feeser bestätigt, dass die Gehälter im Vergleich zu anderen Branchen höher sein müssten.

Kommunikationsspezialist im sozialen Bereich

2003 hatte em-faktor-Gründer und Eigentümer Dr. Oliver Viest die Idee, eine Agentur ins Leben zu rufen, die Unternehmen und Organisationen aus dem sozialen Umfeld unterstützt. Für ihn war klar: Das Wichtigste für diese Unternehmen ist eine gute Kommunikation. Sie gibt Mitarbeiter*innen Sicherheit und Orientierung, und nach außen stellt sie das, was die Organisation tut, angemessen dar, sensibilisiert und motiviert. Gute Kommunikation wirkt sich auf alle aus: auf die Klienten, Patienten oder Kunden, die durch Mitarbeiter*innen des Unternehmens betreut werden.

„Wir haben em-faktor gegründet, um Organisationen zu helfen, eine wirksame Kommunikation zu führen. Ohne Wachstumsdruck und mit der Lust am Gestalten. Das ist unser Anspruch geblieben."

Dr. Oliver Viest
Geschäftsführer em-faktor

Ein Spezialist für *„Kommunikations-Dienstleistung"*, das war das Ziel, das Oliver Viest verfolgt hat. Welche Faktoren sind für gute Kommunikation besonders wichtig?, fragte er sich. Empathie muss vorhanden sein, positive Emotionen sollten erzeugt werden, mit Emphase (Nachdruck in der Rede) sollte die Botschaft rüberkommen und die Angesprochenen sollten sich dadurch gestärkt fühlen (Empowerment). So wurde die Silbe namensgebend und zum Qualitätsprinzip.

Arbeitsorganisation der Freiwilligkeit

Viest verteilt Kundenaufträge nicht von oben nach unten, sondern stellt sie als Aufgaben bereit und fragt: Wer kann und möchte das machen? Wer übernimmt die Verantwortung? Ein ganz natürlicher Prozess, den er aus seiner Freiberufler-Tätigkeit kennt. *„Und das ist für mich Freiheit: selber entscheiden, was ich mache und was nicht. Es kann auch sein, dass das niemand machen will, dann ist es so. Dann werden wir diesen Bereich nicht weiterentwickeln."*

Das Unternehmen em-faktor ist allmählich gewachsen. Seit der Gründung im Jahr 2003 ist etwa jedes Jahr ein*e Mitarbeiter*in hinzugekommen. Heute sind es siebzehn – alle in Festanstellung, zumeist in Teilzeit. Sie ist mit vierzig bis achtzig Prozent der Vollarbeitszeit möglich und wird gerne angenommen.

Spielräume werden genutzt

Die Lebensentwürfe der Mitarbeitenden zeugen von den besonderen Spielräumen. David Plocher hat seinen ersten Job nach dem Studium bei em-faktor nach zwei Jahren *„unterbrochen"*, um auf eine Art Arbeits-Weltreise zu gehen. Mit einem Kumpel und Hinweisen von Websites über Work & Travel ist er über die Schweiz und Frankreich nach Spanien gezogen, um im Winter noch tiefer in den Süden zu kommen. Dabei wollen sie immer so ökologisch wie möglich leben und reisen. In Spanien halfen sie nicht nur manchem Gastgeber bei der Website-Pflege, sondern auch ganz praktisch beim Kinderhüten oder in der Landwirtschaft. Seinen Job bei em-faktor wollte er nicht *„reserviert"* wissen, weil er seine Reisedauer, ja nicht einmal seine Arbeits-Wiederaufnahme bei em-faktor fest planen will. Im Interview spüre ich: Ein junger Mann genießt das Leben und nutzt die Freiheiten; gleichzeitig wird deutlich, wie verantwortungsvoll er mit diesem Geschenk umgehen möchte.

Judith Feeser hat in ihrer langjährigen Tätigkeit für em-faktor mehrfach den Wohnort gewechselt, ist em-faktor aber immer treu geblieben. Als Mutter von drei Kindern hat sie auch mal Elternzeit genommen, mal mehr, mal weniger gearbeitet. Die Möglichkeit, einen Großteil ihrer konzeptionellen Arbeit auch von zu Hause aus erledigen zu können und die vielfältigen Erfahrungen mit Kommunikationsaufgaben im sozialen Bereich waren für sie wichtige Argumente. Überhaupt: Die Familienfreundlichkeit, das Abwechslungsreiche und auch das sehr Kommunikative – es wundert nicht, dass bei em-faktor der Frauenanteil über sechzig Prozent liegt.

> *„Ich kannte einige, die ihre Jobs verloren haben mit dem ersten Kind. Das war bei mir definitiv nicht so. Sondern es war von Anfang an klar, ich werde gefragt, was ich will. Du willst weiter für uns arbeiten, das ist toll. Dann gucken wir, dass es passend gemacht wird."*
>
> Judith Feeser
> *Unit-Leiterin Campaigning & Strategie*

Oliver Viest lebt einen partizipativen Führungsstil und erlaubt seinen Mitarbeiter*innen volle Mitwirkung bei der Arbeitszeitgestaltung, und bei Alltagsfragen des Unternehmens, der Ablauforganisation von Meetings und bei Personalentscheidungen in den Units. Abstimmungen erfolgen in der Regel nach dem Prinzip des *„Systemischen Konsensierens"*, das diejenigen Entscheidungen bevorzugt, gegen die es unter den Beteiligten am wenigsten Widerstand gibt. Auch was die Kennzahlen des Geschäftsbetriebs betrifft, sorgt Viest für größtmögliche Transparenz. So kann er die Höhe des jährlichen Gewinns (der anteilig an alle ausgeschüttet wird) auch als gemeinsames Steuerungsinstrument nutzen. Bei einigen Fragen wie dem Außenauftritt oder der Finanzierung des Unternehmens holt er zwar den Rat der Mitarbeitenden ein, behält sich aber die Entscheidung vor.

Vor ein paar Jahren, anlässlich des Ausscheidens seines zweiten Gesellschafters, versuchte Viest unter den Mitarbeitenden weitere Gesellschafter zu gewinnen. Ein langjähriger Mitarbeiter beteiligte sich daraufhin an einer Unit und wurde somit zum Seniorpartner. Doch in die Eigentümer*innenrolle mochte sonst niemand. So sind wohl alle recht zufrieden mit der aktuellen Firmenorganisation, dem „Chef auf Augenhöhe" und den eigenen Möglichkeiten.

Im Laufe der Jahre hat em-faktor für über zweihundert Kunden Kommunikationsdienstleistungen erbracht. Durchschnittlich viereinhalb Jahre lang begleitet diese Agentur ihre Kunden. Das spricht für die gute Akzeptanz der Leistungen. Um die Menge von unterschiedlichen Kommunikationsaufgaben für ihre Kunden zu strukturieren, existieren derzeit fünf „Units", die sich um Fachdisziplinen wie das Campaigning, das Corporate Design, die Online-Kommunikation, das Fundraising und die Nachhaltigkeitskommunikation kümmern. In letzterer werden Unternehmen bei der Gemeinwohl-Bilanzierung begleitet und die Berichte gleich mit erstellt.

Die Gemeinwohl-Bilanz

em-faktor hat bereits 2012 eine eigene GWÖ-Bilanz erstellt. In der aktuellen wurden folgende Aspekte besonders herausgestellt:

- **Fairplay im Umgang mit Kunden**
  Transparenz und Vertrauen, hohe Wertschätzung, regelmäßiges Feedback und ein eigener Ethik-Kodex.

- **Umwelt und Gesellschaft**
  Das Unternehmen ist seit vielen Jahren klimaneutral, Büro und Arbeitsplätze werden laufend ökologischer gestaltet, z.B. möglichst papierlos, LEDs, langlebige Möbel, Open Source Software; Wege: Bus, Bahn, Rad und Homeoffice statt Auto oder Flugzeug.

- **Social-Profit-Prinzip**
  Jedes Projekt muss in mindestens ein Nachhaltigkeitsziel (SDG) der Vereinten Nationen einzahlen und schafft somit gesellschaftlichen Mehrwert.

- **Arbeiten auf Augenhöhe**
  keine betriebswirtschaftlichen Geheimnisse, stärkenorientiertes Arbeiten, „Kopf an – Hierarchie aus", größtmögliche Freiheit und Eigenverantwortung.

Das Social-Profit-Manifest

Folgenden Aktionstext publiziert em-faktor auf seiner Website:

„Das Social-Profit-Manifest dient zur Abschaffung der weit verbreiteten Bezeichnung Non-Profit-Organisation. Es ist an der Zeit, die Bezeichnung von unserer Agenda zu streichen und sie durch Social-Profit-Organisation zu ersetzen.

Liebe Kolleg*innen aus Stiftungen, sozialen Trägern, Organisationen, Verbänden, Vereinen und Initiativen, Sie sind die größten Arbeitgeber*innen des Landes und gestalten die Gesellschaft, in der wir leben, auf die vielfältigste Art. Mit Ihrer Arbeit schaffen Sie jeden Tag beachtliche soziale Werte. Ihr Ziel ist nicht der monetäre Gewinn, sondern der Gewinn für die Menschen in unserer Gesellschaft.

Von Ihrer Arbeit profitieren wir alle. Unsere Welt ist durch Ihren Einsatz eine menschlichere Welt. Sie sind keine Lückenfüller unserer Gesellschaft, die entschuldigend vor sich hertragen müssen, dass Geldvermehrung nicht zur DNA Ihrer Organisation gehört. Lassen Sie sich daher nicht länger als Non-Profit-Organisationen bezeichnen. Sie sind vielmehr Social-Profit-Organisationen!

Wir wünschen uns, dass es auf dieser Welt bald nur noch Organisationen und Unternehmen gibt, deren primäres Ziel es ist, sozialen Nutzen zu generieren – statt ausschließlich den monetären Gewinn zu maximieren. Wir brauchen Organisationen und Unternehmen, die die Welt lebenswert und liebevoll gestalten und die zum Gemeinwohl beitragen: Social-Profit-Organisationen.

Liebe Social Entrepreneurs in Sozialunternehmen, finden auch Sie sich unter diesem neuen Begriff ein. Lassen Sie so ein übergreifendes Ethos des Wirtschaftens entstehen und den sozialen Profit zur Maxime unseres Handelns und unserer Sprache werden.

Jede einzelne Organisation und jedes einzelne Unternehmen kann beim Umdenken mithelfen. Stellen Sie um!"

Über den Autor
Dr. Karsten Hoffmann
Dipl. Math., Dr.-Ing., 10 Jahre Unternehmensberatung (IT-Projekte), 20 Jahre selbstständig als Projektmanager (PM) und PM-Trainer, seit 2019 GWÖ-Berater, lebt in Freiburg im Breisgau.

Überzeugt und unbeirrbar

Grafisches Gewerbe

Druckwerkstatt der grafischen Künste – Buchbinderei Fuchs

1989 von Johann Fuchs und seinem Sohn Christian gegründet, übernahm Christian Fuchs 1999 die alleinige Leitung des Betriebs. Das Unternehmen sitzt in Saalfelden im Bundesland Salzburg und beschäftigt an die zwanzig Mitarbeiter*innen.

Leistungsbereiche

Buchbinderei, Druckerei, Speisekartenproduktion, Kalenderherstellung, Bilderrahmenatelier, iPad-Cases sowie Ausbildungszentrum für traditionelle grafische Handwerkskunst mit allen analogen Druckverfahren. Alles rund ums Papier und buchbinderische sowie künstlerische Weiterverarbeitung.

www.buchbindereifuchs.at

Start mit Gegenwind

In der heutigen Zeit in den Ausbau einer traditionellen Buchbinderei zu investieren, ist durchaus ambitioniert. Das war auch Christian Fuchs klar, der sich im Laufe der vergangenen Jahre immer wieder die Frage stellen musste, wie man das eigene Unternehmen in einer Region abseits großer Ballungszentren wirtschaftlich erfolgreich weiterentwickeln kann. Wie findet man in einem Ort wie Saalfelden im Salzburger Pinzgau Fachkräfte und Auszubildende? Wie attraktiv ist die Region für Mitarbeiter*innen und ihre Familien? Dazu kommt die durch die Digitalisierung und Globalisierung wachsende Konkurrenz. Und doch gab es für Christian Fuchs keine Alternative. Er wollte weder sein geliebtes Handwerk aufgeben noch die Region verlassen, die für ihn und seine Familie eine wesentliche Lebensbasis bildet.

Der ausgebildete Hochbau-Ingenieur war in der Buchbinderei selbst ein Quereinsteiger und hat sich sehr bewusst entschieden, die Herausforderungen anzunehmen. Das bedeutete, ein strategisches Konzept entwickeln zu müssen. Den Traditionsbetrieb hatte er 1989 gemeinsam mit seinem Vater Johann gegründet. Seit 1999 ist Christian Fuchs alleiniger Geschäftsführer der Buchbinderei.

Analoges Handwerk im Zeitalter der Digitalisierung

Aber wie kann man, bei allen Vorteilen der Digitalisierung, die Handwerkskunst erhalten – und das auch noch wirtschaftlich rentabel? Christian Fuchs, ein *„gelernter End-68er"*, hat schon in seiner Jugend nie aufgegeben, sondern einfach andere Wege gesucht. Obwohl er die Frage nach dem *„Wie"* vorerst nicht beantworten konnte, hielt er auch jetzt an seinem Gedanken fest.

Sein erster Schritt: lernen. Um als Quereinsteiger Fuß fassen und Qualität liefern zu können, legte er die Meisterprüfung als Buchbinder ab und absolvierte immer wieder Fortbildungen. Inzwischen hat er selbst schon viele Mitarbeiter*innen in seinem Unternehmen aus- und weitergebildet. Daneben begann er, in anderen Unternehmen ausrangierte Geräte und Maschinen seines Gewerks aufzukaufen – mit dem Hintergedanken, sie wieder auf Vordermann zu bringen und nutzbar zu machen. Manch einer äußerte Bedenken, ob sich eine analoge Druckwerkstatt in Zeiten des allgemeinen Druckereisterbens rentieren kann. Christians Maschinenpark kostete schließlich Geld, auch weil er dafür große Räume benötigte! Niemand konnte sich vorstellen, was aus all dem werden sollte.

Christian Fuchs an der Buchpresse

Nach einer intensiven, einjährigen Planungsphase wurde Anfang 2019 die Erweiterung der Firma mit einer Generalsanierung des über sechzig Jahre alten Gebäudes gestartet. Das Umbauvolumen betrug stattliche 1,1 Millionen Euro. Dabei drohte das Projekt am Ende an Beanstandungen des Bauausschusses der Gemeinde zur Gestaltung der Fassade zu scheitern. Nach vielen *„Lokalaugenscheinen"* und geduldigen Verhandlungen mit den Behörden gab es dann doch grünes Licht zur durchaus umstrittenen, vollflächig blauen Fassade. Für Christian Fuchs war sie wichtig als ein nach außen weithin sichtbares Signal für die Erneuerung.

Eine außergewöhnliche Pressekonferenz

2018. Nach meinem dritten Versuch, das Podium unserer ersten gemeinsamen Pressekonferenz auf vier, maximal fünf Personen zu beschränken, habe ich aufgegeben und laufend weitere Personen dazu notiert. Schlussendlich hatten wir vierzehn Personen am Podium, bei einer überschaubaren Anzahl zu erwartender Journalist*innen eigentlich viel zu viel. Aber Christian war so überzeugt und unbeirrbar. Und vielleicht beruht sein Erfolg ja genau auf diesen Eigenschaften. Das Setting war schon sehr speziell: Vier anwesende Journalist*innen saßen besagten vierzehn Podiumsteilnehmer*innen gegenüber, die sich aufgrund des begrenzten Platzangebotes um einen niedrigen Künstlerarbeitstisch drapierten. Nach meiner Anmoderation übergab ich das Wort an den Gastgeber. Und begann zu staunen.

Christian Fuchs: Unternehmer mit Leidenschaft für das Handwerk

Der Eingang zur Buchbinderei Fuchs – ein virtueller Rundgang auf *www.speisekarten.at* zeigt auch den Blick ins Unternehmen.

Jede einzelne Person auf dem Podium wurde von Christian Fuchs sehr persönlich und wertschätzend vorgestellt – und niemand fragte sich mehr, warum die jeweilige Person anwesend war. Alle Podiumsteilnehmer*innen erzählten ihrerseits, was sie mit der Buchbinderei Fuchs verband, und diese Geschichten waren authentisch, inspirierend und handelten von sich gegenseitig befruchtenden Beziehungen, die teilweise schon über viele Jahrzehnte gelebt worden waren. So die über dreißigjährige Kooperation mit dem Malermeister alter Schule, begnadeten Kunsthandwerker und Fotografen Peter Unterweissacher. Unterweissacher, der sein Atelier im benachbarten Leogang betreibt, hat Christian Fuchs vom ersten Gedanken zum Projekt weg auf vielen Ebenen unterstützt, ob mental in schwierigen Phasen oder beim Aufbau der Dunkelkammer, bei der Ausarbeitung der Fotografien oder auch, physisch zupackend, beim Einrichten der Druckwerkstatt. Das Netzwerk rund um Christian Fuchs strahlte eine Kraft aus, die auch unmittelbar auf die anwesenden Journalist*innen wirkte und zu einer starken Berichterstattung geführt hat. In dieser Pressekonferenz wurde die Gründung der *Druckwerkstatt der grafischen Künste* angekündigt. Sie war so gleichzeitig der Kick-off für eine Crowdfunding-Aktion zur Finanzierung.

Crowdfunding für ein Zukunftsprojekt des Druckhandwerks

Im Rahmen des Umbaus seines Firmengebäudes wurden im ersten Stock 250 Quadratmeter Platz geschaffen und die neue Druckwerkstatt eingerichtet. Dort bietet Christian seither Künstler*innen und Grafiker*innen und Handwerksliebhaber*innen die Möglichkeit, die alten analogen Geräte und das historische Werkzeug für eigene Projekte zu nutzen. Als weitere Nutzungsmöglichkeit wird der Raum samt Geräten für Seminare, Schul- und Firmenveranstaltungen zur Verfügung gestellt, für spezielle Team- und Lernerfahrungen in einem kreativen Ambiente. Die Crowdfunding-Aktion für die *Druckwerkstatt der grafischen Künste* wurde in Kooperation mit der Genossenschaft für Gemeinwohl abgewickelt, die ausschließlich gemeinwohlgeprüfte Projekte unterstützt. So konnte die Gemeinwohl-Community österreichweit erreicht werden. Zusammen mit dem über Jahre aufgebauten und gepflegten fuchs'schen Netzwerk gelang es, die gewünschte Summe aufzutreiben.

Die Druckvorlage für den Crowdfunding-Flyer wurden aus Blei- und Holzbuchstaben gesetzt.

So wie die Buchblöcke mit einem Faden verbunden werden, sind bei der Buchbinderei Fuchs die ökologischen und sozialen Aspekte des Unternehmens über die Gemeinwohl-Matrix eng miteinander verwoben.

Positive ökologische und soziale Bilanz

Die Buchbinderei Fuchs zählt zu den Gemeinwohl-Pionierunternehmen und hat bereits 2013 die erste freiwillige Gemeinwohl-Bilanz erstellt und veröffentlicht. Christian Fuchs hat den Umbau seines Betriebsgebäudes auch in Kooperation mit den Energieberatern des Umweltservice Salzburg gestartet und ein eigenes Energieeffizienzkonzept für den Umbau des Betriebsgebäudes erarbeiten lassen. Mit der Photovoltaikanlage auf dem Dach werden nun achtzig Prozent des eigenen Strombedarfs gedeckt. Fast alle Leuchtmittel wurden auf LED umgestellt. Eine der positiven Auswirkungen durch die Photovoltaikanlage auf dem Dach des Firmengebäudes ist die enorme CO_2-Ersparnis von 19,34 Tonnen, was umgerechnet etwa 130.000 nicht gefahrenen Kilometern oder einer Menge von 496 nicht gefällten Bäumen entspricht (lt. Solar-APP-Anzeige). Zusätzlich wurde eine e-Ladestation für E-Bikes und E-Autos installiert, die täglich genutzt wird. Durch die Umstellung der Heizanlage von Öl auf Pellets werden nun statt 15.000 Liter Heizöl umweltfreundlichere vierzehn Tonnen Pellets im Jahr verheizt.

Darüber hinaus wurde beim Umbau, wo es möglich war, Hanfdämmung angebracht. Christian arbeitete mit regionalen Handwerksbetrieben aus dem Pinzgau, vereinzelt auch aus dem angrenzenden Bundesland Tirol, zusammen. Die Dämmung und ein Fenstertausch bewirkten auch ein verbessertes Raumklima und damit angenehmere Arbeitsbedingungen für die Mitarbeiter*innen.

Der neue Aufenthaltsraum mit Dachterrasse und Gemüsebeeten für die firmeneigene Mitarbeiterküche lädt zu erholsamen und geselligen Pausen ein. Die Mitarbeiter*innen nutzen diesen Bereich für regelmäßige, selbstorganisierte Mittagstische und erholsame Arbeitsunterbrechungen.

Mitarbeiterin zur Gemeinwohlbeauftragten qualifiziert

Parallel zur Planung des Umbaus seines Firmengebäudes startete Christian Fuchs 2018 auch die Rebilanzierung seiner Gemeinwohl-Bilanz. Diesen zweiten Bilanzierungsprozess habe ich begleitet. Christian bat mich, drei Mitarbeiter*innen seines Unternehmens mit der Gemeinwohl-Ökonomie näher vertraut zu machen. Christina, Victoria und Patrizia haben sich unglaublich interessiert und engagiert gezeigt und den Prozess damit fruchtbringend bereichert. Unsere Workshops hielten wir in der Halle ab, in der die alten Druck- und Grafikmaschinen zwischengeparkt waren, die für das Zukunftsprojekt gedacht waren. Dieses Ambiente mit den alten *Heidelbergs & Co* hat der Arbeit einen sehr speziellen Touch verliehen. Und eine der jungen Damen, Victoria, fing derart Feuer an der Gemeinwohl-Ökonomie, dass sie – von Christian Fuchs unterstützt – die Chance nutzte, am ersten universitären Masterlehrgang *Angewandte Gemeinwohl-Ökonomie* teilzunehmen. Sie begann im Herbst 2018. Nach zahlreichen intensiven Wochenenden, in denen es mit viel Tiefgang auch um unterschiedliche Ansätze alternativer Wirtschaftsmodelle ging, hat sie 2020 ihre Masterthesis verfasst und das Studium erfolgreich abgeschlossen.

Erster Masterlehrgang: Angewandte Gemeinwohl-Ökonomie

Der Leiter des SMC Saalfelden, Wolfgang Schäffner, hat einige Jahre dafür gekämpft, diesen universitären Lehrgang ins Leben zu bringen. Aktuell wird er in Kooperation mit der FH Burgenland durchgeführt. Wolfgang Schäffner bringt hochkarätige Vortragende und Teilnehmer*innen aus Österreich, Deutschland und der Schweiz in den Ort und steigert damit die Attraktivität und die Wirtschaftskraft der Region.

Erfindungen, Entwicklungen

Eine Handwerkskunst zu beherrschen, sei heutzutage zu wenig, um wirtschaftlich erfolgreich existieren zu können, ist Christian Fuchs überzeugt. Er setzt daher auch auf die spezielle Innovationskraft, die in ihm und seinem Unternehmen steckt. Die Auseinandersetzung

Im Oktober 2020 wurde das Handwerk des Buchbindens von der Unesco zum immateriellen Kulturerbe ernannt.

mit vielen unterschiedlichen Techniken und der direkte, offene Zugang zu seinen Kund*innen und deren Herausforderungen machen ihn und seine Mitarbeiter*innen erfinderisch. Eine ganze Reihe von Patent- und Markenanmeldungen waren die Folge. Zum Beispiel für ClemmUp®, eine Produktentwicklung für Speisekarten mit einer einfach zu öffnenden Rückenklemme. Sie macht das Austauschen der Speisekarteninhalte unkompliziert. Diese Innovation bringt dem Unternehmen seit vielen Jahren Kundschaft aus der gehobenen Gastronomie.

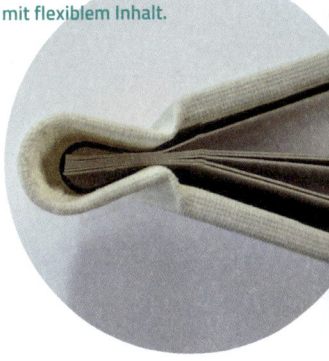

ClemmUp® – praktisch für hochwertige Speisekarten mit flexiblem Inhalt.

Auch für einen traditionellen Handwerksbetrieb spielen die neuen Technologien heute eine große Rolle. Christian Fuchs hat deshalb in seinem Unternehmen digitale Präsentations- und Beratungsmöglichkeiten geschaffen, wie beispielsweise eine Videokonferenzlösung im Speisekarten-Schauraum. Mit ihrer Hilfe kann er auch entfernt ansässige Kunden virtuell beraten.

Ein begnadeter Vernetzer

Christian Fuchs versteht es, die regionale Kulturszene, touristische, wissenschaftliche und journalistische Anbieter aus der Region – und oft weit darüber hinaus – zu inspirierenden Kooperationen zusammenzubringen. Dazu wurde mit der Plattform *Alpenwerkstatt.at* jüngst eine virtuelle Drehscheibe für regionales Handwerk ins Leben gerufen. Seit zwei Jahren ist die Buchbinderei Fuchs sogar eine Konzert-Location im Rahmen des jährlich stattfindenden, internationalen Jazzfestivals Saalfelden. Daneben bietet das besondere Gebäude immer wieder jungen, lokalen Künstler*innen die Möglichkeit, sich zu präsentieren.

Mittlerweile hat die Buchbinderei Fuchs ihre dritte Gemeinwohl-Bilanz mit externem Audit erstellt. Der Veranstaltungsraum im Dachgeschoss des neuen Betriebsgebäudes bietet sich an, ein inspirierender Treffpunkt der Gemeinwohl-Community der Region zu werden.

Über die Autorin
Mag. (FH) Sabine Lehner
MARKENwerkstatt, Salzburg
Die Betriebswirtin ist seit 1996 als Coach und Beraterin selbstständig tätig. Ihre Schwerpunkte sind strategisches Marketing und die Markenentwicklung. Seit 2016 begleitet sie darüber hinaus als zertifizierte Gemeinwohl-Beraterin Unternehmen bei der Erstellung ihrer Gemeinwohl-Bilanzen.

Jazz pur im Drucksaal mit Duo 4675

Wohnen wie andere auch

Wohnanlage Fasanenhof gemeinnützige GmbH Stuttgart

Gründung 1977
44 Vollkraftstellen
3,3 Mio. Euro Erträge

www.wohnanlage-fasanenhof.de

„Was es bedeutet, mit einem Rollstuhlfahrer in der Familie in einem oberen Stockwerk zu wohnen und keinen Aufzug benutzen zu können, habe ich bei meinen vielen Hausbesuchen immer wieder erfahren müssen. Es hat mich zutiefst getroffen, wenn ich sah, wie sich immer mehr Eltern mit Bandscheibenschäden herumplagen mussten und die Rollstuhlkinder stundenlang vor dem Fernseher saßen, anstatt mit Gleichaltrigen draußen zu spielen."

Else Oertle wurde 1984 das Bundesverdienstkreuz am Bande für ihr Lebenswerk verliehen.

Aus dieser Erfahrung heraus setzte Else Oertle, eine robuste Kölnerin mit jeder Menge Empathie und Kampfgeist, schon in den Sechzigerjahren des vergangenen Jahrhunderts in Stuttgart alle Hebel in Bewegung. Das erklärte Ziel war ein weitgehend normales Leben und die berufliche und soziale Integration für Menschen mit Körperbehinderung. Pflegende Angehörige sollten außerdem die Möglichkeit einer Auszeit bekommen und ihre Familienmitglieder gut versorgt wissen.

Lebensentwürfe verwirklichen

Nach einer achtjährigen Planungsphase war es am 3. November 1977 endlich so weit: Die Wohnanlage Fasanenhof (WaF) wurde als Modellprojekt eröffnet. Der lange Weg durch den landes- und bundesweiten Bewilligungs- und Finanzierungsdschungel wurde belohnt. Im Stadtteil Stuttgart-Fasanenhof entstand ein neungeschossiges Gebäude.

Neben 47 rollstuhlgerechten Wohnungen in Süd/Südwestausrichtung, die von Menschen mit Körperbehinderung und deren Familien bewohnt werden, standen zahlreiche Möglichkeiten für die Freizeitgestaltung zur Verfügung: Schwimmbad, Gymnastikhalle, Kegelbahn, Tischtennis, Club-, Hobby- und Werkräume sowie ein Kinderspielplatz. Das achte Stockwerk beherbergte das Fasanenhof-Dachgarten-Restaurant, das neben kulinarischen Erlebnissen den Blick auf die nahe Schwäbische Alb eröffnete. Im siebten Stock bot das *Fasanenhof-Hotel garni* zwölf rollstuhlgerechte Ein- und Zweibettzimmer. Parkmöglichkeiten in der Tiefgarage gehörten ebenso zum Konzept wie ein Behinderten-Taxi vom Hauptbahnhof oder Flughafen.

Der Hilfs- und Pflegedienst und die Kurzzeitunterbringung für körperbehinderte Kinder und Jugendliche bildeten die Kerndienstleistungen. Die sozialraumorientierte Öffnung ins Quartier war von Anfang an gewünscht – die Gemeinschaftseinrichtungen konnten von der Öffentlichkeit mitgenutzt werden. Zur damaligen Zeit war barrierefreies und rollstuhlgerechtes Bauen nicht selbstverständlich.

Die Wohnungen wurden gut angenommen, Hotel und Restaurant florierten. In einer Zeit, in der die Behindertenhilfe in Deutschland konzeptionell auf große, stationäre Einrichtungen außerhalb von Städten setzte, wurde mit der WaF ein kleinteiliges, innerstädtisches Konzept modellhaft umgesetzt. Mit der sozialen Integration ging die berufliche einher: Behinderte, rollstuhlabhängige Mitbürger*innen wurden nicht zu Sozialhilfeempfänger*innen, sondern berufstätige Steuerzahler*innen, weil sie Arbeitsplätze im Haus fanden, beispielsweise im Hotel und Restaurant oder in der Verwaltung.

Der Stadtteil Stuttgart-Fasanenhof mit rund 9.000 Einwohner*innen ist in den 1960er Jahren in der Nähe der Autobahnausfahrt Stuttgart-Degerloch und des Flughafens entstanden. Er wurde barrierefrei

„Ich habe von Kindheit an eine fortschreitende Körperbehinderung und habe in der Wohnanlage eine befriedigende Arbeit gefunden. Auch meinen Partner habe ich hier kennengelernt. Wir konnten gemeinsam ein normales Leben führen und auch unsere beiden behinderten Pflegekinder konnten bei uns leben. Ohne die Wohnanlage Fasanenhof mit ihren Unterstützungsleistungen hätten wir unseren Lebensentwurf nie so verwirklichen können. Darüber bin ich heute noch froh."

Elsbeth Schütze
Mieterin seit mehr als vierzig Jahren

Als Anerkennung der vorbildlichen Integration von Menschen mit Behinderung erhielt die Wohnanlage Fasanenhof beim Landeswettbewerb „Kleine Hilfe – große Wirkung" für eine behindertenfreundliche Umwelt 1977/78 die Auszeichnung in Gold vom Ministerium für Arbeit, Gesundheit und Sozialordnung Baden-Württemberg überreicht.

„Wir haben früher viel gemeinsam gemacht, es war gelebte Integration. Viele Fußgänger von außerhalb sind zum Stammtisch ins Restaurant gekommen. Wir haben Tischtennis gespielt, uns im Schwimmbad getroffen. Gerade die Restaurantschließung wurde von einigen Mietern sehr bedauert."

Siegfried Gschwind
Mieter der ersten Stunde

gebaut – alle Einrichtungen des öffentlichen Lebens sind ebenerdig erreichbar. Die Stadtbahn erschließt den Stadtteil. Dem damaligen Geschäftsführer der Wohnanlage, Eli Manuel Wolman, ist es gelungen, einen eigenen Zugang vom Bahnsteig in die Tiefgarage der WaF zu verhandeln.

Das Dilemma: Kund*innenwunsch und Wirtschaftlichkeit

Bedarfs- und Kund*innenorientierung, Service- und Dienstleistung sowie Menschenwürde standen von Anfang an im Mittelpunkt. Nur: was für die Kund*innen gut ist, stellte sich für die Wohnanlage langfristig als wirtschaftliche Herausforderung dar: geringe Platzzahlen in den Leistungsangeboten bei gleichzeitig niedrigen Leistungsentgelten und einer stark schwankenden Auslastung. Im Projekt verankert war außerdem eine Mietpreisbindung der Wohnungen auf sehr niedrigem Niveau. Dies bescherte der Gesellschaft dauerhaft Jahresfehlbeträge im mittleren sechsstelligen Bereich, die durch die Gesellschafter aufgefangen werden mussten. 2005 wurden deshalb die Gehaltsstrukturen verändert: Neue Mitarbeitende erhielten keine Jahressonderzahlungen und wurden schlechtergestellt.

Was es nicht mehr gibt

In weiterer Konsequenz mussten Gemeinschaftsangebote eingestellt werden. Der fest eingestellte Sozialarbeiter wurde kaum in Anspruch genommen und deshalb gestrichen. Wegen fehlender Wirtschaftlichkeit schloss man das Hallenbad, und zum Jahresende 1996 stellte das Hotel den Betrieb ein. Nach zahlreichen Pächterwechseln verschwanden 2004 das Restaurant und die Kegelbahn. Der achte Stock wurde noch zehn Jahre vom Bürgertreff genutzt. Volkshochschulkurse sorgten für Fremdvermietung. Es waren harte Einschnitte. Aber es gab auch Lichtblicke.

Was dazukam

Mit der Schließung des Hotels wurde die dort verfügbare Fläche im Jahr 1997 für das neue Angebot des Ambulant Betreuten Wohnens genutzt. Im selben Jahr kamen drei Kinder aufgrund von familiären Notsituationen in die Kurzzeitunterbringung, und es wurde schnell klar, dass sie aus unterschiedlichen Gründen nicht in ihre Familien zurückkonnten. So wurden die Räume zu einer kleinen Wohngruppe umfunktioniert und mittlerweile auf fünf Plätze vergrößert.

2012 eröffnete eine Tagesstätte für Menschen mit Schwerst- und Mehrfachbehinderung mit sechs Plätzen. Im Haus etablierte sich eine Praxis für Physiotherapie. Eine Hauswirtschaftsabteilung bietet Grund- und Unterhaltsreinigung von Wohnungen sowie Wäschedienstleistungen an.

Die Situation eskaliert
Doch es war noch nicht genug und im Laufe der Zeit kippte die Stimmung. Der Elan der Anfangszeit wich Resignation und Unverständnis. *„Wir machen gute Arbeit, die Klient*innen sind zufrieden – trotzdem kommen wir wirtschaftlich auf keinen grünen Zweig!",* wunderten sich die Mitarbeiter*innen. Gleichzeitig schien nicht nur das Gebäude in die Jahre gekommen – auch das pädagogische Konzept wirkte angestaubt. Als dann noch die Landeshauptstadt Stuttgart Ende der 2000er Jahre den geplanten Ausstieg aus der Gesellschaft öffentlich machte, war die Irritation perfekt. Doch auch in dieser schwierigen Situation gaben die Mitarbeitenden nicht auf. Die Beteiligten wollten diesen wendigen kleinen Träger, der in der Behindertenhilfe in Stuttgart eine wichtige Nische ausfüllt, retten!

Man suchte bei den etablierten Leistungsanbietern in Stuttgart nach einem Nachfolger und verhandelte mit dem bhz Stuttgart e.V. den schrittweisen Einstieg ins Unternehmen. Nach intensiver Prüfung der wirtschaftlichen Lage und der Möglichkeiten ist der bhz Stuttgart e.V. seit Juli 2013 mit 94,23 Prozent Mehrheitsgesellschafter. Der zweite Gesellschafter, der Körperbehinderten-Verein Stuttgart e.V., hält 5,77 Prozent. Die Stuttgarter Wohn- und Städtebaugesellschaft (SWSG) ist neue Eigentümerin der Immobilie. Die nach vierzig Jahren dringend erforderliche Sanierung wird die herausfordernde Aufgabe der SWSG.

Doch die WaF war damit noch lange nicht gerettet. Ziel der neuen Gesellschafter und des Interimsgeschäftsführers Eberhard Bügner war: „Sanieren und wirtschaftlich gesund aufstellen – oder abwickeln." Wobei allen Beteiligten an der Fortführung der WaF gelegen war. Eckpunkte der Sanierung waren die Etablierung und der Ausbau wirtschaftlich stabiler und gut ausgelasteter Leistungsangebote wie der Tagesstätte und dem Ambulant Betreuten Wohnen und – allem voran – ein Verbot betriebsbedingter Kündigungen. Das war man den Mitarbeitenden schuldig, die sich so für ihre WAF eingesetzt haben.

Angebote in der WaF

Ambulanter Hilfs- und Pflegedienst, 24 Stunden/365 Tage

Ambulante Assistenzleistungen und Wohntraining für Menschen mit Behinderung

Kurzzeitunterbringung für Kinder, Jugendliche und Erwachsene mit Behinderung

Die Wohngruppe für Kinder und Jugendliche mit Behinderung

Die Tagesförderstätte

Gesellschafter waren zu gleichen Teilen der Körperbehinderten-Verein Stuttgart e.V. und die Landeshauptstadt Stuttgart als Gründungsmitglieder. Seit dem Ausstieg der Landeshauptstadt Stuttgart ist der Verein bhz Stuttgart e.V. Mehrheitsgesellschafter.

„Die Aufgaben sind in den letzten Jahren komplexer geworden. Auch durch die stärkere Einbindung der Mitarbeitenden und verstärkte interne Kommunikation waren wir in der Lage, unsere Aufgaben erfolgreich zu lösen. Der eingeschlagene Weg war richtig, und es bleibt spannend, wie es weitergeht."

Melanie Vaas
Verwaltungsleiterin

Als aber Anfang 2014 der Fünf-Jahres-Plan abermals sechsstellige negative Ergebnisse zeigte, schien das Schicksal der Wohnanlage besiegelt. Der pädagogische Vorstand des bhz Stuttgart e.V., Albert Ebinger, glaubte an das pädagogische Nischenkonzept – die WaF bekam eine letzte Chance.

Der Turnaround

Im Oktober 2014 übernahm Brigitte Göltz die Interimsgeschäftsführung. Und mit dem Jahresabschluss zeichneten sich die ersten positiven Auswirkungen des Immobilienverkaufs ab. Die Analyse der Stellschrauben brachte einen Strauß an Sanierungsschritten, die gemeinsam mit den Teams der WaF respektvoll und wertschätzend umgesetzt werden konnten: Alles stand auf dem Prüfstand. Personalbemessungen wurden überprüft, bereichsübergreifender Personaleinsatz eingeführt, Leihfirmen abgeschafft, Führungsrollen und Verantwortlichkeiten neu definiert, die Leistungsentgelte schrittweise höher verhandelt, Auslastungen gesteigert, Steuerung nach Kennzahlen und verbesserte Controllinginstrumente eingeführt. Jede Entscheidung wurde unter dem Brennglas der Wirtschaftlichkeit und Fortführung der Gesellschaft unter Wahrung der Menschenwürde analysiert.

Die Mitarbeitenden schätzen es besonders, dass die Jahressonderzahlungen jetzt wieder für alle fließen – vorrangig wegen der Gleichbehandlung aller.

Die Maßnahmen wurden teilweise als anstrengend und für den einen oder die andere auch als beunruhigend oder nicht zufriedenstellend empfunden. Dennoch haben die meisten Mitarbeitenden sie nach anfänglicher Skepsis getragen. Dazu beigetragen haben vor allem auch Transparenz und Kommunikation.

Geschäftsführerin Brigitte Göltz: *„Als mir der Verwaltungsleiter den ersten positiven Quartalsbericht 2015 vorlegte, waren wir alle verblüfft. Wir konnten nicht glauben, dass so positive Ergebnisse nach nur neun Monaten erreicht wurden, und haben zwei volle Tage den Fehler gesucht – den es nicht gab! Es ging bergauf!"*

Seit dem Jahresabschluss 2015 schreibt die Gesellschaft durchgehend positive Jahresergebnisse im sechsstelligen Bereich. Sie entwickelt sich seither stetig, und Einschnitte, insbesondere im Gehaltsbereich, konnten sukzessive aufgehoben und die Gehälter den Tarifstrukturen im öffentlichen Dienst angepasst werden. In allen Bereichen wurden Prämien für Springer*innendienste eingeführt. Erfolge werden gemeinsam gefeiert. Die positive Entwicklung ist im

„Verblüffend war, dass die wirtschaftliche Entwicklung ohne Einsparungen und Einschnitte bei der personellen Ausstattung realisiert werden konnte. Im Gegenteil: die Personalausstattung wurde in den vergangenen Jahren sukzessiv erhöht, der Fachkraftanteil nahm deutlich zu."

Volker Schweizer
pädagogischer Leiter

Bewusstsein angekommen. Alle sind stolz darauf, dass Wirtschaftlichkeit erreicht und die traditionell sozial-ökologische Ausrichtung erhalten und sogar weiterentwickelt werden konnte.

So steht die Vereinbarkeit von Privatleben und Beruf im Mittelpunkt, Arbeitszeitmodelle sind flexibel und bedarfsorientiert, das positive Betriebsklima wird gefördert und klare Wertvorstellungen über den werteorientierten, respektvollen zwischenmenschlichen Umgang gepflegt. Vielfalt und Diversität sind fest verankert. Fehler werden als Lernquelle betrachtet, Unstimmigkeiten als Chance für Wachstum. Stärken werden gestärkt, Schwächen geschwächt. Jährlich werden Mitarbeitendengespräche geführt. Mitarbeitende haben die Möglichkeit zur fachlichen Weiterentwicklung in und außerhalb des Unternehmens.

Die Arbeitsplätze sind durch eine hohe Sinnerfüllung und Arbeitszufriedenheit geprägt. Es herrscht eine gute Kommunikation zwischen den Mitarbeiter*innen und dem Führungspersonal mit einem Zweidrittelanteil von weiblichen Führungskräften. In der WaF arbeiten Menschen aus zwölf Nationen.

Stimmen von Mitarbeitenden

„Die Unterstützung bei der Wohnungssuche und der Anerkennung meiner ausländischen Qualifikation haben mir sehr geholfen."

„Als FSJ-lerin bekomme ich für wenig Geld eine Wohnung, und mein Arbeitgeber fördert das."

Obwohl die Bezahlung hier schlechter war, habe ich die WaF gerne als Arbeitgeber weiterempfohlen, weil das Klima gestimmt hat."

Mitarbeitende der WaF erbringen vielfältige Aufgaben in Pflege, Freizeitgestaltung und Assistenz – vom Drachenfliegen bis zum Plätzchenbacken – vom Spaß bis zur sozialrechtlichen Begleitung.

Die durchschnittliche Betriebszugehörigkeit beträgt acht Jahre. Die Teams sind vergleichsweise stabil, die Führungskräfte zwischen vier und mehr als 25 Jahren im Unternehmen. Mitarbeitende und Führungskräfte sind wichtige Bezugsgruppen, sie erbringen die Leistungen für die Klient*innen, halten den Kontakt zu Angehörigen und Netzwerkpartner*innen.

Die neue Herausforderung: Fachkräftemangel
In Zeiten des Fachkräftemangels stehen Ausbildung, Personalgewinnung und -bindung an erster Stelle. Mitarbeitende gesund und motiviert zu halten, ist ein wichtiges Anliegen. Gerade im Bereich der Pflege und im Schichtdienst ist es wichtig, Gesundheit und Ausgleich im Blick zu haben und Maßnahmen zur Prävention und Gesundheitsförderung zu ergreifen. Aber auch kleine Annehmlichkeiten wie der Sozialraum mit Kaffeemaschine und Obstkorb signalisieren Wertschätzung.

Die körperlich anspruchsvolle Arbeit wird durch Hebevorrichtungen erleichtert. Führungskräfte und Mitarbeitende werden in Belastungssituationen durch Freiräume und Beratungsmöglichkeiten unterstützt.

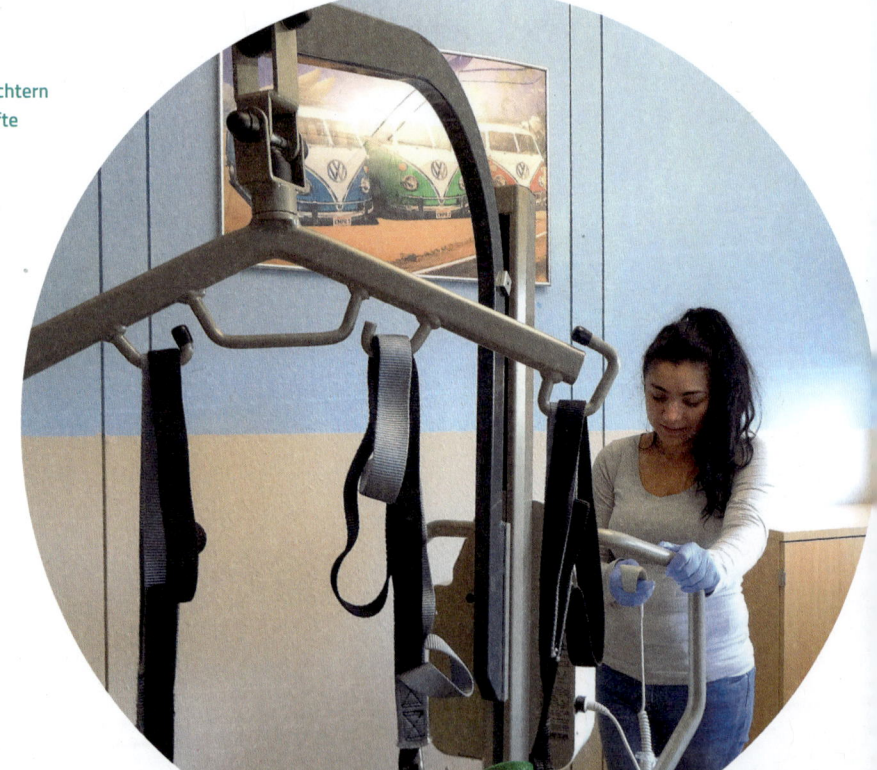

Hebevorrichtungen erleichtern den Alltag der Pflegekräfte erheblich.

So geht's weiter – *Gesetzliche Herausforderungen, GWÖ-Zertifizierung, Ausblick*

Die Jahre der wirtschaftlichen Konsolidierung und konzeptionellen Weiterentwicklung zeigen zwei Seiten einer Medaille: Bedarfsgerechtigkeit in der Leistungserbringung für Klient*innen muss mit dem Blick für die Wirtschaftlichkeit der Leistungen gekoppelt sein. Diese Leistungen müssen adäquat finanziert sein, damit die Wirtschaftlichkeit – und letztlich das Überleben des Unternehmens – gesichert sind.

Der Gemeinwohl-Kompakt-Bericht 2018 bildete den Auftakt für einen Organisationsentwicklungsprozess, der nach den Jahren der wirtschaftlichen Konsolidierung und des Wechsels in Führung und Stil in Angriff genommen wurde. Es geht um die Formulierung von Leitbildern und eine zukunftsfähige, nachhaltige Unternehmenskultur.

Das Jahr 2020 brachte mit der Corona-Pandemie und Einschnitten wie Kontaktbeschränkungen, Urlaubs- und Reisebeschränkungen zusätzliche Herausforderungen. Dennoch will die WaF im Jahr 2021 die Rezertifizierung mit der Gemeinwohl-Ökonomie angehen. Auch die dringend notwendige Sanierung des alten Gebäudes – oder auch der Bezug eines Neubaus – wird darin eine wichtige Rolle spielen.

Das Bundesteilhabegesetz (BTHG) zur schrittweisen Umsetzung der UN-Behindertenrechtskonvention in Deutschland bringt ab 2020 gravierende Veränderungen im Leistungs- und Finanzierungssystem, die mit erheblichen bürokratischen Anforderungen bei Leistungsbemessung, -dokumentation und -abrechnung einhergehen und dadurch wertvolle Ressourcen binden. Personenzentrierung, Selbstbestimmung, Teilhabe – durch das BTHG konzeptionell gefordert – ist in der WaF von Beginn an Konzept: Der Mensch mit seinen individuellen Bedarfen und Wünschen steht im Mittelpunkt des Handelns. Die individuellen, kleinteiligen und flexiblen Betreuungs- und Integrationsleistungen für Klient*innen konnten seit der Gründung des Unternehmens beibehalten werden.

Über die Autorinnen

Brigitte Göltz
Studium Sozialpädagogik, Betriebswirtschaft und Master of Arts, Geschäftsführung Wohnanlage Fasanenhof gGmbH seit 2014, diverse Führungspositionen im Non-Profit-Bereich, freiberufliche Tätigkeiten seit 1998 – Training und Beratung, für die GWÖ engagiert seit 2018

Gitta Walchner
Nach einer zehnjährigen Tätigkeit als Schauspielerin und einem Studium der Betriebswirtschaft arbeitete sie in verschiedenen Unternehmensberatungsfirmen, u.a. sieben Jahre bei KPMG. Seit 2011 engagiert sie sich für die Gemeinwohl-Ökonomie und ist seit 2012 Auditorin der GWÖ.

> *„Der Deutsche Nachhaltigkeitspreis ist für uns eine wunderbare Anerkennung und zugleich großer Ansporn."*
>
> Antje von Dewitz
> *Geschäftsführerin Vaude und Autorin des Buches „Mut steht uns gut!"*

Outdoor-Ausrüstung

Vaude Sport GmbH & Co.

1974 gegründet

100 % Klimaneutraler Firmensitz, Strom aus regenerativen Energien

EMAS-zertifiziertes Umweltmanagement seit 2008

Vorreiter für nachhaltige Outdoor-Ausrüstung

Mitglied im Textilbündnis des BMZ (Grüner Knopf)

ca. 550 Mitarbeitende

ca 45 % Teilzeit-Arbeitskräfte

66 % Frauenanteil

44 % Frauenquote bei Führungskräften

ca. 100 Mio. Euro Umsatz

www.vaude.com

Nachhaltigkeit wird Trumpf

Am 27. November 2015 fand die Jahresveranstaltung des Deutschen Nachhaltigkeitspreises in Düsseldorf statt. Es war eine große Show mit vielen Reden und Musikeinlagen, mit Medien und prominenten Gästen wie Königin Sylvia von Schweden oder Ex-Außenminister Genscher. Doch für zwanzig Mitarbeitende der Firma Vaude war die Spannung kaum mehr auszuhalten. Ihr Unternehmen – so viel wussten sie schon – hatte auf jeden Fall eine Platzierung unter den ersten drei errungen.

Und dann wurde endlich verkündet: Vaude hatte den ersten Platz, war die nachhaltigste Marke in diesem Jahr! Der Jubel kannte keine Grenzen, und Antje von Dewitz – Geschäftsführerin des Unternehmens – nahm freudestrahlend den Preis entgegen.

Mit diesem Highlight beginnt das Buch von Antje von Dewitz mit dem Titel *„Mut steht uns gut!"* aus dem Jahr 2020. Dieses Kapitel basiert auf ihrem Buch und einem Interview mit der Autorin im Oktober 2020.

Vom platten Land auf die Schwäbische Alb

Im Jahr 1969 zog das Ehepaar von Dewitz mit dem ersten Kind von Norddeutschland – er stammt aus Celle, sie aus Bremen – auf die Schwäbische Alb. Der Grund war ein neuer Job: Albrecht von Dewitz fing nach dem Studium der Betriebswirtschaft bei einem Sportartikel-Hersteller in Balingen an. Wenig später ergab sich für Albrecht von Dewitz der nächste Schritt: Ihm wurde die Stelle als Geschäftsführer einer einer Skimarke im Allgäu angeboten.

Die geschäftliche Situation im neuen Unternehmen war schwierig, ging es doch eher um eine Abwicklung als um einen Neuaufbau. Während dieser Zeit wurde Albrecht von Dewitz klar, dass der Bergsport in seinen Augen etwas war, das die Menschen begeistern würde. Den Begriff *Outdoor* gab es damals noch nicht – aber das Ziel, hochwertige Ausrüstungen für Menschen herzustellen, die in der Natur sein wollten.

Im Dorf Untereisenbach bei Tettnang entstand 1974 die erste eigene Produktionsstätte, in einem der fünf Zimmer der Mietwohnung der Jungfamilie von Dewitz. Albrecht von Dewitz' Spitzname war *VD*, also die Initialen seines Nachnamens, gesprochen *VAU-DE*. Daraus wurde Vaude als Name des neu gegründeten Unternehmens. Die Familie hatte bald drei Töchter, von denen Antje die Zweitgeborene ist. Die Platzverhältnisse waren so knapp, dass die Hopfendarre des benachbarten Vermieters zum *Basislager* für den Versand ernannt wurde. Doch wenn die Hopfenernte nahte, musste alles ausgelagert werden. Und derselbe Raum diente manchmal auch als Kinderspielplatz, als einfache Produktionsstätte, als Partyraum ... Der Nachbar half als *„Mann für alles"* bei organisatorischen Aufgaben immer wieder aus, Freunde und Familie sprangen als *„Models"* für den Katalog ein. So wuchs das Jungunternehmen in einer familiären und freundschaftlichen Atmosphäre. Das betriebliche *Du* wurde und blieb so Teil der Firmenkultur. Die Kinder waren *natürlich* mittendrin.

Die Vaude Sport GmbH & Co. KG entwickelt, produziert und vertreibt Outdoor-Ausrüstung: Funktionelle Bekleidung für draußen, Rucksäcke, Taschen, Schlafsäcke, Zelte, Schuhe, Campingzubehör.

„Wir positionieren uns klar und umfassend als nachhaltige Marke. Dies setzen wir überall um, in der Produktentwicklung genauso wie in der Logistik oder im Personalwesen. Der damit verbundene Aufwand ist enorm. Doch wir sind überzeugt davon, dass er sinnvoll ist und sich langfristig lohnt."

Antje von Dewitz über die Firmenphilosophie von Vaude

> „Mir wurde bewusst: Wenn ich mit meiner Leidenschaft, meinen Fähigkeiten und Neigungen etwas verändern möchte, dann habe ich gerade auf Unternehmensseite enorm viel Gestaltungsspielraum."
>
> Antje von Dewitz
> *Vaude*

Ein Firmensitz für weitere Jahrzehnte

Fünf Jahre nach Gründung hatte das Unternehmen zehn Mitarbeiter*innen und einen Jahresumsatz von fünf Mio. DM. Albrecht von Dewitz suchte dringend ein Grundstück. Bürgermeister und Gemeinderat des Nachbarorts Obereisenbach boten ihm einen Standort an, der gut genug für weitere fünf Jahre Ausbau gewesen wäre. Aber der junge Firmenchef hatte die Vision von Langfristigkeit und Wachstum. Antje von Dewitz lobt im Buch die Weitsicht und die Hartnäckigkeit ihres Vaters, dem es nach langem Ringen gelang, die Genehmigungen für Kauf und Bau auf einem Grundstück mit vielen Reserven am Ortsrand zu bekommen. 1979 konnten sie in den neuen Firmensitz einziehen, in dem heute über 500 Mitarbeiter*innen einen Arbeitsplatz haben. Dank der strategischen Entscheidung des Firmengründers ist Vaude nun seit über vierzig Jahren am gleichen Ort.

Studien- und Wanderjahre

Antje von Dewitz hat so in einer landwirtschaftlich geprägten Umgebung rings um Tettnang, fünfzehn Kilometer nördlich vom Bodensee, ihre Jugend und Schulzeit erlebt. Ihr Studium führte sie nach Passau, wo sie einen interdisziplinären Studiengang mit Sprachen, Wirtschafts- und Kulturraumstudien belegte. Sie hatte sich bewusst gegen ein BWL-Studium entschieden. Den ganzheitlichen Ansatz mit sehr breiter Themenpalette nutzte sie gezielt, um durch Praktika und Auslandssemester vielfältige berufliche Erfahrungen zu sammeln. So war sie in den Bereichen Medien, Umweltorganisationen und Community-Projekte tätig und arbeitete sechs Monate im Goethe-Institut in Abidjan (Elfenbeinküste). Sie suchte nach Themen und Organisationen, die ihr eine berufliche Perspektive in Richtung Umwelt, Nachhaltigkeit und Veränderungsmanagement bieten könnten.

In der Vaude Manufaktur werden mit Hochfrequenz-Schweiß-Technik v.a. wasserdichte Radtaschen hergestellt. Natürlich Klimaneutral.

Doch das Ende ihrer *Lern- und Wanderjahre* führte sie in ein achtmonatiges Praktikum bei Vaude, in dem sie den neuen Produktbereich *„Packs 'n Bags"* konzipieren und realisieren durfte. Die Erkenntnis reifte, dass sie auf Unternehmensseite enorme Möglichkeiten haben würde, Veränderungen herbeizuführen. Ausgerechnet zu Hause fand sie ihre Heimat!

Familiengründung und klare Pläne

Anfang 1999 begann Antje von Dewitz als Produktmanagerin bei Vaude, um die im Praktikum begonnene Tätigkeit fortzusetzen – und wurde schwanger. Sie und ihr Lebensgefährte hatten eine Familienphase eigentlich erst für später geplant. Beide wollten gerne Eltern werden, doch er hatte noch zwei Jahre zu studieren ... Sie trauten sich dennoch und wurden – auch ermutigt durch das Umfeld und die Familie – optimistisch, dass es gute Lösungen geben würde.

Die folgenden Jahre der jungen Familie bedeuteten ständige Wechsel. Antje von Dewitz gab kurzfristig ihre Stelle wieder auf, um ihre Mutterrolle wahrnehmen zu können. Doch dann fiel ihre Nachfolgerin aus und sie half vorübergehend aus. Bald darauf brachte sie bei Vaude den Aufbau eines betriebseigenen Kinderhauses voran. Ihr Partner bekam eine Stelle bei Stuttgart, eine zweite Tochter kam. Die junge Familie mietete ein Haus bei Stuttgart an.

Kinderhaus und flexible Arbeitszeiten sind wichtige Themen, damit Eltern nach der Geburt rasch wieder arbeiten können. Familienfreundlichkeit in die Arbeitsplätze *„einzubauen"*, wird so für Vaude selbstverständlich und Teil der Unternehmenskultur.

In dieser Zeit wurde sich Antje klar darüber, dass sie später gerne die Geschäftsführung von Vaude übernehmen würde. *„Dann ist es ja schön"*, kommentierte der Vater kurz und klar, als sie ihm das eröffnete. Zu seinem sechzigsten Geburtstag verkündete er der Belegschaft, dass er das Unternehmen in sechs Jahren (2009) an seine Tochter Antje übergeben werde.

Um sich darauf vorzubereiten, begann sie als wissenschaftliche Mitarbeiterin am Stiftungslehrstuhl Entrepreneurship (Unternehmertum und Unternehmensgründungen) an der Universität Hohenheim, wo ihr später ein Dissertationsthema angeboten wurde. Ihr Partner war dafür, und auch sie sah das als einmalige Chance. Als ihr Vater sie Anfang 2005 in die Marketingleitung berief, wollte sie sich auch dieser Herausforderung nicht entziehen, war das doch ein Job, in dem sie sich mit ihren Kompetenzen am richtigen Platz fühlte. Es wurden arbeitsreiche und schlafarme Zeiten. Sie wollte ihre Dissertation schon aufgeben. Aber die familiäre Unterstützung half ihr immer wieder, bei ihren ehrgeizigen Versuchen, alles unter einen Hut zu bringen.

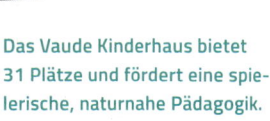

Das Vaude Kinderhaus bietet 31 Plätze und fördert eine spielerische, naturnahe Pädagogik.

„Externen Geschäftsführern könnte ich so richtig die Meinung sagen, wenn sie Mist bauen. Bei der eigenen Tochter muss man immer versuchen, sich zurückzuhalten, um sie nicht zu verletzen, und das fällt manchmal ganz schön schwer."

Albrecht von Dewitz auf die Frage einer Journalistin, ob er froh sei, dass seine Tochter das Unternehmen übernommen hat.

Die Übergabe

Vater und Tochter: Beide „*Vaudes*" sind zielstrebige und starke Persönlichkeiten. Doch auch Meinungsverschiedenheiten sind von gegenseitigem Respekt und Wertschätzung geprägt – sicherlich eine gute Grundbedingung, um einen solchen Generationenübergang erfolgreich durchzuführen. Zum Jahreswechsel 2008/9 übergab Albrecht von Dewitz wie geplant die Geschäftsführung von Vaude an seine Tochter Antje und als Zeichen der Veränderung auch das bis dahin von ihm genutzte Büro. Tatsächlich hielt er sich von da an konsequent aus dem operativen Geschäft heraus.

Nachhaltigkeit als Mission

Antje von Dewitz eröffnete ihre Geschäftsführung damit, ihre Vision eines durch und durch nachhaltigen Unternehmens zu präsentieren, das wie ein Glashaus völlig transparent ist und überall Einblick gewährt. Um zu zeigen, dass es ernst gemeint war und auch als Ansporn setzt sich Vaude selbst das ehrgeizige Ziel, bis 2015 der nachhaltigste Outdoor-Ausrüster Europas zu werden. Die Diskussionen über den richtigen Weg entwickelten schnell eine große Breite und Tiefe, die die untenstehende, stichwortartige Aufstellung andeutet.

Für Vaude war es hilfreich, sich auf bereits definierte Standards zu beziehen. Sie wurden Mitglied bei der gemeinnützigen Fair Wear Foundation, um die Arbeitsbedingungen in den Produktionsstätten weltweit nach strengen Standards prüfen zu lassen, gemeinsam an Verbesserungen zu arbeiten und nach deren Standards zu beurteilen. Im Laufe der Jahre hat Vaude hundert Prozent ihrer ausländischen Produktionsstätten auditieren lassen und ist seit 2015 mit dem höchsten „*Leader Status*" ausgezeichnet.

Um möglichst viele **Mitarbeiter*innen beteiligen** und „*mitnehmen*" zu können, sollte insgesamt große **Transparenz** geschaffen werden.

Die **Führung** wurde deutlich verbreitert – vier Geschäftsleiter – damit die Verantwortung für Einzelne überschaubar bleibt.

Lieferant*innen, Mitarbeiter*innen und auch **Kund*innen** müssen am **Nachhaltigkeitsprozess** beteiligt werden.

Nachhaltigkeit betrifft auch die eigene Ressource **Arbeitszeit**, die auch Lebenszeit ist. **Teilzeitmodelle**, flexiblere Arbeitszeiten, Homeoffice u.v.m. erhöhen die Akzeptanz bei den Mitarbeitern; dies unterstützt das Ziel, mehr **Frauen in Führungspositionen** zu bringen.

Aspekte der Nachhaltigkeitstrategie von Vaude

Mut steht uns gut!

Die Green Shape Kriterien wurden auch vom staatlichen Meta-Siegel anerkannt, das die Bundesregierung 2019 für sozial und ökologisch nachhaltig produzierte Textilien eingeführt hat. Damit gilt der Grüne Knopf für den Großteil der Vaude-Produktpalette.

Da es keine übergreifenden Siegel für Textilprodukte gab, entschloss sich Vaude mit Green Shape ein eigenes strenges Bewertungssystem für umweltfreundliche Produkte aus nachhaltigen Materialien und fairer Produktion zu schaffen.

Das Drama um die Fluorcarbone
Ein wichtiges Thema bei der Produktion von Outdoor-Artikeln ist die wasserdichte bzw. wasserabweisende Funktion. Umstrittene Chemikalien sind dabei poly- und perfluorierte Chemikalien (PFC), auch Fluorcarbone genannt. Eine mit PFC beschichtete Membran hält das Wasser ab und transportiert gleichzeitig den Schweiß nach außen. Außerdem lassen sich mit PFC Außenmaterialien dauerhaft imprägnieren, um so Schmutz, Öl und Wasser abperlen zu lassen.

Mobilität (Weg von und zur Arbeit) spielt eine große Rolle. Stärkung der Radbenutzung durch Jobrad (e-bikes), **Fahrradgaragen**, Duschen etc. Bevorzugte Parkplätze nicht mehr für leitende Mitarbeiter*innen, sondern für **Mitfahrgemeinschaften**.

LED-Lampen, **Solarpanel** auf dem Firmendach, **Bio-Kantine** als Vollküche, Gebäudeoptimierung, **Blumenwiesen**, Kletterwand ... Es gibt Hunderte von **Details zum Thema Nachhaltigkeit** bei Vaude.

Besonderes Augenmerk liegt selbstverständlich auf den erzeugten Produkten, deren Eigenschaften und Bearbeitungsprozessen. Vom **Einkauf** über die (eigene) **Produktion** – auch in Ländern wie Vietnam und China – über **Wasser- und Energieverbrauch** bei der Produktion bis zu den **Hilfs- und Verbrauchsmitteln** ... Nachhaltigkeit hat viele Aspekte.

Fluorcarbone werden aber auch heftig kritisiert: Sie sind nicht biologisch abbaubar, gelangen über das Abwasser in die Umwelt, reichern sich über die Nahrungskette auch im menschlichen Organismus an und stehen im Verdacht, krebserregend zu sein. Aus diesem Dilemma heraus startete Greenpeace 2011 eine sogenannte Detox-Kampagne zum Verzicht auf alle umweltschädlichen Chemikalien.

Auch auf der Outdoor-Messe 2012 in Friedrichshafen thematisierte Greenpeace die PFC. Antje von Drewitz freute sich über diese Aktion, weil sie sie inhaltlich richtig und wichtig fand und weil Vaude bereits seit zwei Jahren daran arbeitete, die umweltkritischen Chemikalien durch unbedenkliche Alternativen zu ersetzen. Die beschichteten Membrane hatten sie bereits 2011 erfolgreich durch Sympatex ersetzt. Auch für das Außenmaterial hatten sie schon einen PFC-freien Versuch gestartet, erlebten aber an den getesteten Modellen, dass sie nicht ausreichend wasserabweisend waren.

Antje von Dewitz ging offen mit der Thematik um und erörterte am Stand von Greenpeace, wie schwer es sei, Alternativen mit gleicher Funktionalität zu finden – und wie sehr es sie freue, dass Greenpeace hartnäckig und öffentlichkeitswirksam auf das Problem hinweist. Antje von Dewitz und Vaude fühlten sich quasi als Mitstreiter für eine gute Lösung. Doch wenig später erschien eine Studie von Greenpeace, in der neben anderen auch zwei Jacken von Vaude untersucht wurden – natürlich mit dem Nachweis von PFC, weil es ja bisher noch keine funktionierende Alternative am Markt gab. Über ihre Probleme hatten sie ja offen gesprochen, und dennoch wurden sie nun an den Pranger gestellt. Für Antje von Dewitz war das wie ein Schlag ins Gesicht. Sie reagierte mit einer öffentlichen Stellungnahme, begrüßte die Detox-Kampagne, erklärte aber auch, warum die Suche nach Ersatz so schwierig sei.

PFC werden in einer Vielzahl von Verbraucherprodukten eingesetzt. Dies führt jedoch gleichzeitig zu einer weltweiten Verbreitung dieser keineswegs unbedenklichen Chemikalien. PFC sind kaum abbaubar und verbleiben daher für einen sehr langen Zeitraum in der Umwelt. Einige PFC reichern sich in der Umwelt und in Organismen an und wirken zudem gesundheitsschädlich auf den Menschen.
www.bundesumweltamt.de

Greenpeace-Aktionen gegen PFC machten auch vor Wintersportorten nicht halt.

Im Folgejahr gab es eine weitere Greenpeace-Publikation, in der sie eine sieben Jahre alte Vaude-Jacke untersuchten, die sogar noch PFC-haltige Membrane enthielt. *„Keine der untersuchten Marken erfüllt im Moment die Detox-Vorgaben für einen entschlossenen Ausstieg aus PFC"*, war ihr Resümee. Vaude war empört, weil das Unternehmen alles dafür getan hatte, den PFC-Gehalt in den Kleidungsstücken so gering wie möglich zuhalten. Auf Vaudes Stellungnahme reagierte Greenpeace mit der Überschrift: *„Adidas und Vaude um Ausreden nicht verlegen".*

Mit Streit zum Mitstreiter

Antje von Dewitz war enttäuscht. Sie waren doch diejenigen, die schon so viele Schritte in die richtige Richtung gegangen waren! In ihren Augen wurde Vaude unfair behandelt. Es gab großen Ärger, Misstrauen, Zweifel und Frust – auch unter den Kollegen. Greenpeace spitzte die Kampagne zu und forderte die Outdoor-Hersteller auf, ihr Detox-Commitment zu unterschreiben. Darin sollten sich die Unterzeichner verpflichten, schädliche Substanzen aus der gesamten Lieferkette zu eliminieren und regelmäßig über Fortschritte zu berichten. Einerseits unterstützte Vaude diese Vision, andererseits hatte das Vertrauen zu Greenpeace sehr gelitten – und sie hatten noch immer keine Lösung parat, dieses Versprechen tatsächlich zu erfüllen!

Die Greenpeace-Vertreter*innen und das Vaude-Team feiern die Unterschrift unter das Detox-Commitment auf der Messe OutDoor 2016.

Schließlich entschied sich Vaude, den Dialog mit den Umweltaktivisten wieder aufzunehmen, um gemeinsam nach Lösungen zu suchen. Es wurden lange und schwierige Verhandlungsrunden. Langsam entstand auf beiden Seiten ein größeres Verständnis, und schließlich entwickelte man gemeinsam einen Stufenplan, der vorsah, bis 2020 elf wichtige, schädliche Substanzgruppen in der gesamten Lieferkette zu eliminieren. Dieses Abkommen unterzeichnete Vaude im Jahr 2016, wieder auf der Outdoor-Messe. Mit ihnen wagten das nur zwei weitere, kleine Outdoor-Hersteller.

Durch den den öffentlichen Druck, den Greenpeace auf die Branche ausübte, kam Bewegung in die chemische Zulieferindustrie, und es zeichneten sich bald neue Alternativen ab. Vaude selbst schaffte es 2018, eine komplett PFC-freie Bekleidungskollektion zu liefern. Dies gilt seit 2020 auch für sämtliche Schuhe und Rucksäcke. Sieben der elf bedenklichen Substanzgruppen hat Vaude bereits eliminiert, bei den vier weiteren ist man kurz vor dem Ziel.

„Ein Buch zur Entwicklung von Vaude. Ehrlich und berührend, lehrreich und dennoch leicht lesbar, sehr empfehlenswert."

Karsten Hoffmann

Gemeinwohl-Bilanz und Vaude Academy

Bereits 2011 war Antje von Dewitz in Diskussionsrunden zur Nachhaltigkeit mit Christian Felber bekannt geworden. Schnell kam es zu einem intensiven Austausch über Nachhaltigkeitsstrategien und die Gemeinwohl-Ökonomie. Vaude erkannte die Vorteile und die Aussagekraft des Werkzeugs Gemeinwohl-Bilanz schnell und wollte sie auch als Leitfaden für die Zukunft nutzen. Im Audit der letzten GW-Bilanz wurde insbesondere hervorgehoben:

- Die **Unternehmensphilosophie** und –positionierung, die sich sehr stark am Thema **Nachhaltigkeit** orientiert.

- Das, trotz geringer Marktmacht, vorbildliche **Lieferant*innenmanagement mit strengen ökologischen und soziale Kriterien** und einer externen Überprüfung. Vaude erreicht hier einen Leader Status.

- Die **Investitionen** und laufenden Ausgaben **in ökologische Verbesserungen** und andere Nachhaltigkeitsthemen.

- Die etablierte Unternehmenskultur, die auf **Wertschätzung und Offenheit** beruht und in der auch ökologische Themen fest verankert sind.

- Die laufenden Anstrengungen in Richtung **Produktverbesserung**, um von problematischen Chemikalien, die im Outdoorbereich nicht ersetzbar scheinen, unabhängig zu werden.

- Die **Wahrnehmung gesellschaftlicher Verantwortung** durch die Schaffung von Arbeitsplätzen in der Region, durch gute Kooperation mit NGOs und durch das politische Engagement des Unternehmens.

- Vaude kann damit zu Recht als Vorzeigeunternehmen im Hinblick auf **gelebte Gemeinwohl-Orientierun**g bezeichnet werden.

Um die vielfältigen Erfahrungen rund um die Themen Nachhaltigkeit und Gemeinwohl-Ökonomie zu teilen und weiterzugeben, wurde 2020 die *Vaude Academy für nachhaltiges Wirtschaften* gegründet. Sie will Unternehmen, berufliche Netzwerke und Organisationen auf diesem Weg unterstützen, aber auch Schülern und Studierenden das Thema nachhaltiges Wirtschaften näherbringen.

„Meiner Meinung nach ist die Gemeinwohl-Bilanz ein ideales Instrument, um Unternehmen, Politik und Konsumenten gleichermaßen zu sensibilisieren, welche Verantwortung die Wirtschaft in einem global vernetzten System hat und wie sie diese tatsächlich wahrnimmt."

Antje von Dewitz
Vaude

Über den Autor
Dr. Karsten Hoffmann
Dipl. Math., Dr.-Ing., 10 Jahre Unternehmensberatung (IT-Projekte), 20 Jahre selbsstständig als Projektmanager (PM) und PM-Trainer, seit 2019 GWÖ-Berater, lebt in Freiburg im Breisgau.

Interview mit Antje von Dewitz

Was hilft, auf dem Weg zu ökologisch nachhaltiger Kleidung?

Alles, was Mindeststandards erhöht oder erst einmal schafft, wie das Lieferkettengesetz. Alles, was in Richtung Kreislaufwirtschaft geht, zum Beispiel, wenn diese steuerlich begünstigt wird. Und, was dazu beiträgt, dass Konsumenten bewusster kaufen: der Grüne Knopf, Ampeln oder die Auszeichnung der wahren Kosten am Produkt, was jetzt auch manche Supermarktketten machen. Das alles staatlich und systematisch zu fördern, würde helfen.

Sollten diese gesetzlichen Regelungen von Deutschland als Vorreiter ausgehen oder von der EU?

Bestenfalls von der EU, dann hätten wir einen breiten Wurf. Aber die Mühlen mahlen langsam, und es würde Deutschland gut zu Gesicht stehen, voranzugehen. Wir haben das mit den PFCs erlebt: Norwegen hat die Einfuhr von PFC-haltigen Produkten verboten, als einziger Markt in Europa – und das ist ein winziger Markt. Aber wenn du jetzt Textilien in Norwegen verkaufen möchtest, müssen sie PFC-frei sein. Norwegen ist Vorreiter und zwingt alle, die dort Produkte verkaufen wollen, seine Regelungen einzuhalten. Und Deutschland ist der wichtigste Markt in Europa! Wenn Regelungen kommen, dann entsteht Druck, und plötzlich werden sehr schnell technische Lösungen gefunden.

> „Mein Wunsch wäre, dass jetzt nicht nur die Konsumenten und ihr Bewusstsein in die Pflicht genommen werden, sondern dass wir anerkennen, dass man nicht auf Kosten der Natur wirtschaften darf und dass Unternehmen das verpflichtend einpreisen müssen."
>
> Antje von Dewitz
> *Vaude*

Hast du darüber nachgedacht, wie man die Transformation auch in andere Branchen übertragen könnte?

Ja, wir haben sogar eine eigene *Vaude Academy für nachhaltiges Wirtschaften* gegründet. Dafür ist Lisa Fiedler die Ansprechpartnerin, die Leiterin der Academy. Wir haben sehr viele Nachfragen, seit Jahren, nicht nur von den Medien, auch von Universitäten, Einrichtungen und Unternehmen. Es gibt viele Erfolgsfaktoren, die übertragbar sind. Zum Beispiel funktioniert es eben nicht, wenn ich Nachhaltigkeit in eine Abteilung outsource, die dann das ganze Unternehmen irgendwie grün machen soll. Man muss es an die Geschäftsleitung anhängen, an das Management-System. Wir haben

Lisa Fiedler
Leiterin der Vaude Academy für nachhaltiges Wirtschaften

damals mit EMAS angefangen, aber genauso könnte man direkt mit der Gemeinwohl-Bilanz starten. Einen systematischen, professionellen Ansatz finde ich extrem wichtig. Man muss hinschauen, wo habe ich Verantwortung, wo eine Hebelwirkung. Dann sollte man das auch vor Ort sichtbar machen, für die Mitarbeitenden, sollte sie mitnehmen und Durchgängigkeit, Konsequenz etablieren.

Du bist (auch offiziell) Botschafterin der Gemeinwohl-Ökonomie. Macht dir das Freude oder ist es eine Last?

Mir macht das große Freude. Das ist auch ein Grund, warum wir Pionierunternehmen der GWÖ geworden sind, um deren Öffentlichkeitswirkung zu unterstützen. Die GWÖ eignet sich unglaublich gut, allen Beteiligten die Augen zu öffnen, dass man bisher Unternehmen nur nach Finanzkennzahlen bewertet, wo sie doch eigentlich eine viel breitere Verantwortung haben, nämlich zum Gemeinwohl beizutragen.

Wird das Thema Nachhaltigkeit mittlerweile stärker nachgefragt?

Ja. Vaude hat sich als *„best practice"* etabliert, als Pionierunternehmen der Nachhaltigkeit, das hat sicher auch dazu beigetragen, dass Vaude sich als glaubwürdige Marke etabliert hat. Auch die GWÖ ist bekannter geworden, es kommen immer mehr Anfragen dazu, von den Medien und der Politik usw. Immer mehr Menschen möchten gerne mit gutem Gewissen konsumieren. Sie wünschen sich Unternehmen, die Verantwortung übernehmen, nachhaltig wachsen und alternative Wirtschaftsmodelle umsetzen.

*Welche Argumente überzeugen Unternehmer*innen deiner Erfahrung nach von der Gemeinwohl-Ökonomie?*

> *„Damit du die Kraft hast und den Glauben und die Energie, brauchst du das ganze Unternehmen, brauchst wirklich alle, auch die Kolleg*innen in der Logistik oder der Produktion, die mitdenken."*
>
> **Antje von Dewitz**
> *Vaude*

Das wichtigste: Es funktioniert. Und wir sind damit wirtschaftlich erfolgreich. Es gilt zu vermitteln, dass nachhaltiges Wirtschaften ein Erfolgsfaktor ist, der Unternehmen zukunftsfähig und krisenstark macht.

Oft höre ich den Einwand: Ich bin ja noch nicht perfekt, als Unternehmen, und dann mache ich mich angreifbar. Also lass ich's lieber ganz und gebe zu, dass ich nicht nachhaltig bin. Man macht sich verletzlich, wenn man transparent ist. Also sollten wir klarmachen, dass alleine die Transparenz schon eine Leistung ist. Dass das positiv aufgenommen wird von den Menschen, wenn ich mich auf den Weg mache. Die Vorteile überwiegen. Es gibt ja immer mehr

Vaude-Mitarbeiter*innen auf einer Klima-Demonstration am Bodensee

Menschen, die nachhaltig leben wollen und sich Unternehmen und Märkte genau anschauen. Deshalb öffnet dieses Engagement neue Türen. Dennoch gibt es bei vielen Unternehmenslenkern den Glaubenssatz: Das ist zu riskant, das macht mich schwach, das macht mich angreifbar ...

Aber der Wunsch, etwas zu tun, was Sinn macht und dazu beizutragen, diesen Planeten lebenswert zu erhalten, wird auch in den Köpfen der Mitarbeitenden immer stärker. Vor allem bei der jungen Generation. Also macht man sich mit der GWÖ auch auf den Weg eines attraktiven Arbeitgebers, der zukunftsorientiert und agil ist. Das ist eine wichtige Voraussetzung, um die großen Herausforderungen auf dem Weg der Nachhaltigkeit zu meistern und immer wieder von Neuem innovative Lösungen zu finden – mit klassischen Hierarchien funktioniert das nicht.

Wie geht es weiter, nach Corona, mit der Wirtschaft, mit der Klimakrise?

Ich kann Befürchtungen verstehen, ich hatte sie auch: Geht es jetzt erstmal um Existenzkämpfe? Haben wir keine Zeit für Nachhaltigkeit? Aber wir sind uns bewusst, dass gerade Nachhaltigkeit krisenfest macht. Nachhaltiges Wirtschaften ist die richtige Antwort. Diese Erkenntnis macht sich wohl auch in Unternehmerkreisen breit. Die Nachhaltigkeits-Academy haben wir zwar schon seit Jahren geplant, aber wir haben erst kurz vor Corona begonnen, sie aufzubauen und hatten sie noch nicht richtig beworben. Dennoch werden wir jetzt schon mit Anfragen überrannt, weil so viele Unternehmen sich gerade jetzt auf den Weg machen wollen. Das finde ich wirklich spannend.

„Bei uns sind die sozialen und ökologischen Ziele gleichwertig neben den wirtschaftlichen Zielen eingeordnet."

Antje von Dewitz
Vaude

Wenn die Vorstellung stark genug ist, hält die Realität nicht stand[1]

Mut zur Transformation

1945 ist die westliche, industrielle Welt an ihre Grenzen gekommen. Zwei Weltkriege haben den Planeten erschüttert, und der unhinterfragte technologische Fortschritt und die Industrialisierung dienten auch einer Vernichtungsmaschinerie, die ihresgleichen suchte. Die Kriegserfahrungen hatten einen politischen und wirtschaftlichen Umbau der Welt zur Folge. Die Entstehung von eher *„sozialdemokratisch"* geprägten Gesellschaften zwischen den 1950er und 1970er Jahren ermöglichte es, soziale und ökonomische Ungleichheit zu verringern und einem großen Teil der Bevölkerungen des globalen Nordens zu großem Wohlstand zu verhelfen. Gelingen konnte dies unter anderem durch eine progressive Besteuerung von Vermögen, Erbschaften und Einkommen, große Investitionen in Bildung und den Ausbau des Sozialstaates. Das stark steigende Wirtschaftswachstum, das nach den Weltkriegen zu einem primären *„Entwicklungsziel"* nahezu aller Volkswirtschaften wurde, führte so zur Verringerung der Einkommensschere und zu höherer Kaufkraft, besserer Gesundheitsvorsorge und Bildung auch für sozioökonomisch schwächer gestellte Bürger*innen.

Wirtschaftswachstum stand so scheinbar in Verbindung mit dem Abbau von Ungleichheit, verbesserten Lebensbedingungen und sozialen Aufstiegsmöglichkeiten für viele Menschen in den Industrieländern.[2] Darüber hinaus haben sich die Lebensbedingungen auch für viele weitere Teile der Weltbevölkerung in den zurückliegenden Jahrzehnten stetig verbessert. Die Alphabetisierungsrate ist global gestiegen[3], demokratische Strukturen konnten sich weltweit stärker durchsetzen, das Pro-Kopf-Einkommen erhöhte sich für viele[4], während die Kindersterblichkeit sank[5] und die durchschnittliche Lebenserwartung der Menschen gestiegen ist.[6] Großen Teilen der Weltbevölkerung ging es möglicherweise nie besser als in der Gegenwart.

Gleichzeitig sind heute die Schattenseiten einer Wirtschaftsordnung deutlich sichtbar, die vor allem Wirtschaftswachstum und Kapital- bzw. Einkommenszuwächse als Indikatoren für gesellschaftlichen Wohlstand in den Blick nimmt. Schon 1972 mahnte der Club of Rome die ökologischen Grenzen eines stetigen Wirtschaftswachstums an.[7] Ein radikales Umdenken zur Entschärfung der sich anbahnenden ökologischen Krise, gar ein Hinterfragen des kapitalistischen Wirtschaftssystems als *„alternativloses"* Modell setzte jedoch nicht ein. Im Gegenteil: Das Aufkommen eines neoliberalen Diskurses in Wirtschaft und Politik, unterstützt von *„Think Tanks"* wie der Mont Pèlerin Society, verschärfte dieses Paradigma. Die Folge waren umfassende Privatisierungen, Steuersenkungen, Deregulierung und der Abbau des Sozialstaats, verbunden mit einem tiefen Vertrauen in die Zauberkräfte des *„freien Markts"*. Ab den 1980er-Jahren fanden diese Glaubenssätze auch Einzug in wichtigen anderen gesellschaftlichen Bereichen, nicht zuletzt in der Gesundheit, sodass ursprünglich gemeinwohlorientierte Akteure wie Krankenhäuser oder Pflegeheime nun verstärkt Markt- und Profitlogiken unterworfen wurden. Die Auswirkungen dieser Entwicklung wurden durch die jüngste Coronakrise gnadenlos offengelegt. Sie hat gezeigt, dass es der *„freie Markt"* allein nicht richten kann.

Mittlerweile stecken wir in so vielen Krisen, dass wir sie kaum noch zählen können. Diese *„multiplen Krisen"* sind vor allem vom Klimawandel und einer – damit unmittelbar zusammenhängenden – stark wachsenden sozialen Ungleichheit geprägt. Während sich 45 Prozent des globalen Vermögens auf etwa ein Prozent der Weltbevölkerung konzentrieren, sind vier von neun planetaren Grenzen überschritten[8] und auch das 1,5- bzw. 2-Grad-Ziel scheint in weiter Ferne.

Imperiale Lebensweise

Eine Wirtschaftsweise, die vor allem auf Privateigentum beruht, hochgradig nach Profit und Wachstum strebt und dabei auf Konkurrenz als Treiber für Innovation und Entwicklung setzt, erzeugt nicht nur starke Vermögenskonzentration und Machtungleichheiten, die zu einer Aushöhlung demokratischer Prozesse und Entscheidungsverfahren führen können. Sie beruht auch auf der Ab- wälzung von sozialen und ökologischen Kosten, die sich nicht in der Preisbildung widerspiegelt. Die wahren Kosten der Produktion von Gütern und Dienstleistungen bleiben somit ökonomisch unsichtbar und äußern sich beispielsweise in menschenunwürdigen Arbeitsbedingungen – nicht nur, aber vor allem im globalen Süden –, in massiver Umweltverschmutzung und der Zerstörung unserer Lebensgrundlagen.

TIPP

Brand, Ulrich/Wissen, Markus (2017): Imperiale Lebensweise. Zur Ausbeutung von Mensch und Natur im Globalen Kapitalismus.

I.L.A. Kollektiv (2017): Auf Kosten anderer? Wie die imperiale Lebensweise ein gutes Leben für alle verhindert.

Diese *„imperiale Lebensweise"* basiert auf dem nahezu unbegrenzten Zugriff auf Ressourcen und Arbeitskraft andernorts, ist politisch abgesichert und hängt historisch eng mit *„expliziten Formen der Gewaltherrschaft (Kolonialismus und Imperialismus)"*[9] und später *„subtileren Formen der Ausbeutung (z.B. Abhängigkeiten vom und über den Weltmarkt)"*[10] zusammen. Anders ausgedrückt: Die imperiale Lebensweise basiert auf Exklusivität, geht auf Kosten anderer und weit über die planetaren Grenzen hinaus. Würden beispielsweise alle Menschen so ressourcenintensiv leben wie weite Teile des globalen Nordens, käme dies faktisch einem ökologischen Kollaps gleich.

Die eben beschriebene Wirtschafts- und Lebensweise liefert sicher nur einen Teil möglicher Erklärungen für die multiplen Krisen unserer Zeit. Dennoch ist klar, dass sie strukturell nicht nachhaltig und zukunftsfähig ist. An einer sozial-ökologischen Transformation unserer Wirtschaft und damit auch der Überwindung der *„imperialen Lebensweise"* führt kein Weg vorbei. Die Frage ist nur: Ist diese überhaupt möglich?

Who the fuck is TINA? We want TAPAS!

Der Slogan „There is no alternative" (TINA), einst vor allem geprägt von der ehemaligen britischen Premierministerin Margaret Thatcher, hat auch heute noch für viele Menschen Bestand. Demnach bleibt es schwer, sich global mögliche Alternativen, strukturelle Veränderungen und eine Veränderung der eigenen Lebensweise so vorzustellen, dass daraus ein lokales, nationales und internationales

Handeln wird, das die Klimakrise abwendet, die sozialen Ungleichheiten überwindet und die Demokratisierung der Wirtschaftsordnung vorantreibt. Es scheint, als sei das Ende der Welt (immer noch) wahrscheinlicher als das Ende des Kapitalismus.[11] Tatsächlich aber werden dieser Überzeugung zunehmend alternative Vorstellungen entgegengestellt, nicht zuletzt, weil sich gesellschaftliche Zufriedenheit nicht nur in Zahlen ausdrücken lässt. Denn es gibt mittlerweile auch verschiedene alternative Indizes: den OECD Better Life Index oder die Bemessung des Bruttonationalglücks in Bhutan.

Die gute Nachricht lautet: *„There are plenty of alternatives"*[12] (TAPAS). Es gibt bereits viele Entwürfe für eine sozial gerechtere, ökologisch nachhaltigere und demokratischere Wirtschaftsweise, und tagtäglich experimentieren Menschen mit diesen in Städten, Unternehmen und Gemeinschaften. Was diese Konzepte eint, ist das Streben nach einer Ökonomie, in der Mensch und Natur im Fokus stehen und nicht (nur) Wirtschaftswachstum und Profit. Mit anderen Worten geht es darum, Wirtschaftsweisen zu etablieren, die ein gutes Leben für alle Menschen ermöglichen und dabei gleichzeitig die planetaren Grenzen respektieren.

Futuris 2040

Wir möchten Sie dazu einladen, uns auf eine kleine Reise in eine bisher unscheinbare Region zu begleiten. Erforschen Sie mit uns neugierig und mit offenem Blick eine Zukunft voller Möglichkeiten.

Eine Region irgendwo im globalen Norden

Stellen wir uns vor, wir befinden uns im Jahre 2040 n. Chr. Der ganze globale Norden ist von einer profit- und wachstumsorientierten Marktwirtschaft durchdrungen. Der ganze Norden? Nein! Futuris – eine von unbeugsamen Menschen bevölkerte Region – hört nicht auf, an alternativen Lebens- und Wirtschaftsweisen festzuhalten.

Angesichts vieler sozialer, ökologischer und wirtschaftlicher Krisen reifte Mitte der 2020er Jahre an vielen Orten auf der Welt Klarheit darüber, dass sich die Welt unweigerlich auf einen ökologischen Kollaps zubewegt. Auch in Futuris wuchs die Angst vor weiteren sozialen Verwerfungen und massiven Konflikten um Ressourcen. Zunächst einige wenige, dann immer mehr Menschen in der Region entschieden sich, der Frustration, der erlernten Alternativlosigkeit Ideen an die Seite zu stellen.

Zentrale Fragen wurden diskutiert: *„Ist es wirklich so schwer, Wirtschafts- und Lebensweisen zu etablieren, die enkeltauglich sind?", „Müssen wir wirklich auf Kosten anderer leben?", „Was brauchen wir für ein gutes Leben, und wie wollen wir künftig wirtschaften?"*

Zu Beginn des Veränderungsprozesses verständigten sich alle Einwohner*innen der Region, die aus vielen kleineren und größeren Gemeinden besteht, auf heute noch gültige, zentrale Rahmenbedingungen für das gemeinsame Leben und Wirtschaften:

Wir entscheiden bottom-up

Alle Veränderungen und Grundsätze werden in der Region *„bottom-up"* (von unten nach oben) und von denjenigen entschieden, die betroffen sind und sie umsetzen müssen. Begonnen hatte die Region ursprünglich mit ersten Varianten der Bürger*innen-Räte[13]. Dadurch sind insbesondere lokale ökonomische Beziehungen und Lösungsansätze entstanden. Bereits in den Anfängen der 2000er-Jahre hatte Baden-Württemberg erste Erfahrungen damit sammeln können. Damit die Transformation nicht nur von vielen getragen wird, sondern auch alle Berücksichtigung und Gehör finden, organisieren die Menschen in Futuris einen sogenannten Regionalkonvent. Ein Konvent (lat. *„con-venire"* = zusammenkommen) findet üblicherweise in Form einer Versammlung statt, die die Verfassung eines demokratischen Staates oder einer Gesellschaft neu schreibt. Um tatsächlich demokratisch legitimiert zu sein, muss ein Konvent hohen Anforderungen hinsichtlich Partizipation, Transparenz, Inklusivität und Repräsentation genügen.[14] In die Versammlungen werden dabei innovative Entscheidungsfindungsverfahren wie das *„systemische Konsensieren"*[15], soziokratische Elemente und andere Formate integriert.

SOZIOKRATIE ist eine Organisationsform, die auf Erkenntnissen der Systemtheorie basiert und konsequente Selbstorganisation ermöglicht.

Miteinander und Zeitwohlstand

Man orientiert sich in Futuris am guten Leben für alle. Der Fokus des Zusammenlebens liegt auf Entschleunigung, Zeitwohlstand und einer hohen Beziehungsqualität des Miteinanders. Um eine größere Selbstbestimmung zu ermöglichen und die Einwohner*innen dafür existenziell abzusichern, gibt es ein bedingungsloses Grundeinkommen. Menschen sollen sich möglichst frei entscheiden können, wie sie ihre Lebenszeit verbringen, und unabhängig von Existenzangst leben. Die Einwohner*innen in der Region sind überwiegend etwa zwanzig Stunden pro Woche erwerbstätig. Es gibt ein Mindest- und ein Maximaleinkommen, damit zu starke sozio-ökonomische Gefälle nicht entstehen können. Den Rest der Zeit verbringen sie mit ihrer Familie und Freunden oder in Gemeinschaftsgärten, treffen sich in Repair-Cafés, um sich gegenseitig bei der Reparatur zu unterstützen, oder in offenen Werkstätten bei der gemeinsamen Produktion von kleineren Gebrauchsgegenständen.

„Der ganze Druck des ‚Höher, Schneller, Weiter', hatte mich krank gemacht. Als wir in der Region beschlossen, die Arbeitszeit zu verkürzen, und der Statusdruck langsam von mir abfiel, erlebte ich nicht nur unsere Familienzeit als Bereicherung", erzählt ein ehemaliger Geschäftsführer eines DAX-Konzerns auf die Frage nach positiven Aspekten der Veränderungen.

Martignoni, Jens (2018): Das Geld neu erfinden. Alternative Währungen verstehen und nutzen.

Wir leben nicht auf Kosten von anderen

Darüber hinaus hatte man sich in Futuris entschieden, Produktion und Konsum zu verringern, sich mit dem Gedanken des *„mehr Haben und Brauchen"* kritisch auseinanderzusetzen und damit einen Beitrag zu leisten, nicht mehr auf Kosten anderer zu leben. *„Wir orientierten uns in der Produktion nun nicht nur an Effizienz, sondern stärker an Suffizienz. Es war ein langer Prozess, der viel Zeit und Austausch brauchte. Nicht immer konnten alle sofort nachvollziehen, dass wir uns entschieden, Produkte zu identifizieren, die nicht ausschließlich der Sicherung der menschlichen Grundbedürfnisse dienten. Diese sogenannten Luxusgüter wurden schon deshalb teurer, weil wir die tatsächlichen Kosten, also auch den Ressourcenverbrauch und die ökologisch negativen Auswirkungen einpreisten. Betriebe wie die Regionalwert-AG[16] haben bereits vor etwa zwanzig Jahren damit experimentiert und gezeigt, wie solch ein Ansatz in der Landwirtschaft aussehen kann"*, so eine Gemeindevorsteherin der Region. *„Das Konzept der imperialen Lebensweise und auch Ansätze der damals bereits existierenden Degrowth-Bewegung halfen uns hier zu verstehen, warum es einerseits so schwer ist, loszulassen und gleichzeitig auch, warum es so unabdingbar ist."*

Um die regionale Ausrichtung der Wirtschaft zu stärken, setzte Futuris außerdem verstärkt auf Formen des Regionalgelds. Damit bleibt die Kaufkraft eher in der Region und wandert weniger in die Finanzmärkte. Gleichzeitig wird die Wirtschaft etwas krisenresilienter. Banken konzentrieren sich eher wieder auf ihr Kerngeschäft, orientieren sich an ethischen Prinzipien und unterstützen die regionale Wirtschaft durch eine entsprechende Kreditvergabe und sozial-ökologische Investitionen.

DEGROWTH bzw. Postwachstum strebt nach einer wachstumsunabhängigen Gesellschaft, die globale ökologische Gerechtigkeit und ein gutes Leben für alle ermöglicht. Eine Grundannahme ist dabei, dass dies nur durch eine demokratisch organisierte Reduktion der Wirtschaftsleistung und einen massiven Umbau von Produktion und Konsum in den reichen Ländern des globalen Nordens erreicht werden kann. Das bedeutet aber nicht, dass Degrowth wirtschaftliche Schrumpfung zum Ziel hat. Es geht vielmehr um selektives Wachstum, also um die Frage, was aus gesellschaftlicher Sicht mehr und was weniger werden soll.

Schmelzer, Matthias/Vetter, Andrea (2019): Degrowth/Postwachstum zur Einführung.

Wir wirtschaften demokratisch und regional

Wirtschaft hat in Futuris eine dem guten Leben für alle dienende Funktion. Die Region entschied sich für das Leitbild des „Donuts", des Kernstücks der „Donut-Ökonomie", die in den 2010er-Jahren von der britischen Ökonomin Kate Raworth entwickelt wurde.

Der „Donut" nach dem Modell der Donut-Ökonomie definiert den „Sicheren und gerechten Raum für die Entwicklung der Menschen".

Quelle: In Anlehnung an Raworth, Kate (2017): Doughnut Economics. Seven Ways to think like a 21-st Century Economist, London.

TIPP

Raworth, Kate (2018): Die Donut-Ökonomie: Endlich ein Wirtschaftsmodell, das den Planeten nicht zerstört.

Im Sinne des „Donuts" dient die Wirtschaft dem Zweck, die Grundbedürfnisse wie Gesundheit, Nahrung, Zugang zu Bildung und Wohnung für alle Menschen zu befriedigen und dabei gleichzeitig die planetaren Grenzen nicht zu überschreiten. Es gibt ein Recht auf Besitz zur Erfüllung der eigenen Grundbedürfnisse in Futuris.

„Darüber hinaus", so eine Bürgermeisterin einer Kommune, *„fragten wir uns, was eigentlich wachsen soll und welche Bereiche der Wirtschaft schrumpfen sollten. Wirtschaftszweige, die keine Grundbedürfnisse befriedigen, wie die Rüstungsindustrie, oder die zu ressourcenintensiv sind, wie die fossile Energiewirtschaft und der Flugverkehr, wurden Schritt für Schritt zurückgebaut. Gleichzeitig wurden gemeinwohlorientierte Sektoren wie die Nahrungsmittelversorgung, Wohnen und Gesundheitsversorgung, Pflege und Bildung bei uns als soziales Fundament definiert, das in seiner Qualität für Mensch und Natur wachsen soll."*

Die *„Sorge-Arbeit"* wurde also in Futuris in den Fokus der Wirtschaft gerückt. Institutionen der Daseinsvorsorge sind nicht mehr auf Profitlogik ausgerichtet. Krankenhäuser, Pflegeeinrichtungen und Schulen sind unter anderem als Commons organisiert. Commons wirken jenseits von Markt und Staat und finden sich überall dort, wo *„Commoning"* betrieben wird. Das heißt dort, wo etwas von Menschen gemeinsinnig produziert, genutzt, verwaltet und weiterentwickelt wird.[17]

Helfrich, Silke/Bollier, David (2019): Frei, fair und lebendig. Die Macht der Commons.

„Wir haben viel gelernt von Organisationen und Initiativen, die es schon gab: Buurtzorg[18] aus den Niederlanden, das Mietshäusersyndikat[19] oder das Netzwerk solidarische Landwirtschaft[20]. Sie alle hatten bereits in den Zehnerjahren gezeigt, wie man Pflege, Wohnen oder Nahrungsmittelversorgung sehr effektiv auch jenseits von Markt und Staat organisieren kann. Kaum einer weiß das, aber Buurtzorg war mit diesem Ansatz schon damals in der Lage, den Zeitaufwand der Pfleger*innen um fünfzig Prozent zu reduzieren. Und das bei einer erheblichen Steigerung der Pflegequalität"[21], so die Bürgermeisterin lächelnd.

TIPP

Auch die Bildungseinrichtungen mussten sich verändern, um dem Kulturwandel auf der Ebene des Lernens Rechnung zu tragen. Initiativen wie *„Schule im Aufbruch"*[22] boten zahlreiche Anleihen. Der Fokus in den Schulen liegt nun stärker auf der Potenzialentfaltung der Kinder. Sie lernen, Verantwortung zu übernehmen: für sich selbst, die Mitmenschen und den Planeten. Zudem gab es Schulen[23], die bereits soziokratisch organisiert waren und damit modellhaft zur Demokratisierung von Bildung in Futuris beitrugen.

Diese Rahmenbedingungen dienen allen Einwohner*innen in Futuris als Leitplanken und Handlungsorientierung für vielfältige Ausgestaltungsmöglichkeiten des Zusammenlebens und des Wirtschaftens.

Unternehmen in Futuris – ein Potpourri an Möglichkeiten

Generell gibt es in den Kommunen der Region fast nur noch kleine und mittelständische Unternehmen. Sie produzieren regional, haben kürzere Lieferketten, und weite Teile der Unternehmen sind gut miteinander vernetzt, sodass sie sich auch gegenseitig in Produktionsgemeinschaften unterstützen. Die Eigentumsformen sind sehr vielfältig. Die meisten Betriebe haben Formen der Wirtschaftsdemokratie eingeführt und kontinuierlich verstärkt, sodass basisdemokratische Entscheidungsformen selbstverständlich geworden sind. Es gibt Unternehmen, die als Genossenschaften gegründet sind, Commoners, die selbstorganisiert produzieren, öffentliche Betriebe und Bildungseinrichtungen, aber auch noch einige Start-up-ähnliche Sozialunternehmen und Social-Entrepreneurs.

Die SOLIDARISCHE ÖKONOMIE hat ihren Ursprung in Lateinamerika und verfolgt Wirtschaftsweisen, die bedürfnisorientiert sind und auf Basis freiwilliger Kooperation und von Selbstorganisation beruhen.

Giegold, Sven/Embshoff, Dagmar (Hrsg.) (2018): Solidarische Ökonomie im globalisierten Kapitalismus.

KOLLABORATIVE/KOKREATIVE ÖKONOMIE ermöglicht es Menschen – mittels niederschwellig zugänglichen Plattformen – Güter und Werte gemeinschaftlich und kokreativ zu erstellen, zu nutzen und zu teilen. Sie können somit auf vielfältige Weise zum Gemeinwohl beitragen und an diesem teilhaben.

Dönnebrink, Thomas & Kagel, Ela, & Pentzien, Jan u.a.: Eine gemeinwohlorientierte Plattformökonomie aufbauen – Aber wie? Politische Rahmenbedingungen schaffen. In: Ökologisches Wirtschaften (4/2018)

Viele Unternehmen in Futuris orientieren sich an den Ansätzen der solidarischen Ökonomie. So entstanden Organisationen nach dem Vorbild der Elektrizitätswerke Schönau[24], des Baustoffladens mit Handwerkskollektiv[25] oder diverser Food-Coops[26]. Sie orientieren sich an Sinn statt Gewinn und Kooperation statt Konkurrenz.

Gleichzeitig gibt es auch kleine und größere Produktionsgemeinschaften und Online-/Offline-Plattformen nach dem Beispiel von Wikipedia oder Ouishare[27], die sich an der kollaborativen und kokreativen Ökonomie orientieren. Geschäftsmodelle, Innovationen und Produkte werden von kleineren oder größeren Gemeinschaften zusammen entwickelt. Jede*r darf sich einbringen, mit seinen/ihren ganz individuellen Stärken, und darf teilhaben, denn die erzeugten Dinge (materiell wie immateriell) stehen als Gemeingüter zur Verfügung. Die Digitalisierung ermöglicht weitreichende und ortsunabhängige Austausch-Netzwerke. Gleichzeitig wird in Futuris darauf geachtet, Digitalisierung nicht zum Selbstzweck zu machen, sondern digitale Lösungen maß- und sinnvoll einzusetzen, damit der massive Energieverbrauch im Rahmen der ökologischen Grenzen bleibt.

Um die Innovations- und Produktionsprozesse zur Bereitstellung von Gemeingütern nachhaltig zu sichern, spielt in Futuris das Thema der Grenzen von Aneignung und privaten Besitzverhältnissen eine große Rolle. Privateigentum wird in Futuris zugunsten von Gemeingütern begrenzt.

Auch die Gemeinwohl-Ökonomie war eine wichtige Impulsgeberin für die Region. *„Die Matrix hilft uns ungemein, konkrete Fragen mit Blick auf die ethische Entwicklung unseres Unternehmens zu stellen"*, so ein Genossenschaftsmitglied eines Textilunternehmens. *„Für uns war es insbesondere in den ersten Jahren der Transformation wichtig, einen Kompass für unser Handeln und unsere Aktivitäten zu haben. Mittlerweile hat sich unsere Unternehmenskultur stark verändert. Wir sind, wie andere auch, holokratisch[28] organisiert und haben gemerkt, dass wir eine andere Art des Umgangs und des Sprechens miteinander entwickeln müssen. Also haben wir uns die Gewaltfreie Kommunikation (GfK)[29] zum Vorbild genommen. Es gab damals ein Unternehmen, das uns sehr inspiriert hat, Soulbottles[30]. Die waren bereits sehr erfahren und erfolgreich mit der Holokratie und der GfK und gehörten im weitesten Sinne zu den Pionieren bei der Gemeinwohl-Bilanz."*

Das Prinzip der Gemeinwohl-Bilanz wird in Futuris nicht nur von Unternehmen oder Organisationen genutzt. Auch Gemeinden unterstützt dieses Instrument bei ihrer eigenen sozial-ökologischen Weiterentwicklung. Mit ihrer Hilfe analysieren sie ihre Beschaffungspraxis, ihre Haushalts- und Finanzpolitik und fragen nach einem sinnstiftenden und nachhaltigen Einsatz ihrer finanziellen Ressourcen. *„Der Prozess war erstmal anstrengend, weil es in Bereiche reinging, wo ich nicht gedacht habe, dass das mit dazugehört. Aber das war letzten Endes das Gute daran, dass man mal weg kam vom Fairtrade-Kaffee und von Bio-Bananen, hin dazu, dass zur wirklichen Gemeinwohl-Ökonomie noch ein ganzer Berg mehr gehört"*, stellten Gemeindevorsitzende in der Region fest. Darauf aufbauend wurden Anreizsysteme geschaffen, die sozial-ökologisches Handeln belohnen, darunter eine Steuerreform, die hohe Ressourcennutzung stärker besteuerte und den Faktor Arbeit entlastete.

Es gibt noch weitere Formen des Wirtschaftens, mit denen in Futuris experimentiert wird und die zu wachsen beginnen: Formen des tauschlogikfreien Wirtschaftens[31] zum Beispiel. Die Basisprinzipien sind:

Habermann, Friederike (2016): Ausgetauscht. Warum gutes Leben für alle tauschlogikfrei sein muss.

1. **Besitz statt Eigentum;**
2. **Teile, was du kannst;**
3. **Beitragen statt Tauschen und**
4. **Offenheit und Freiwilligkeit**[32].

„Der Kost-Nix-Laden (KNL)[33] *soll einen Ort darstellen, an dem nutzbare Dinge abgegeben und mitgenommen werden können. Der Laden ist kein Markt- und Tauschplatz, sondern eine Möglichkeit, den Überfluss zu verteilen. Er soll darüber hinaus Raum für Ideen, Begegnungen und sozialen Austausch bieten. Im KNL geht es nicht um Geld! Es wird weder gekauft, verkauft noch getauscht!"*, sagt das Betreiber*innen-Kollektiv, das den ersten Laden schon vor Jahrzehnten in Cottbus eröffnete.

In Futuris stehen all diese alternativen Wirtschaftsweisen konkurrenzlos nebeneinander, solange die Rahmenbedingungen eingehalten werden und ihr Wirtschaften dem Menschen und der Natur dient. Die Initiative *Netzwerk ökonomischer Wandel* (NOW)[34] bot dabei einen sehr hilfreichen Kompass.

NOW vernetzt alternative ökonomische Ansätze und steht dabei für eine grundlegende Neuausrichtung von Wirtschaft und Gesellschaft, die zukunftsfähig ist und ein gutes Leben für alle ermöglicht.

Aus der Retrospektive betrachtet: Es war wirklich schwer und es brauchte viel Geduld, visionäre Gedanken und Mut, mit den Herausforderungen umzugehen. Ihr Mut und ihre Beharrlichkeit speiste sich aus der Klarheit, dass eine sozio-ökologische Wende kommen musste – und sie entschieden sich, sie selbst zu gestalten. Noch immer versteht sich die Region als transitorischer Raum, der sich permanent weiterentwickelt. Nicht immer ist alles perfekt, und die Veränderungen sind auch in Futuris von Konflikten begleitet. Es braucht Zeit, Geduld, Beharrlichkeit und das Vertrauen, dass eine Gesellschaft sich ändern kann.

Es lässt sich viel lernen von dieser Region. Sicher hört es sich für diejenigen, die noch nicht dort waren, so utopisch an, dass sie es kaum für vorstellbar halten. Die Einwohner*innen von Futuris wussten jedoch zu Beginn ihrer Transformationsreise sehr klar, dass ein gesellschaftlicher Wandel kommen würde. Die Frage war nur: by design oder by disaster?

Ein gesellschaftlicher Wandel wird kommen. Ob ‚by design oder by disaster', das gilt es im Heute zu entscheiden.

Zurück aus der Zukunft:
mögliche Transformationspfade

Dass gesellschaftliche Veränderung von Menschen gemacht wird, und zwar unter den Bedingungen, die sie vorfinden, steht nicht in Zweifel. Historische Beispiele wie die Abschaffung der Sklaverei und die Errungenschaften der Arbeiter*innen- und Frauenbewegung zeigen, dass Machtstrukturen aufgebrochen werden können und dass Paradigmenwechsel möglich sind. Nicht selten werden diese Veränderungen durch Krisen forciert und beschleunigt, da diese in der Regel große Veränderungsspielräume erlauben.

Den Weg dahin pflastern sicherlich viele Stolpersteine. Zwei seien genannt: Da ist die Gefahr, dass einzelne Akteur*innen oder Bewegungen, die im Kern eigentlich eine gemeinsame Vision teilen, zu stark in Konkurrenz zueinander gehen und damit erfolgreiche und breitenwirksame Bündnisse verhindern. Das heißt nicht, dass nicht miteinander um die Vision gerungen werden sollte. Aber statt der

Unterschiede sollten Gemeinsamkeiten und das gemeinsame Einstehen für die Sache in den Mittelpunkt rücken. Wie das gehen kann, zeigt unter anderem das Netzwerk ökonomischer Wandel (NOW). Und ein zweiter Stolperstein: mangelnde Kohärenz von Denken und Handeln. Leben Menschen, die sich in sozialen Bewegungen für eine alternative Ökonomie engagieren, nicht die entsprechenden Werte, Handlungsweisen und Lebensstile vor, führt dies zu Unglaubwürdigkeit und erschwert den gesellschaftlichen Wandel enorm. Gleichzeitig ist klar, dass sich eine sozial-ökologische Transformation nicht ohne Konflikte und hart geführte Aushandlungsprozesse vollziehen wird. Denn gesellschaftlicher Wandel ist immer auch mit der Verschiebung von Machtverhältnissen und mit Deprivilegierung verbunden.[35]

In Anlehnung an den US-Soziologen Erik Olin Wright lassen sich mehrere Handlungsebenen nennen, die in ihrer Verknüpfung eine Transformation by design bewirken können: Die erste Ebene: In *„Reallaboren"* werden alternative soziale Praktiken und Formen des Wirtschaftens betrieben und eingeübt. Beispiele hierfür sind Betriebe der solidarischen Landwirtschaft, Repair-Cafés, Energiegenossenschaften oder GWÖ-Unternehmen. In diesen Reallaboren entstehen Lernräume, die im Hinblick auf gesellschaftliche Veränderung vor allem deshalb wirksam sein können, weil sie alternative Formen des Wirtschaftens und Zusammenlebens sichtbar und erfahrbar machen. Als Pionier*innen leben sie alternative Praktiken vor und finden im besten Fall Schritt für Schritt Nachahmer*innen, sodass irgendwann eine kritische Masse erreicht wird. Je mehr Nachahmer* innen sie finden, desto größer wird der Druck auf die entsprechenden Institutionen, diese Praktiken stärker zu fördern, und desto höher wird die Wahrscheinlichkeit, dass sich ein Paradigmenwechsel herausbildet.

Werden diese Reallabore dann noch durch entsprechende *„nicht reformistische Reformen"* auf institutioneller Ebene gefördert, ergeben sich positive Rückkopplungseffekte, die im Optimalfall auch zur Veränderung der Rahmenbedingungen führen. Damit ist eine zweite Ebene erreicht. Nicht reformistisch sind diese, wenn sie zur Verbesserung der gegenwärtigen Lebensbedingungen beitragen und gleichzeitig das Potenzial aufweisen, über das derzeit vorherrschende Wirtschafts- und Gesellschaftssystem hinauszugehen. Als Beispiele könnten hier die Einführung eines bedingungslosen Grundeinkommens oder einer Vier-Tage-Woche dienen.

Um auf der dritten Ebene aktiv zu werden, braucht es den Aufbau *„progressiver"* Bündnisse, bestehend aus verschiedenen Akteur*innen wie Umweltverbänden, Gewerkschaften, sozialen Bewegungen, alternativ wirtschaftenden Pionierunternehmen, aber auch politischer Parteien. Eine derartige Allianz braucht klare Vorstellungen davon, wie eine sozial-ökologische Transformation und der damit verbundene Paradigmenwechsel aussehen soll. Antworten auf die Frage, in welcher Gesellschaft wir in Zukunft leben wollen, können vielfältig sein. In der Vision der dazugehörigen Rahmenbedingungen hingegen scheinen einige Aspekte klar: Respektieren der planetaren Grenzen, Vielfalt der Natur, Verwirklichung der Werte wie Menschenwürde, Solidarität, Gerechtigkeit und Transparenz in Verbindung mit einer werteorientierten Wirtschaft, die Mensch und Natur dient. Ganz wie in Futuris!

Diese Allianz sollte in der Lage sein, die Mehrheit der Gesellschaft anzusprechen und von dieser Vision zu überzeugen. Nur wenn die Mehrheit der Gesellschaft hinter solch einem Wandel steht, kann dieser auch nachhaltig wirksam sein. Transformationen kennen also viele Facetten und lassen sich gleichzeitig auf verschiedenen Ebenen adressieren.

Ob als Individuen oder in Organisationen und Netzwerken, Menschen können in ihren vielfältigen Rollen zu einem gesellschaftlichen Wandel beitragen und diesen mitgestalten. Das Veränderungspotenzial beschränkt sich also nicht nur auf die politische Arbeit in den Parlamenten. Ob Engagement in der Klimagerechtigkeitsbewegung oder der Anti-Rassismus-Arbeit, ob Pionierarbeit alternativen Wirtschaftens in gemeinwohlorientierten Unternehmen, solidarische Landwirtschaft oder Veränderung des eigenen Lebensstils hin zu mehr Genügsamkeit – der Schlüssel liegt in der Verknüpfung dieser Handlungen und dem Aufbau eines breiten Bündnisses.

Epilog

Uns ist bewusst, dass viele Krisen, die wir gerade erleben, schon heute mehr sind als eine abstrakte Bedrohung. Die Auswirkungen des Klimawandels können nur noch bedingt und dann mit voller gemeinsamer Kraft und Initiative aufgehalten werden. Schon 2014 hat eine NASA-Studie gezeigt, dass das Abschmelzen des westarktischen Eisschildes begonnen hat und sich der Anstieg des Meeresspiegels nicht mehr verhindern lässt.[36] „[Dies] bedeutet, dass Küstenstädte wie New York, Hamburg, Schanghai, Kalkutta und Alexandria, obwohl sie noch stehen, eigentlich schon Geschichte sind."[37]

Lohnt es sich also gar nicht erst zu beginnen? Sollten wir kollektiv die Wirklichkeit weiter verweigern, einfach nur hoffen, dass alles besser wird, und darauf, dass es andere für uns richten?

Futuris ist möglich und nötig! Den Weg dorthin finden wir auf der Suche nach Antworten für die Krisen dieser Welt. Wenn wir es nicht wenigstens versuchen, nicht beginnen, unsere Wirtschaft und Gesellschaft im Sinne von Mensch und Natur auszurichten, wie wollen wir dann die Herausforderungen meistern, in den schwierigen Übergängen, die noch kommen?

Als handelnde Individuen haben wir immer eine Wahl, und es gibt immer Alternativen.

„... [Es ist der] Pessimismus des Verstandes und der Optimismus des Willens"

Antonio Gramsci

Über die Autor*innen

Madlen Sanchiño Martínez
Sprach- und Kulturwissenschaftlerin, M.A., zertif. systemische Veränderungsberaterin, GWÖ-Beraterin und Soziodramatikerin. Ihr Kernthema ist die sozialökologische Transformation von Unternehmen. Die GWÖ-Bilanz setzt sie in diesem Rahmen als Organisationsentwicklungs-Tool ein und unterstützt bei der Bilanz-Erstellung.

Matthias Kasper
hat Nonprofit-Management und Public Governance in Berlin und Amman studiert und ist derzeit für die Humanistic Management Practices gGmbH tätig, wo er sich mit gemeinwohlorientierter Organisationsberatung und sozialökologischen Wirtschaftsformen beschäftigt.

Wohin geht die Reise?

Ein Ausblick von Anna Deparnay-Grunenberg und Christian Felber

Die EU – ein Haus mit vielen Türen

Seit ihrem Start 2010 hat sich die GWÖ-Bewegung in zehn von 27 EU-Mitgliedsstaaten ausgebreitet: Österreich, Deutschland, Italien, Frankreich, Spanien, Portugal, Holland, Belgien, Luxemburg und Schweden – sowie auch in Großbritannien. Gemeinsam versuchen die Akteure der GWÖ, Einfluss auf die Wirtschaftspolitik der EU zu nehmen. Doch wo steht die Gemeinwohl-Ökonomie in Europa aktuell? Welche Zukunft könnte sie haben?

Erster Anlauf auf europäischer Ebene

Immerhin hat sie es schon im September 2015 nach Brüssel geschafft. Eine satte Mehrheit der Mitglieder des Wirtschafts- und Sozialausschusses stimmte damals für eine Initiativstellungnahme zur GWÖ. Das Votum befürwortete *„den Einbau der Gemeinwohl-Ökonomie in das Recht der EU und ihrer Mitgliedsstaaten"*. Der Europäische Wirtschafts- und Sozialausschuss (EWSA) ist allerdings nur in beratender Funktion tätig, vertritt Arbeitgeber- und Arbeitnehmerorganisationen, Konsument*innen, Landwirte und Sozialverbände Er ist aber nicht in die legislativen Prozesse der EU eingebunden.

Die Europäische Kommission ließ den Ausschuss daraufhin sondieren, welche *„neuen nachhaltigen Wirtschaftsmodelle"* (new sustainable economic models) am Horizont erkennbar wären oder gar in der EU schon praktiziert würden. Daraus wurde eine 2017 publizierte Stellungnahme, mit Nennung unterschiedlicher Modelle, von der Circular Economy über die Social and Solidary Economy bis zur Economy for the Common Good. Anfang 2020 verabschiedete der EWSA eine weitere Stellungnahme: dieses Mal nicht direkt zur GWÖ, sondern zur *„Wellbeing Economy."* Was unter diesem sehr weiten Begriff zu verstehen war, wurde nicht näher definiert.

Es ist offensichtlich, dass sich die EU inmitten einer langen Suche nach einem für alle funktionierenden Wirtschaftssystem befindet, das uns in eine nachhaltige Zukunft führen kann. Unsere Gesellschaft ist mittendrin. Wir formen uns, doch das Wissen ist noch nicht gebündelt, die Geldflüsse sind noch nicht zielgenau gerichtet.

Wie weit ist es noch bis zum wirtschaftlichen Wandel?

2018 fand die erste *„Postwachstumskonferenz"* in Brüssel statt. Die GWÖ wurde eingeladen, ihre Perspektive zu präsentieren. Über den Begriff *„Postgrowth"* (dt.: Postwachstum) in den Räumlichkeiten des EU-Parlaments zu diskutieren, war ein absolutes Novum. Bis dato hatte man große Mühe, über Alternativen zum Bruttoinlandsprodukt konkret nachzudenken. Obwohl es erste Alternativen zum BIP gibt – vom *„Better Life Index"* bis zum *„Bruttonationalglück"*, ist der Weg zu einem echten *„Gemeinwohlprodukt"* noch weit.

„Ethisches Bilanzieren" aktuell

Der erste konkrete Legislativakt, der für die GWÖ relevant wurde, ist die *Richtlinie über die nichtfinanzielle Berichterstattung* (NFRD). Sie wurde 2017 umgesetzt. Die EU verlangt von großen Unternehmen, dass sie Informationen offenlegen, über die Art und Weise, wie sie wirtschaften. Darin inbegriffen sind auch soziale und ökologische Aspekte. Die NFRD will mehr Transparenz in die Arbeitsprozesse von Großunternehmen bringen und Konsumenten und Geschäftspartnern die Möglichkeit bieten, die Leistungen der Unternehmen zu bewerten. Davon betroffen sind nur kapitalmarktorientierte Unternehmen mit mindestens 500 Beschäftigten, die von öffentlichem Interesse sind. In Deutschland fielen im ersten Berichtsjahr rund 500 und in Österreich gar nur 89 Unternehmen unter diese Berichtspflicht. Die GWÖ-Bewegung bemängelt außerdem weitere zentrale Aspekte:

- Es müssen keine bestimmten Berichtsstandards gewählt werden.
- Sie müssen nicht Teil des Lageberichts sein.
- Die Berichte müssen nicht inhaltlich geprüft werden.
- Die Berichtsinhalte haben keinerlei Rechtsfolgen.

Die Klassifizierung von Finanzprodukten

Die EU hat – ganz zu Recht – festgestellt, dass die siebzehn Nachhaltigkeitsziele der Vereinten Nationen(SDGs) und das Pariser Klimaabkommen, das die globale Temperatur unter zwei Grad halten will, nur realisiert werden können, wenn unser Finanzsystem auf den Kopf gestellt wird. Ein erstes Ergebnis dieser Erkenntnis: Finanzprodukte mit dem Etikett *„nachhaltig"* müssen diese Klassifizierung (Taxonomie) erfüllen, andernfalls müssen sie das Etikett ablegen. Jedoch bleiben die *„braunen"* Geldanlagen, also jene, die den größten Schaden anrichten, weiterhin unreguliert.

Reguliert werden die Falschen, könnte man zuspitzen. Ein weiterer Dorn im Auge der ökologisch denkenden EU-Abgeordneten ist, dass Finanzprodukte der fossilen Gasproduktion und Verwertung von einer konservativen Mehrheit im Parlament als *„grün"* (da Übergangstechnologie) eingestuft worden sind. Eine intelligente Alternative wäre, alle Unternehmen zu einer Gemeinwohl-Bilanz zu verpflichten, die auf dem Kapitalmarkt Geld aufnehmen, sei es über Aktien, Anleihen oder Zertifikate. Der Gesetzgeber müsste dann im wichtigen Bereich der Unternehmensfinanzierung keinen weiteren Kontrollmechanismus anwenden. Um einen solchen Coup durchzusetzen und zu realisieren, fehlt es der GWÖ jedoch noch an Einfluss und Relevanz.

Öffentliche Aufträge: Ethische Maßstäbe anlegen

Die EU-Beschaffungsrichtlinie, die über die Vergabe öffentlicher Aufträge bestimmt, wurde 2017 überarbeitet. Galt bisher das *„Billigstbieterprinzip"* nahezu uneingeschränkt, dürfen öffentliche Einkäufer*innen jetzt auch soziale und ökologische Kriterien berücksichtigen – ein wichtiger Reformschritt. Mehr und mehr Gemeinden und Städte nutzen diesen neuen Spielraum, die Gemeinwohl-Bilanz mit ihren sozialen und ökologischen Kriterien bei der Bewertung der Angebote mit zu berücksichtigen. Wir werden sehen, ob sie nach der nächsten Revision der Richtlinie ihre Beschaffungsaufträge vielleicht direkt an das Ergebnis der *„nichtfinanziellen Berichterstattung"* knüpfen dürfen. Sollte der EU-Gesetzgeber solche Standards bevorzugen, die quantifizierte und vergleichbare Ergebnisse ermöglichen, hätte die Gemeinwohl-Bilanz gute Chancen. Ob die Gemeinwohl-Ökonomie unter ihrem Namen auftritt, muss dabei nicht im Vordergrund stehen. Jedoch sollten Instrumente, die auf den Werten Menschenwürde, Kooperation, Nachhaltigkeit und flache Hierarchien bauen, Maßstab für unsere Art zu wirtschaften sein.

Gemeinwohl-Regionen in Europa?

Als stellvertretendes Mitglied des Regionalausschusses sieht Europa-Abgeordnete Anna Deparnay-Grunenberg von den Grünen/EFA großes Potenzial, die Gemeinwohl-Ökonomie in einem Pilotprojekt praktisch anzuwenden. Wirtschafts- und Kulturregionen in der EU könnten sich über eine Ausschreibung der Europäischen Kommission als Gemeinwohl-Regionen aufstellen lassen. So könnten Gemeinden dieser Regionen ihre kommunalen Unternehmen bilanzieren lassen. Auch in der Landwirtschaft, in den regionalen Kreisläufen, der Gastronomie, dem nachhaltigen Tourismus und den lokalen Kultureinrichtungen könnten sie Gemeinwohl-Bilanzierungen fördern, finanziell unterstützen und die Kooperation zwischen den Akteuren beflügeln.

Dieses Projekt könnte zeigen, dass verschiedene Regionen Europas Vorreiter*innen des Gemeinwohls und der Nachhaltigkeit sind und somit auch Akteure sozialer Erneuerung. Diese Modellregionen könnten sich auch für Mitarbeitende als attraktive Arbeitgeber*innen präsentieren und beweisen, dass sie dennoch profitabel wirtschaften. Angesichts der aktuellen Pandemie könnten die Regionen ihre Attraktivität steigern, für einen *„nachhaltigen Post-Covid-19-Tourismus"* der Landschaften, der Artenvielfalt und des sozialen Zusammenhalts, der die jeweiligen Kulturprägungen der Regionen respektiert.

Die Modellregionen der Gemeinwohl-Ökonomie sollten wissenschaftlich begleitet werden, um die Forschung im Bereich der nachhaltigen Wirtschaft weiterzubringen. Dieses Projekt, das aktuell noch in den Kinderschuhen steckt, stellt eine große Chance für die konkrete Anwendung der GWÖ dar.

Die Chance: eine Konferenz für alle

Die Europäische Kommission und das Europäische Parlament haben 2019 eine große Konferenz zur Zukunft Europas (Conference on the Future of Europe) beschlossen, die im direkten Dialog mit Bürger*innen Ideen entwickeln soll, um Europa und die EU-Institutionen zu reformieren. Diese Konferenz will die Bürgerschaft direkt einbeziehen und gesellschaftliche Zukunftsmodelle für die EU entwerfen.

Auch eine Diskussion um unsere Werte steht an:
Wie partizipativ soll Europa künftig werden? Wie begegnen wir der Klimakrise? Welche gemeinsamen Wege wollen wir gehen, wenn wir dem Biodiversitätsverlust entgegensteuern wollen? Wie vermeiden wir künftige Pandemien? Welches zukunftsfähige Wirtschaftssystem stellen wir uns vor? Wie kommen wir dorthin?

Wir hoffen, dass in diesem Prozess die Erfahrungen aus der Gemeinwohl-Ökonomie und anderen Wirtschaftsalternativen berücksichtigt werden. Die GWÖ-Bewegung, die kommunalen Akteure, die Pionierunternehmen und die Zivilgesellschaft können sich aktiv einbringen. **Zum Wohle aller!**

Eine ähnliche Idee hat sich bereits in Regionen in Deutschland, Österreich, Luxemburg und der Schweiz gebildet. Das europäische LEADER-Programm, das mit EU-Geldern Projekte im ländlichen Raum unterstützt, fördert verschiedene bereits existierende Gemeinwohl-Regionen. Vor kurzem fand dazu auf Einladung des deutschen Netzwerks Ländlicher Raum eine Konferenz mit GWÖ-Regionalentwicklungsprojekten aus den genannten vier europäischen Staaten statt. Sechs Projekte stellten sich vor und zeigten, wie sie mit Graswurzel-Projekten sozial-gerechte und nachhaltige Regionen schaffen können. Im Jahr 2022 soll ein transeuropäisches LEADER-Projekt starten.

Über die Autor*innen
Anna Deparnay-Grunenberg
Deutsch-französische EU-Abgeordnete von Bündnis 90/Die Grünen

Christian Felber
Buchautor und Initiator der Gemeinwohl-Ökonomie

Storytelling-Konzeption

Es gibt keine langweiligen Themen, nur ungeeignete Perspektiven. Und auch anspruchsvolle Themen haben das Recht, verständlich und unterhaltsame Aspekte zu zeigen. Das war die Idee, mit der ich die Autoren dieses Buches begleiten durfte. Wir haben über Helden, Emotionen und Dramen gesprochen, um aus den Rohdiamanten wirklich unterhaltsame Geschichten zu machen.

Die offensichtlichen Informationen mit der Emotion der Beteiligten zu verbinden, war eine aufregende Reise, bei der ich unfassbar viel über besonderes Unternehmertum lernen durfte. Das Leben einer Geschichtenerzählerin bringt es mit sich, dass ich immer wieder tollen Themen begegne, hinter denen sich spannende Geschichten verbergen, so wie bei diesem Buch. Meine These, dass es keine langweiligen Themen gibt, nur ungeeignete Perspektiven, hat dazu geführt, dass wir auch über ganz ungewöhnliche Protagonisten von Geschichten nachgedacht haben. Und diese Unternehmens-Geschichten sind alles andere, nur nicht langweilig. Ich habe mich sehr gefreut zu sehen, wie aus jedem Geschichten-Rohdiamanten ein wertvoller Buchbeitrag entstanden ist.

Sigrid Hauer
Betriebswirtin und Geschichtenerzählerin für die Bühne, lebt in München. Sie entwickelt für abstrakte und sehr technische Themen Erklärstrategien. Immer dann, wenn es darum geht, dass Menschen den Nutzen eines Themas verstehen und für sich umsetzen sollen, sind Geschichten das Mittel der Wahl.

www.sigridhauer.de

Making of ...

Lektorat

Mitten in der Zeit der Pandemie – und damit auch der Reiseverbote – verschaffte mir das Lektorat dieses Buches eine garantiert nachhaltige Mitfluggelegenheit: einen abenteuerlichen Tiefflug über Gärten, Felder und Wälder, durch beengte Wohnungen, improvisierte Produktionsstätten, die sich in große, betriebsame Hallen verwandelten. Ich sauste durch unterschiedlichste Büros, hing in Werkstätten und Seminarräumen an der Decke, durchschwebte gar eine Bank und einen Kirchengemeindesaal, flog hoch hinauf über eine Wohnanlage, eine holzlastige Baustelle, über Gemeinden, Städte und Ländergrenzen hinweg bis zur etwas unsanften Landung in Brüssel, im EU-Parlament.

Wie es sich für eine Reise gehört, habe ich viel gestaunt und gelernt. Die inhaltlich und organisatorisch großartige Vorbereitung und achtsame Begleitung von Karsten Hoffmann, Gitta Walchner und Lutz Dudek haben mir die Arbeit sehr erleichtert. Auch Sigrid Hauers Storytelling-Einheiten für alle Autor*innen haben eine gute Basis geschaffen, für das Autor*innenteam, das mit bewunderungswürdigem Engagement recherchierte, schrieb, diskutierte, überarbeitete … So blieb für mich die Aufgabe, mit dem *„Blick von außen"* Struktur und Spannung auf die Sprünge zu helfen sowie Sätze, Absätze, Verläufe zu klären und Inhalte herauszuarbeiten, ohne den individuellen Stil und Aussagewillen jeder Schreiberin, jedes Schreibers zu sehr zu beschneiden.

Ich wünsche dem Team – und der GWÖ-Bewegung allgemein – weiterhin viel Mut, Kraft und Erfolg.

Sylvia Schmieder
studierte Germanistik, Musikwissenschaft und Philosophie in Freiburg/Breisgau, wo sie auch heute lebt. Sie arbeitete als Werbetexterin und Journalistin und ist heute als Autorin, Lektorin und Dozentin tätig.

www.sylvia-schmieder.de
www.freiburger-schreibkiste.de

Links und Quellen

nach Kapitel

Wie dieses Buch entstanden ist
- Welzer, Harald: Selbst Denken, Frankfurt 2013
- Raworth, Kate: Die Donut-Ökonomie, Berlin 2018
- Göpel, Maja: Unsere Welt neu denken, Berlin 2020

Eine Vision zieht durchs Land …
- https://christian-felber.at

Die Saat geht auf
- https://www.taifun-tofu.de/de/gemeinwohlbilanz
- https://www.1000gaerten.de/

Der „*Spinner*" und Pionier
- https://www.sonnentor.com/de-at/ueber-uns/bio-nachhaltigkeit/gemeinwohl-oekonomie-was-ist-das

Meine Herzerkrankung war ein Glücksfall
- https://bkk-provita.de/werte/unser-gesundheitsverstaendnis-planetary-health/verantwortung/gemeinwohlbilanz/

Nachhaltigkeit ist kein Müsli
- https://www.elobau.com/de/nachhaltigkeit

Es ist schon manchmal zach. Aber im Endeffekt rentiert sich das Ganze
- https://www.kirchanschoering.de/fileadmin/Gemeinde/PDF/Weitere/20181112_Gemeinwohlbericht_der_Gemeinde_Kirchanschring_Optimized.pdf

Eine Bank geht neue Wege
- https://www.raiffeisen.at/vorarlberg/raiba-lech-am-arlberg/de/gemeinwohl.html

Wie der Kooperationsgeist in die Flasche kam
- https://www.randegger.de/downloads.html
- https://www.bund.net/service/publikationen/detail/publication/plastikatlas-2019
- https://www.deutschlandfunknova.de/beitrag/pet-oder-glas-mehrwegflaschen-hauptsache-regional

Das Große im Kleinen
- https://gemeinwohloekonomie.region-stuttgart.de
- https://www.stuttgart.de/medien/ibs/Broschuere-Nachhaltig-fit-fuer-morgen-ES.pdf

Achterbahnen, Aha-Erlebnisse und Imagozellen in Brüssel
- https://www.anna.deparnay-grunenberg.eu
- https://www.boell.de/de/agraratlas

Hinterm Deich wird alles gut
- http://www.bordelum.de/index.php/gemeinde/9-aktuelles/74-gemeinwohloekonomie
- http://www.breklum.de/2019/04/03/gemeinwohlbilanz/
- https://www.klixbuell.de
- www.hartfilm.de/hinterm-deich-wird-alles-gut

Pilotprojekte für künftige Generationen
- https://www.marktgemeinde-nenzing.com/daten/5/Downloads/Projekte/Gemeinwohloekonomie/GWOEberichthp.pdf
- https://maeder.at/umwelt-mobilitaet/gemeinwohloekonomie

Von der Möbel- zur Gemeinwohl-Fabrik
- https://sankt-rochus-apo.de/gemeinwohloekonomie
- https://steinheim.de/stadt-rathaus/bürger/gemeinwohlökonomie
- https://willebadessen.de/de/stadtportrait/gemeinwohl-kommune.php
- https://www.brakel.de/gemeinwohl
- https://gemeinwohl-bilanz.engemann-bio.de
- https://gemeinwohlregion-kreis-hoexter.de

Mit Holz die Wolken kratzen
1. Churkina, G., Organschi, A., Reyer, C.P.O. et al. Buildings as a global carbon sink. Nat Sustain 3, 269–276 (2020). https://doi.org/10.1038/s41893-019-0462-4
2. proHolz Austria, holzistgenial.at
- https://web.ecogood.org/media/filer_public/0f/b3/0fb35366-0b94-47f8-b1af-5105a008c2c9/gw-bericht-wiehag-endversion.pdf

Gemeinnützigkeit ernst genommen
- https://www.herzogsaegmuehle.de/gemeinwohlbericht.0.html

Der Deutschen liebstes Kind: der Wald
- https://www.forstbw.de/forstbw/unternehmensverantwortung/gemeinwohl-bilanzierung

Richtungsweisend. Wirklich.
- https://www.polarstern-energie.de/social-business

Vom Kreis der „Weltverbesserer" zum Onlinehandel
- https://www.buch7.de/ueber-uns/gemeinwohlbilanz

Die 17 Weltnachhaltigkeitsziele

1 Vereinte Nationen (2015), S. 1.
2 Vgl. Sachs (2012), S. 3.
3 Vgl. Global e.V. (2013), S. 8.
4 Vgl. Global Footprint Network (2020).
5 Vgl. UNDP (2020).
6 Vgl. hierzu auch Jakob/Lamb u.a. (2020).
7 Vgl. dazu BUND (2020) und Wuppertal Institut (2020).
8 Vgl. Deutsches Global Compact Netzwerk u.a. (2016), S. 6 ff.
9 Vgl. PwC (2015), S. 26 f.
10 Vgl. IHK München und Oberbayern (2017), S. 18 ff.
11 Vgl. Umweltbundesamt (2018), S. 46 ff.
12 Vgl. Hofielen/Kasper (2019).
13 Vgl. ebd.
14 Vgl. ebd.

Quellen

Deutsches Global Compact Netzwerk/econsense-Forum nachhaltige Entwicklung der deutschen Wirtschaft e.V. (2016): Sustainable Development Goals in der deutschen Wirtschaft. Relevante Handlungsfelder und Unterstützungsbedarf, in: www.globalcompact.de, Stand: 24.10.2020, zum Download verfügbar: https://www.globalcompact.de/de/aktivitaeten/uebersicht/SDGs-in-der-deutschen-Wirtschaft.pdf, letzter Abruf am 25.10.2020.

Engagement Global (2020): 17 Ziele Icons, in: https://www.17Ziele.de, Stand: 25.10.2020, zum Download verfügbar: https://17ziele.de/downloads.html, letzter Abruf 26.10.2020.

Global Footprint Network (2020): Ecological Footprint, in www.footprintnetwork.org, Stand: 24.10.2020, https://www.footprintnetwork.org/our-work/ecological-footprint/, letzter Abruf am 25.10.2020.

Glokal e.V. (2013): Mit kolonialen Grüßen. Berichte und Erzählungen von Auslandsaufenthalten rassismuskritisch betrachtet, Stand: 26.10.2020, zum Download verfügbar, URL: https://www.glokal.org/publikationen/mit-kolonialen-gruessen/mitkolonialengruessen_2013_front-cover/ letzter Abruf am 26.10.2020.

Hofielen, Gerd/Kasper, Matthias (2019): Punkten für das Gemeinwohl und die SDGs, in: www.gwoe17plus.org, Stand: 21.10.2020, zum Download verfügbar: https://gwoe.17plus.org/?ddownload=127, letzter Abruf am 25.10.2020.

IHK München und Oberbayern (2017): Große Potentiale und Chancen. In: Forum Nachhaltig Wirtschaften, Jg. 11/ H. 4, 18-21.

Jakob, Michael/Lamb, William F./Steckel, Jan Christoph/Flachsland, Christian/Edendorfer, Ottmar (2020): Understanding different perspectives on economic growth and climate poliy. WIREs Clim Change. 2020; 11; e677. https://doi.org/10.1002/wcc.677

PricewaterhouseCoopers (2015): Make it your business: Engaging with the Sustainable Development Goals, in: www.pwc.com, Stand: 26.10.2020, zum Download verfügbar: https://www.pwc.com/gx/en/sustainability/SDG/SDG%20Research_FINAL.pdf, letzter Abruf am 27.10.2020.

Rockström, Johan/Sukhdev, Pavan (2016): Contributions to Agenda 2030, in: www.stockholmresilience.org, Stand: 25.10.2020, zum Download verfügbar: https://stockholmresilience.org/images/18.36c25848153d54bdba33ec9b/1465905797608/sdgs-food-azote.jpg, letzter Abruf am 25.10.2020.

Sachs, Jeffrey (2012): From Millenium Development Goals to Sustainable Development Goals, in: The Lancet, Jg. 379, H. 9832, S. 2206–2211.

United Nations Development Program (2020): Human Development Index, in: www.undp.org, Stand: 24.10.2020, URL: http://hdr.undp.org/en/content/human-development-index-hdi, letzter Abruf am 24.10.2020.

Vereinte Nationen (2015): Transformation unserer Welt. Die Agenda 2030 für nachhaltige Entwicklung, Resolution A/70/L.1, New York City.

Gemeinwohl und Finanzwende
https://www.**finanzwende**.de

Wendezeit
https://web.ecogood.org/de/**ak-bildung**

Als Start-up neue Werte funken
https://www.**wetell**.de/ueber-uns/news/gemeinwohloekonomie-mitglied

Warum noch Kirche im Dorf?
https://www.**rosphetal-mellnau**.de

Effektiv miteinander
https://**em-chiemgau**.de/gemeinwohl-oekonomie

Tue Gutes und rede darüber
https://**em-faktor**.de/services/gemeinwohlbilanz-csr-nachhaltigkeit/

Überzeugt und unbeirrbar

- https://www.**buchbindereifuchs**.at/fileadmin/daten/vorschaubilder/GWOE/Buchbinderei_Fuchs_GWOE_VOLLBILLANZ.pdf
- http://www.**speisekarten**.at

Wohnen wie andere auch

- https://www.**wohnanlage-fasanenhof**.de/index.php/gemeinwohloekonomie

Mut steht uns gut!

- https://nachhaltigkeitsbericht.**vaude**.com/gri/csr-standards/gemeinwohloekonomie.php

Wenn die Vorstellung stark genug ist, hält die Realität nicht stand

1 Dieser Satz wird Georg W. F. Hegel zugeschrieben.
2 Vgl. zum vorangegangenen Absatz Piketty (2020), S. 527 ff.
3 Vgl. Ortiz-Opsina/Roser (2016).
4 Vgl. Weltbank (2019).
5 Vgl. Unicef (2017).
6 Vgl. Weltbank (2018).
7 Der Club of Rome ging damals noch davon aus, dass man ca. 100 Jahre bis zum Erreichen der vollständigen planetaren Grenzen hätte und ein point of no return erreicht ist. Heute geben wir uns nicht mehr so viel Zeit. Die Studie wurde durch das MIT durchgeführt und von Donella Dennis L. Meadows geleitet und später unter dem Titel *„Die Grenzen des Wachstums"* veröffentlicht (Originaltitel englisch: The Limits to Growth).
8 Vgl. Raworth (2017), überschritten sind: Klimawandel, Biodiversität, Landnutzung und der Stickstoff-Phosphor-Kreislauf.
9 I.L.A Kollektiv: Auf Kosten anderer? Wie die imperiale Lebensweise ein gutes Leben für alle verhindert. S. 11./Vgl. dort auch die Infobox, S. 7.
10 Ebd. S. 11.
11 Ein Satz, der Frederic Jameson zugeschrieben wird.
12 *„There are plenty of alternatives"*, zu Deutsch: *„Es gibt viele Alternativen".*
13 https://beteiligungsportal.baden-wuerttemberg.de/de/informieren/projekte-und-berichte/buergerinnenraete
14 Vgl. Gemeinwohl-Ökonomie-Bewegung (2012), S.3.
15 Das Systemische Konsensieren ist ein konsensnahes Entscheidungsverfahren. Aus mehreren durch die Beteiligten entwickelten Lösungsvorschlägen wird derjenige identifiziert, der in der Gruppe die geringste Ablehnung (Widerstand) erfährt. Es wird also nicht die Zustimmung der Beteiligten erfragt, sondern das Ausmaß des Widerstandes. So wird ein Ergebnis ermöglicht, das einem Konsens am nächsten kommt.
Vertiefende Literatur: Visotschnig, Erik/Paulus, Georg/Schrotta, Siegfried (2013): Systemisches Konsensieren. Der Schlüssel zum gemeinsamen Erfolg.
16 https://www.regionalwert-ag.de/forschungsprojekte-der-regionalwert-ag-freiburg/richtig-rechnen
17 Vgl. Netzwerk Ökonomischer WandelIWandel (2020a).
18 Buurtzorg ist ein niederländisches Unternehmen zur ambulanten Pflege und geht dort neue Wege. Das Unternehmen ist nicht hierarchisch aufgebaut. Selbstständige Teams von ungefähr zehn Personen führen sich selbst, von der Planung ihrer Arbeit bis hin zu Hausarzt-Kontakten.
https://www.buurtzorg-deutschland.de
19 Das Mietshäuser Syndikat (MHS) ist eine in Deutschland einzigartige, kooperativ und nicht kommerziell organisierte Beteiligungsgesellschaft zum gemeinschaftlichen Erwerb von Häusern, die selbstorganisiert in Gemeineigentum überführt werden, um langfristig bezahlbare Wohnungen und Raum für Initiativen zu schaffen. Im Jahr 2020 war es an 154 Hausprojekten in Deutschland beteiligt.
https://www.syndikat.org/de
20 https://www.solidarische-landwirtschaft.org
21 Vgl. dazu u.a. KPMG (2014), S. 22.
22 https://www.schule-im-aufbruch.de
23 https://apego-schule.de/
24 https://www.ews-schoenau.de
25 https://www.biber-online.de
26 https://foodcoops.de
27 https://www.ouishare.net
28 Holokratie wurde von dem Unternehmer Brian Robertson (USA) entwickelt und basiert auf grundlegenden Prinzipien der Soziokratie. Eine holokratische Organisation ist in Kreisen aufgebaut, die untereinander verbunden sind. Grundlegende Entscheidungen werden nicht im Wasserfallprinzip sondern in den Kreisen selbst getroffen. Es gibt klare Rollen, die zunächst beschrieben und gefüllt werden müssen, und Regelprinzipien an Entscheidungsabläufen. Durch alle Kreise hinweg gelten eine hohe Transparenz und partizipative Beteiligungsmöglichkeiten.
Vertiefende Literatur: Robertson, Brian J. (2016): Holacracy: Ein revolutionäres Management-System für eine volatile Welt.
29 Vertiefende Literatur: Marshall B. Rosenberg (2012): Gewaltfreie Kommunikation: Eine Sprache des Lebens.
https://www.fachverband-gfk.org

30 https://www.soulbottles.de

31 Zwei zentrale Grundprinzipien dieser Wirtschaftsweise basieren auf den Begriffen „*Besitz*" und „*Beitragen*". „*Besitz statt Eigentum bedeutet so zu haben, dass alle sein können. Beitragen statt tauschen geht aus von der Freiheit der einzelnen, selbst zu bestimmen, wofür sie ihre (Lebens-)Zeit verwenden möchten.*"
Quelle: Netzwerk ökonomischer Wandel (2020b). https://www.move-utopia.de

32 Vgl. Habermann (2016), S. 10ff.

33 http://kostnixladencb.blogsport.eu/kost-nix-laden

34 https://www.netzwerk-oekonomischer-wandel.org

35 Vgl. Sommer/Welzer (2017), S. 209 ff.

36 Vgl. NASA (2014).

37 Scheidler (2018), S. 10.

Quellen

Gemeinwohl-Ökonomie-Bewegung (2012): Leitfaden kommunaler Wirtschaftskonvent, in: www.ecogood.org, Stand: 7.11.2020, zum Download verfügbar: https://www.ecogood.org/wp-content/uploads/2020/04/leitfaden_wirtschaftskonvent_gwo-gemeinde_dezember-2012.pdf, letzter Abruf am 24.11.2020.

Habermann, Fiederike (2016): Ausgetauscht. Warum gutes Leben für alle tauschlogfrei sein muss. Und dies. (2016): Ecommony. UmCARE zum Miteinander.

I.L.A. Kollektiv (2017): Auf Kosten anderer? Wie die imperiale Lebensweise ein gutes Leben für alle verhindert, München.

KPMG (2014): What works. Staying Power. Success stories in global care, in: https://home.kpmg/xx/en/home.html, Stand: 10.11.2020, zum Download verfügbar: https://assets.kpmg/content/dam/kpmg/pdf/2016/05/staying-power-success-stories.pdf, letzter Abruf am 23.11.2020.

Lobbycontrol (2020): Lobbypedia, Mont Pelerin Society, in: www.lobbypedia.de, Stand: 8.11.2020, URL: https://lobbypedia.de/w/index.php?title=Mont_Pelerin_Society,&action=view, letzter Abruf am 24.11.2020.

National Aeronautics and Space Administration (2014): NASA-UCI Study Indicates Loss of West Antarctic Glaciers Appears Unstoppable, Pressemitteilung vom 15.05.2014, in: www.nasa.gov, Stand: 24.11.2020, URL:https://www.nasa.gov/press/2014/may/nasa-uci-study-indicates-loss-of-west-antarctic-glaciers-appears-unstoppable, letzter Abruf am 24.11.2020.

Netzwerk Ökonomischer Wandel (2020a): Commons, in: www.netzwerk-oekonomischer-wandel.org, Stand: 1.11.2020, https://www.netzwerk-oekonomischer-wandel.org/ueber-now/commons/, letzter Abruf am 23.11.2020.

Netzwerk Ökonomischer Wandel (2020b): Tauschlogikfreies Wirtschaften, in: www.netzwerk-oekonomischer-wandel.org, Stand: 7.11.2020, https://www.netzwerk-oekonomischer-wandel.org/ueber-now/tauschlogikfreies-wirtschaften/, letzter Abruf am 24.11.2020.

Ortiz-Ospina, Esteban/Roser, Max (2016): Literacy, in: www.ourworldindata.org, Stand: 23.11.2020, https://ourworldindata.org/literacy, letzter Abruf am 23.11.2020.

Oxfam (2020): Im Schatten der Profite. Wie die systemische Abwertung von Hausarbeit, Pflege und Ungleichheit schafft und vertieft, in: www.oxfam.de, Stand: 22.11.2020, zum Download verfügbar, URL: https://www.oxfam.de/system/files/2020_oxfam_ungleichheit_studie_deutsch_schatten-der-profite.pdf, letzter Abruf am 22.11.2020.

Piketty, Thomas (2020): Kapital und Ideologie, München.

Raworth, Kate (2017): Doughnut Economics. Seven Ways to think like a 21-st Century Economist, London.

Scheidler, Fabian (2018): Chaos. Das neue Zeitalter der Revolutionen, Wien.

Sommer, Bernd/Welzer, Harald (2017): Transformationsdesign. Wege in eine zukunftsfähige Moderne, München.

Unicef (2018): Faktenblatt zur weltweiten Kindersterblichkeit 2017, in: www.unicef.de, Stand: 17.11.2020, zum Download verfügbar: https://www.unicef.de/download/151916/71fb76b2d8c9fca70ccf8cd4444141e4/unicef-faktenblatt-kindersterblichkeit-data.pdf, letzter Abruf am 22.11.2020.

Weltbank (2018): The worldbank data. Life expectancy at birth, total (years), in: https://data.worldbank.org/, Stand: 21.11.2020, https://data.worldbank.org/indicator/SP.DYN.LE00.IN, letzter Abruf am 21.11.2020.

Weltbank (2019): The worldbank data. GDP per Capita, in: https://data.worldbank.org/, Stand: 21.11.2020, https://data.worldbank.org/indicator/NY.GDP.PCAP.CD, letzter Abruf am 21.11.2020.

Wright, Erik Olin (2012): Durch Realutopien den Kapitalismus transformieren, in: Brie, Michael (Hg.): Mit Realutopien den Kapitalismus transformieren?, Hamburg, S. 59-106.

Organisationen und Unternehmen, die auch in diesem Buch als positives Beispiel stehen könnten ...

... bei denen dies aber aus unterschiedlichsten Gründen nicht zustande kam:

Bodan Großhandel für Naturkost GmbH
Biogroßhändler vom Bodensee, Pionierunternehmen der GWÖ der ersten Stunde
- https://www.**bodan**.de

Stadtmobil Rhein-Neckar AG,
die einen wesentlichen Beitrag zur Verkehrswende erbringen.
- https://**rhein-neckar.stadtmobil**.de

Stadt-Entwässerung Stuttgart (SES)
Eines der ersten kommunalen Unternehmen mit GWÖ-Bilanz
- https://www.**stuttgart-stadtentwaesserung**.de

Culumnatura,
die biologische Haarpflegeprodukte entwickelt haben.
- https://www.**culumnatura**.com

Samariter Stiftung,
die mit großer Hingabe alten und behinderten Menschen ein menschenwürdiges Leben ermöglichen.
- https://**www.samariterstiftung.de**

Märkisches Landbrot Demeter-Bäckerei,
die mit einem vorbildlichen Verhalten gegenüber ihren Berührungsgruppen gelingende Beziehungen vorleben.
- https://www.**landbrot**.de

SparDa-Bank München eG
Pionier der ersten Stunde, die sich auf den Weg gemacht haben, ethische Werte in die Welt der Finanzen zu bringen
- https://www.**sparda-m**.de

Landgut Stober,
die in Brandenburg ein altes Gut ökologisch sanieren
- https://www.**landgut-stober**.de

Ökofrost GmbH
Bioalternative zur klassischen Tiefkühlkost aus Berlin mit einer außergewöhnlichen Produkttransparenz
- https://www.**oekofrost**.de

Blattwerk Gartengestaltung GmbH,
denen von der ersten Stunde an Partizipation der Mitarbeitenden eines der wesentlichsten Ziele war und ist.
- https://www.**blattwerk-gartengestaltung**.de

B.A.U.M.,
die mit großer Hingabe alten und behinderten Menschen ein menschenwürdiges Leben ermöglichen.
- https://www.**baumev**.de

Münchner Bädergesellschaft,
die bereits seit 2006 Umweltkonten führen und kontinuierlich Maßnahmen ergreifen, um ihren ökologischen Fußabdruck zu senken
- https://www.**swm**.de

Soulbottle
aus Berlin, die klassische Führungsstrukturen durch Eigenverantwortung ersetzt haben.
- https://www.**soulbottles**.de

Oikopolis
Luxemburger Gründung von Demeterbauern, die inzwischen ein Konzern ist, der die gesamte Wertschöpfungskette im Lebensmittelbereich umfasst..
- https://www.**oikopolis**.lu/de

Stadtwerke Marburg,
die sich ehrgeizige Ziele zur Klimaneutralität gesteckt haben und mit ihren Bürger*innen zusammen konsequent verfolgen.
- https://www.**stadtwerke-marburg**.de/

Bildnachweise

nach Kapitel, Seite in Klammern

Eine Vision zieht durchs Land ...
Allard Willemse (7)

Die Saat geht auf
Alnatura/Marc Doradzillo (16), Taifun-Tofu (17, 22, 24 oben), pixabay.com/pnmralex (21), EMAS Reg-Nr. DE-126-00118 (23), Lebensmittel Praxis (24 unten), Karsten Hoffmann (25), Deutscher Nachhaltigkeitspreis (25 unten)

Der „Spinner" und Pionier
Sonnentor (26–30), Renate Hagmann (31)

Meine Herzerkrankung war ein Glücksfall
plainpicture (32), Wolfgang Zwanzger (33), BKK ProVita (34,36), Tim Kramer (34 unten), Bernhardt Oberrauch (37)

Nachhaltigkeit ist kein Müsli
elobau (38–43), Gitta Walchner (43 rechts oben)

Es ist schon manchmal zach. Aber im Endeffekt rentiert sich das Ganze
Touristinfo Waginger See, R. Scheuerecker (44), Hans-Jörg Birner (45), Kurt Egger (45, 46, 47, 51), Schroek (48), Tanja Schnetze (49)

Eine Bank geht neue Wege
Kirstin Tödtling (52), Raiffeisenbank Lech (53–59), Bernhard Rogen (59 unten)

Wie der Kooperationsgeist in die Flasche kam
Randegger Ottilien-Quelle (60, 61), Arbeitskreis Mehrweg GbR (62 oben), PLASTIKATLAS | Appenzeller/Hecher/Sack (M) CC-BY-4.0) (62-63) Gregory, H. Revera (CC BY-SA 3.0 , 63 mitte rechts), Genossenschaft Deutscher Brunnen (64, 65 unten), Rat für Formgebung (64), fairfood Freiburg (65 oben), Lutz Dudek (66,67), Akzent-Verlag Konstanz, Markus Hotz (68), Tom Reichelt (69)

Das Große im Kleinen
Anna Deparnay-Grunenberg (70), stockpoto.com/anna42f (71f), Ronny Schönebaum (77 oben), Nino Göpfert (77 mitte)

Achterbahnen, Aha-Erlebnisse und Imagozellen in Brüssel
Anna Deparnay-Grunenberg (78), amcharts (79 mitte oben), Bartz/Stockmar, CC BY 4.0 (79 mitte unten), istockphoto.com/AnnaPustynnikova (80), Vaude (82), istockphoto.com/pixeldigits (84), istockphoto.com/malerapaso (85), istockphoto.com/Francois Edmond (86), istockphoto.com/saemilee (87), Ronny Schönebaum (87 rechts oben), Nino Göpfert (87 rechts mitte)

Auf vier Fragen, Anna
amcharts (91)

Hinterm Deich wird alles gut
Hartfilm (92, 96), Anke Butscher (94, 97)

Pilotprojekte für künftige Generationen
Marktgemeinde Mäder (98, 99 mitte, unten), Marktgemeinde Nenzing (99 oben, 100, 101), Raumplanung/Land Vorarlberg (102), Ulrike Amann (103)

Von der Möbel- zur Gemeinwohl-Fabrik
Reinhard Raffenberg (105 oben), St. Rochus Apotheke Steinheim (105 unten), Stadt Steinheim (106), Biolandhof Engemann (107, 108), Stadt Willebadessen (109), Robert B. Fishman (112), Christian Einsiedel (112)

Gemeinwohl-Matrix für Gemeinden
Matrix-Entwicklungsteam für Gemeinden (113)

Mit Holz die Wolken kratzen
eak (114), Wiehag (115, 123), Hundven Clements Photography (117), Walter Ebenhofer (119), Harfmann (120), Sandra Hallinger (123 unten)

Gemeinnützigkeit ernst genommen
Johann Jilka (124,125,126,128), Sabine Keyser (127 oben), Volker Greiner127 unten), Jörn Wiedemann (129)

Der Deutschen liebstes Kind: der Wald
©ForstBW* (130, 131 unten, 132 unten, 133 unten, 136 unten), Ulrike Klumpp, ©ForstBW (130 mitte, 131), Gerhard Schnitzler, ForstBW (132), Lena Lux Fotografie & Bildjournalismus (133), Franziska Hördegen, ForstBW (134), Klaus Zimmermann, FVA (135), Robert Duda (135 mitte), Haus des Waldes, ForstBW (135 unten), Erika Wiedmann (136), M. Kopp, ForstBW (137), Ulrich Fellmeth (137 unten). * Die Bildnachweise stammen aus dem Bildarchiv von ForstBW und wurden nach bestem Wissen recherchiert. Sollten dennoch Ansprüche bzgl. der Bildrechte bestehen, setzen Sie sich bitte mit ForstBW in Verbindung.

Richtungsweisend. Wirklich.
Polarstern (138–146), Andrè Dahms (146 unten)

Vom Kreis der „Weltverbesserer" zum Onlinehandel
Frank Müller Fotografie Augsburg (147–150), Jörn Wiedemann (151)

Die 17 Weltnachhaltigkeitsziele
amcharts (152) Vereinte Nationen (152–154, 159, 161), Matthias Kasper (161)

Gemeinwohl und Finanzwende
Bürgerbewegung FInanzwende (162), Anna Deparnay-Grunenberg (163)

Wendezeit
Anne Simmler (165), stock.adobe.com/YummyBuum (165 unten, 166), Ingo Hoffmann, www.creativfotos.de (167 oben), Magdalena Langer (167 unten), Emil Molt Akademie/BerlinBees (168-170), sandrakonold.com (173)

Als Start-up neue Werte funken
unsplash.com/Clem Onojeghuo (174), Florian Forsbach (175, 176), Ana-Laura Lemke (179), Kirsten Biema/Frau Klara (179), Picture People Köln (179 mitte)

Warum noch Kirche im Dorf?
Sven D. Jerschow (180), Petra Volke (182), Gerlinde Lamberty (185)

Effektiv miteinander
Uwe Nimmrichter(186, 187, 188 rechts, 190, 191 oben), EM-Chiemgau (186,188, 189, 191, 192), Dominik Hundhammer (189 oben), Judith Zahn (193)

Tue Gutes und rede darüber
em Faktor/Brantsch (194-196), Karsten Hoffmann (199)

Überzeugt und unbeirrbar
Buchbinderei Fuchs (200, 203–205), Thomas Kirchmaier (201), Catherine Rocke (202), Heidrun Edelsbacher (202 unten), 2ndFlooor (205 unten rechts)

Wohnen wie andere auch
Lukasz Myrcik, ABW (206 oben, 207, 211, 212, 213 oben), KBV Stuttgart e.V. (206 unten), Melanie Vaas (209), Volker Schweizer (210), Wohnanlage Fasanenhof gGmbH (211), Tom Reichelt (213 unten)

Mut steht uns gut
Vaude Foto (214-219, 221), Greenpeace/Francesco Alesi (220), Karsten Hoffmann (222)

Wenn die Vorstellung stark genug ist, hält die Realität nicht stand
amcharts (226), istockphoto.com/rangepuppies (237, 238), Madlen Sanchiño Martínez (239 oben), Matthias Kasper (239)

Wohin geht die Reise?
Font Awesome (240–243), amcharts (243)

Umschlag
Vorderseite – Alnatura/Marc Doradzillo, Sonnentor, eak, Genossenschaft Deutscher Brunnen, Kirstin Tödtling, istockphoto.com/ Francois Edmond, istockphoto.com/saemilee, Hartfilm

Rückseite – istockpoto.com/anna42f, Stadt Steinheim, elobau, Johann Jilka, ForstBW, BKK ProVita, EM-Chiemgau, Kirsten Biema/Frau Klara, Polarstern, Sven D. Jerschow, Touristinfo Waginger See/R. Scheuerecke, Buchbinderei Fuchs

Wir leben Gemeinwohl-Ökonomie in der Praxis

Wir leben Gemeinwohl-Ökonomie in der Praxis